DİSİPLİNLERARASI YAKLAŞIMLA SOSYAL MEDYA

Editör:
Dr. Ali Emre DİNGİN

Disiplinlerarası Yaklaşımla Sosyal Medya

© LITERATURK academia 240

İnceleme-Araştırma 220

Bu kitap ve kitabın özgün özellikleri tamamen Nüve Kültür Merkezi'ne aittir. Hiçbir şekilde taklit edilemez.
Yayınevinin izni olmadan kısmen ya da tamamen kopyalanamaz, çoğaltılamaz.
Nüve Kültür Merkezi hukukî sorumluluk ve takibat hakkını saklı tutar.

Mart 2020

Yayınevi Editörleri: **Salih TİRYAKİ – Emre Vadi BALCI**
Genel Yayın Yönetmeni: **İsmail ÇALIŞKAN**

ISBN 978-605-337-259-2

T.C.
Kültür ve Turizm Bakanlığı
Yayıncı Sertifika No: **16195**

Kapak Tasarım: **Salih TİRYAKİ**
Baskı Öncesi Hazırlık: **Mehmet ATEŞ**
meh_ates@hotmail.com

Baskı & Cilt: **Şelale Ofset**
Fevzi Çakmak Mh. Hacı Bayram Cad. No. 22   Karatay/KONYA
Tel: +90.532.159 40 91   selalemat2012@hotmail.com
KTB S. No: **46806** -Basım Tarihi: **MART 2020**

KÜTÜPHANE BİLGİ KARTI
- Cataloging in Publication Data (CIP) -

DİNGİN, Ali Emre
Disiplinlerarası Yaklaşımla Sosyal Medya

ANAHTAR KAVRAMLAR
Sosyal Medya, Gazetecilik, Halkla İlişkiler, Sinema, Sağlık İletişimi, Siyasal İletişim
- key concepts -
Social Media, Journalism, Public Relations, Cinema, Health Communication, Political Communication

" LITERATURK academia ", **Nüve Kültür Merkezi kuruluşudur.**
www.literaturkacademia.com

/ Nkmliteraturk

M. Muzaffer Cad. Rampalı Çarşı Alt Kat No: 35-36-41
Meram / KONYA Tel: 0.332.352 23 03 Fax: 0.332.342 42 96

Ул. М. Музаффер, рынокРампалы, нижнийэтаж № 35-36-41
Мерам, КОНЬЯ, тел.: +90 332 352 23 03,
факс: +90 332 342 42 96

Dağıtım: **EMEK KİTAP**
Akçaburgaz Mah. 3137. Sk. Ali Rıza Güvener İş Merkezi No: 28
Esenyurt / İSTANBUL
www. emekkitap.com -Telefaks +90 212 671 68 10
Дистрибьютор: **EMEK KITAP**
РайонАкчабургаз, ул. АлиРыза 3137, бизнесцентр «Гювенер» № 28,
Эсеньюрт / СТАМБУЛ
www.emekkitap.com – Телефакс: +90 212 671 68 10

ORTA ASYA OFFICE:
Mikrareyon Kok Jar/23   Bishkek / KYRGYZSTAN
Tel: +996 700 13 50 00   -Telefaks: + 996 552 13 50 00
ОФИС В ЦЕНТРАЛЬНОЙ АЗИИ:
МикрорайонКокЖар/23 Бишкек / КЫРГЫЗСТАН
Тел.: +996 700 13 50 00 – Телефакс: +996 552 13 50 00

DİSİPLİNLERARASI YAKLAŞIMLA SOSYAL MEDYA

Editör:
Dr. Ali Emre DİNGİN

BAŞLARKEN

Bilgisayar sistemleri ve dijital teknolojinin kullanıma başlamasından sonra kitle iletişiminde köklü bir değişim yaşanmıştır. Dijital teknolojinin sağladığı imkânlar gazetecilik, sinema ve reklamcılık gibi iletişim alanlarının da dönüşmesine ve gelişmesine imkân sağlamaktadır. İletişim teknolojileri son yıllarda hızla gelişmekte geleneksel medya yerini hızlı bir şekilde sosyal medyaya bırakmaktadır. Özellikle son on yılda akıllı telefonların yaygınlaşması ile beraber sosyal medya uygulamaları hem gelişmekte hem de çeşitlenmektedir. Aynı zamanda sosyal medya araçlarını kullanan kişi sayısı da hızla yükselmektedir. İşte bu artış ile beraber sosyal medyanın etkisi, gelişimi, avantajı ve dez-avantajı gibi konular araştırmacıların dikkatini çekmiştir.

Bu kitap çalışması, sosyal medyanın getirdiği yenilik ve etkisini disiplinlerarası tartışmayı hedeflemektedir. Bu kitapta, gazetecilik, medya, sağlık iletişimi, siyasal iletişim, halkla ilişkiler, tanıtım, sinema gibi farklı alanlardan sosyal medya çalışmaları ele alınırken aynı zamanda sosyal medyanın getirdiği yenilikler, yeni sosyal medya araçları, sosyal medyanın etkileri gibi konular da ele alınmıştır. Bu bağlamda *"Disiplinlerarası Yaklaşımla Sosyal Medya"* kitabı sizlere, farklı disiplinlerden bir perspektifle sosyal medyaya yönelik bütünlükçü bir okuma fırsatı sunmaktadır.

Sosyal medyaya farklı alanlardan bir bakış sunan bu kitap, birbirinden değerli sosyal medya araştırmacılarının kaleme aldığı 10 bölümden oluşmaktadır. Davetimizi geri çevirmeyen yazarlarımıza buradan tekrar teşekkür ederken, kitabın sosyal medya hakkında akademik çalışmalar yapmak isteyen herkese katkı sunacağına inanıyor, iyi okumalar diliyorum.

Dr. Ali Emre DİNGİN
Editör
Mart 2020

İÇİNDEKİLER

BAŞLARKEN 5
İÇİNDEKİLER 7

Kâr Amacı Gütmeyen Kurumlar ve Etkileşim İlişkisinde Sosyal Medyanın Rolü
Sevilay Ulaş 9

Halkla İlişkiler Perspektifinden Sağlık İletişiminde Uygulama ve Örneklerle Instagram Kullanımı
Emel Demir Askeroğlu 29

Sağlık İletişimi ve Sosyal Medya İlişkisi: Sağlık Okuryazarlığı Kavramı Çerçevesinde Kuramsal Bir Değerlendirme
Seçil Utma 49

Sağlık İletişiminde Sosyal Medya Kullanımının Etkileri
Simge Aksu 77

Sosyal Medyanın Örgütlenme Gücü
Ali Emre Dingin 97

Eleştirel Medya Okuryazarlığında Yeni Boyut: Sosyal Medya Okuryazarlığı
Hicabi Arslan - Aslıhan Topal - Gizem Gürel Dönük 121

Sosyal Medya Devrimleri ve Siyasal İletişim Alanı Olarak Sinema
Dilan Çiftçi - Pelin Agocuk 151

Sinema Filmlerinin Tanıtım ve Pazarlanmasında Sosyal Medyanın Etkisi: 2019 Yılı Türkiye Örneği
Mustafa Aslan - Serhat Yetimova 177

Sosyal Medya ve Yeni Yayıncılık Formları: Türkiye'de Podcast Yayıncılığının Gelişimi
Tezcan Özkan Kutlu 213

Kısa Film Atölyelerinin Çocuklarda ve Gençlerde Sosyal Medya Bağımlılığının Azaltılmasındaki Rolü
Menderes Akdağ 241

Yazarlar Hakkında 265

Kâr Amacı Gütmeyen Kurumlar ve Etkileşim İlişkisinde Sosyal Medyanın Rolü

Sevilay Ulaş[*]

Giriş

Günümüzde yeni medya araç ve ortamlarının kişisel ve kurumsal boyutta iletişim sürecine yansımaları dikkat çekmektedir. Kurumların hedef kitleleri ile iletişim süreçlerinin sürdürüldüğü ortamların niteliğinde de değişimler görülmektedir. Kâr amacı güden ve gütmeyen hemen her kurum bu yeni iletişim ortamında etkin bir iletişim kurma çabası içerisindedirler. Toplumun devamlılığında önemli bir unsur olarak var olan kâr amacı gütmeyen kurumlarında bu yeni ortama adapte oldukları söylenebilir. Doğası gereği kar odağının bulunmadığı ve gönüllülük esasına dayalı bir yapıda olan bu kurumlar içinde hedef kitleleri ile etkin ve sürdürülebilir iletişim çabası önem arz etmektedir. Bu süreçte yeni iletişim ortamının bir uzantısı olarak sosyal medya araç ve ortamları da önem taşımaktadır. Sosyal medya ortamlarında özellikle kurum-hedef kitle iletişim sürecinde zaman ve mekân sınır olmaksızın, kurum ile birlikte hedef kitlelerin/takipçilerin aynı anda ya da farklı zamanlarda içerik üretebildikleri, sürece katkı koyabildikleri ve aracı olmadan birbirleri ile etkileşimde bulunabilme olanağı sunabilmesi adına büyük önem taşımaktadır. Bu noktada etkin ve sürdürülebilir iletişimin sağlanmasında anahtar rol üstlenen etkileşim

---

[*] Yardımcı Doçent Doktor, Yakın Doğu Üniversitesi Halkla İlişkiler ve Tanıtım Bölümü, sevilay.ulas@neu.edu.tr

unsuru dikkat çekmektedir. Etkileşim unsuru sosyal medya araç ve ortamlarında değerlendirildiğinden çevrimiçi (online) etkileşim olarak incelenecektir. Etkileşim sosyal medya araçları aracılığı ile kurum-hedef kitle/takipçi arasında kurulan iletişimin üretilen içerikleri beğeni, yorum, görüntüleme, retweet gibi geribildirimler ile sürdürülebilir ve etkin kılması olarak ifade edilebilir. Dolayısıyla kurumun kendisi tarafından üretilen içeriğe takipçilerinin beğeni, yorum, görüntüleme ya da kendilerinin içerik üretmesi ile gerçekleşen bir iletişim faaliyeti olduğu kabul edilebilir. Bu noktada çevrimiçi etkileşimin sosyal medya araç ve ortamlarında gerçekleşen ve üretilen içeriğe sadece beğeni, yorum gibi tek taraflı bir katılımdan daha çoğu anlamına geldiğini söylemek mümkündür.

Bu çalışma temel olarak kâr amacı gütmeyen kurumların sosyal medya araç ve ortamlarını kullanmaları ekseninde gerçekleştirdikleri iletişim faaliyetleri ve bunların etkileşim unsuru ile ilişkisi üzerine ilgili çalışmaların bir araya getirilmesi ile oluşan bir derleme çalışma niteliğindedir. Çalışma da öncelikle kâr amacı gütmeyen kurum kavramının tanımı ve kapsamına değinilmektedir. Bunu takiben söz konusu kurumların sosyal medya araçlarını kullanımları ile gerçekleşen etkileşim unsuruna yönelik çalışmalar yer almaktadır. Ülkemizden birkaç örnek ile de ilgili literatür desteklenmeye çalışılmıştır. Ayrıca çalışmada incelenen kâr amacı gütmeyen kurum orijinal ismine (nonprofit organisations (NPOs) sadık kalınarak ele alınmıştır. Bunun yanında ilgili araştırmalarda yer alan ve literatürümüzde de görece aynı isim altında genellikle kullanılan ve orijinal ismi non governmental organisations (NGOs) olan kurumlarda çalışmanın amacı doğrultusunda incelenmiştir.

Kâr Amacı Gütmeyen Kurumlar

Toplumun önemli unsurlarından biri olan kurumlar ve beraberinde kâr amacı gütmeyen kuruluşlar varlıklarını sürdürürken her daim sosyal çevreleri ile iletişim halindedirler. Öncelikle, toplum içerisinde bir yeri olan ve kimi zaman önemli sosyal konularda lokomotif görevi yapan kâr amacı gütmeyen kuruluşların tanımına eğilmek gerekmektedir. Kâr amacı gütmeyen kuruluşlar (Non-profit Organizations), kâr amacı gütmeyen ve devlet kökenli olmayan kuruluşlar olarak ifade edilebilmektedir (Kocabaş, 2008: s. 176).

Bu tanımda da yer aldığı üzere literatürümüzde kâr amacı gütmeyen kurumlar bir şemsiye niteliğinde kabul edilebilmektedir. Orijinal ismi olan non-profit organisations (NPOs)-kâr amacı gütmeyen ve literatürümüzde kullanıldığı şekli ile devlet kökenli olmayan – non governmental organisations (NGOs) görece çoğunlukla kâr amacı gütmeyen kuruluşlar çerçevesinde değerlendirilmektedir denilebilir. Günümüzde Türkçe literatürde gönüllü teşekküller (GT), sivil toplum kuruluşları (STK), sivil toplum örgütleri (STÖ), kâr amaçsız kuruluşlar, üçüncü sektör, vakıf, dernek, sendika, oda, kooperatif, kulüp gibi farklı isimler yanında, orijinal ait oldukları literatürüden alınan 'enciolar' (NGO'lar = Non-Governmental Organizations) tabiri de yaygın olarak kullanılmaya başlanmıştır. Orijinal literatürde kar amacı gütmeyen kuruluşlar; sivil toplum örgütleri (civil society organizations = CSOs), devlet dışı örgütler (non-governmental organizations = NGOs), bunların uluslararası düzeyde faaliyet gösteren türleri olarak uluslararası devlet dışı örgütler (international non-governmental organizations = INGOs), sosyal hareketler (social movements = SMOs), bunların uluslar üstü faaliyet gösteren türleri olarak uluslar üstü sosyal hareketler (Transnational social movements = TSMOs) gibi değişik isimlerle anılmaktadır (Levis, 1998'den Akt. İnal & Biçkes, 2006, s. 47).

Bu noktada kâr amacı gütmeyen kurumlara ilişkin Alp (2009, s. 272) çalışmasında belirttiği şekli ile: Üçüncü sektör, sivil toplum kuruluşu ya da kâr amacı gütmeyen kuruluş "Toplum yararına çalışan ve bu yönde kamuoyu oluşturan, kâr amacı gütmeyen, sorunların çözümüne katkı sağlayarak çoğulculuk ve katılımcılık kültürünü geliştiren, demokratik işleyişe sahip, bürokratik donanımdan uzak ve gönüllülük esasına göre bir araya gelen bireylerden oluşan kuruluşlardır" ifadesi kullanılabilmektedir. Son zamanlarda bilimsel literatüre giren ve toplumların medeni olma kriteri sayılan *kâr-amaçsız* sektör olarak da ifade edilebilen, üçüncü bir sektör olarak tekrar gündeme oturmaya başlamıştır. Bu sektör, gönüllü hayır yapan kuruluşlar ve sivil toplum katkılı sosyal kurumlardan oluşmaktadır (Arslan, 2004, s. 155).

Toplum içerisinde kâr amacı gütmeyen kurumlar kendilerine aktif katılım sağlanması ile toplulukların tercihlerini dile getiren bir mekanizma olarak görev yapmaktadırlar (Boris, 1999'dan Akt. Attouni & Mustaffa, 2014, s. 95). Dolayısıyla bu kurumlar karmaşık ekonomik ve toplumsal zorluklardan kaynaklanan rekabetçi baskılarla karşı karşıya kalmaktadırlar. Bu noktada iç ve dış paydaşları ile gerçekleştirdikleri iş birlikleri önem taşımaktadır (Alvarez-Gonzalez vd., 2017, s. 112). Kâr amacı gütmeyen kurumların çok büyük bir kısmı hedef kitleye çeşitli yararlar sağlamak ve bu yararların tatmin düzeyini maksimize etmek amacı ile hizmet yoğun işletmeler olarak tanımlanmaktadırlar (Cengiz & Kırkbir, 2007, s. 264). Bu noktada, kâr amacı gütmeyen kurumların her geçen gün daha fazla gönüllüyü kendilerine çekme ve bağış toplama konusunda rekabetle karşı karşıya kaldıkları söylenebilir (Uçar vd., 2015, s. 135).

Kâr amacı gütmeyen kurumların sahip oldukları özellikleri tanımlamak adına kâr amacı güden kurumlardan ayrıldıkları özellikleri bulunmaktadır. Cengiz & Kırkbir (2007, s. 266-267) çalışmalarında bu özelliklere değinmektedirler. Bunlardan bazıları aşağıda bulunan Tablo 1'de yer almaktadır.

Kâr amacı gütmeyen kurumların kuruluş yasaları türlerine göre değişiklik göstermektedir. Bu noktada daha sıkı denetlenmektedirler.	Kâr amacı gütmeyen kurumlarla benzer ürünleri hizmetleri üreten kar amaçlı örgütler ile rekabet içerisindedirler. Çünkü gerek kalite gerekse fiyat yönünden iyileşmeler olmaktadır.
Kâr amacı gütmeyen kurumların pazar sorunları farklı ve çok daha azdır.	Kâr amacı gütmeyen kurumlar çoğunlukla hizmet üreten işletmelerdir.
Kâr amacı gütmeyen kurumların kendi sektörlerinde rakipleri yoktur. Özellikle parasal kazanç yerine belirlenen hedef kitleye yarar sağlamayı amaç edindiklerinden dolayı rekabet yerine yardımlaşmayı seçmişlerdir.	İşletmelerin sahipliğini gösteren şahıs veya şahıslara ait hisseler yoktur.
İhtiyaç duyulan fonları oluşturan kişilerin doğrudan veya oranlı bir şekilde değişen finansal nitelikli faydaları yoktur.	Kâr amacı gütmeyen kurumlarda yöneticiler seçilirken teknik bilgi ve fedakârlık derecesi önem taşımaktadır.

Tablo 1: Kâr Amacı Gütmeyen Kurumların Özellikleri
Kaynak: Cengiz & Kırkbir, 2007, s. 264

Öte yandan, söz konusu ayırıma ilişkin literatür tanımlamaları aşağıdaki maddelerde belirtilmektedir (Özal, 2018, s. 6-7):

- Smith ve Rosenbaum, sermaye kaynaklarının ayrım için iyi bir taban olacağını savunmuşlardır. İlgili kuruluşların kaynakları kar, devlet gelirleri ve gönüllü bağışları olarak ayrılmaktadır.

- Rados, her alanda organizasyon yapısının anahtar ayrım olması gerektiğini belirtmektedir.

- Lovelock ve Weinberg, kamu kuruluşlarına yönelik sahip oldukları politik kontrol ağırlığına göre bir sınıflandırma yapmaktadırlar

- Henry Hansmann ise kâr amacı olmayan kurumları iki özelliğe göre ayırmaktadır. Birincisi, bağış, ticari gelir. İkincisi ise; kuruluş ve girişim.

Kâr amacı gütmeyen kuruluşlar (NPO'lar) toplumsal değer yaratmaları yoluyla topluma katkıda bulunur. Sürdürülebilir organizasyonlar inşa etmenin kritik bir ihtiyaç olarak ortaya çıktığı giderek çalkantılı bir bağlamda faaliyet göstermektedirler (Weerawardena vd., 2010, s. 346). Kâr amacı gütmeyen kuruluşların ve işletmelerin yöneticilerinin güven ve bağlılık unsurları çerçevesinde yürüttükleri iş birliği önem taşımaktadır. Bu iş birliği sürecinde üyelerini cesaretlendirmek ve iletişim sürecine dahil etmek adına bir takım anlayış ve ekip geliştirmektedirler. Tüm bu faaliyetlerin uygulanması muhtemelen iletişim akışlarını teşvik edecek, çatışmayı ve riski azaltacak ve iş birliğinin algılanan faydalarını artıracaktır denilebilir (Alvarez-Gonzaalez vd., 2017, s. 120). Öte yandan, kurumun paydaşları ile olan iletişim sürecinde sorumluluklarını yerine getirip getirmediğinin sosyal çevresine aktarılması ayrıca önem taşımaktadır (Biber, 2003, s. 46). Bu süreçte sosyal medya ortamlarının kullanım pratikleri önem taşımaktadır. Kâr amacı gütmeyen kurumların hedef kitle/takipçi iletişimlerinde sosyal medya araçlarının etkinliği de dikkat çekmektedir. Bu alanda gerçekleştirilen araştırmalar sosyal medyanın bir kurumun hedeflerini ne kadar etkili bir şekilde teşvik edebileceğini ve farklı sosyal medya platformlarının bu hedeflere ulaşmak için daha iyi nasıl kullanılabileceğine odaklanmaktadırlar (Paek vd., 2013, s. 526). Kâr amacı gütmeyen kuruluşlar, farklı görüşlere sahip olanların bu fikirleri bir araya getirmelerine ve seslendirmelerine izin vererek demokratik bir topluma katkıda bulunmaktadırlar. Sosyal medya, bu tür organizasyonların fikirlerini dile getirebilecekleri geniş ve yeni bir iletişim ortamı sağlamaktadır (Auger, 2013, s. 369). Kuruluşların sosyal medya uygulamalarını kullanımını kategorize etme konusundaki bilimsel çabaların yanı sıra, kuruluşların müşterileriyle iyi ilişkileri şekillendirmek ve sürdürmek için kuruluşlar tarafından ne tür sosyal medya uygulamalarının benimsendiğini araştıran araştırmalar yapılmıştır. Sosyal medyanın hızla tanınan bir iletişim kanalı olarak ortaya çıkmasıyla, kuruluşlar sosyal medyanın elektronik müşteri ilişkileri yönetimi (e-CRM) potansiyelinden yararlanmaya başlamışlardır (Go & You, 2016, s. 178). Kâr amacı gütmeyen kurumların hedef kitle/takipçileri ile olan sosyal medya kullanım pratiklerinin etkinliği görülmektedir. Bu süreçte paylaşılan içeriklere yönelik kurum-hedef kitlenin karşılıklı iletişimde oldukları söylenebilir. Takipçiler kurumlardan gün içerisinde geribildirim, iletiler almaktadırlar. Bu iletiler genellikle takipçinin kuruma yönelik ileti geçmişi ile ilgilidir. Daha önce o kuruluş tarafından sağlanan içeriklere 'beğenerek' veya 'arkadaşlık yaparak' veya 'paylaşılan', 'tweetlenmiş' veya 'retweetlenmiş' bilgilere sahip olarak kuruluşa ilgi göstermişlerdir (Cho & Auger, 2017, s. 729).

Etkileşim ve Kar Amacı Gütmeyen Kurumlar

İnternet tabanlı uygulamalarda görülen gelişmelerin içerisinde sosyal medya ortamı karşımıza çıkmaktadır. Web 2.0 olarak da adlandırılabilen bu ortam içerisinde farklı bir çok aracı barındırmaktadır. Her geçen gün farklı uygulamaları içine alan bu ortam hem kişisel hem de kurumların etkin iletişim aracı haline gelmiştir denilebilir. Bilgi iletişim teknolojilerindeki gelişmeler ve değişimlere paralel olarak internetin kullanım alanının genişlemesi ile birlikte farklı uygulamalar karşımıza çıkmaktadır (Aydın, 2015, s. 82). Bu değişime ve teknolojik gelişmeye paralel olarak yeni birtakım uygulamaların ve araçların ortaya çıktığı, bunun da beraberinde yeni kavramları getirdiği görülmektedir. Bu kavramlardan biri de artık hayatımızın büyük bir bölümünde yer alan sosyal medyadır.

En yalın haliyle, kişi ya da kurumların kaynak olarak içerik üretip, yayınlayabildiği, zaman ve mekân sınırı olmaksızın iletişim kurabildikleri, hedef kitle/takipçilere de eş zamanlı ulaşabilme ve içerik üretmelerine izin verme gibi özellikleri olan çift yönlü iletişim kurulabilen bir iletişim ortamı olarak ifade edilebilmektedir. Bu noktada, sosyal medya, kuruluşlara halklarıyla diyalog ilişkileri kurmaları için bir platform sağlamıştır denilebilmektedir (Wang & Yang, 2020, s. 5).

Sosyal ağ siteleri (SNS'ler), kâr amacı gütmeyen kuruluşlar (NPO) için şeffaflık, bilginin yayılması ve paydaşlarla etkileşim yaratabilme açısından yeni fırsatlar yaratmaktadır. Sosyal medya siteleri, bilginin hızlı bir şekilde yayılmasına ve hızlı bilgi alışverişine izin vermektedir (Lovejoy vd., 2012, s. 313). Bu noktada, özellikle, paydaşların iletişim sürecine derin katılım sağlaması, sosyal medya araçlarının kâr amacı gütmeyen kurumlar için en belirgin potansiyel uygulaması olarak kabul edilmektedir. Bu yolla, gerçekleşen bu katılım hedef kitleye ulaşma, paydaşlar ile aracısız ve etkin iletişim kurabilme, toplumda yaşanacak olası toplu eylemi daha da kolaylaştırabilmekte ve/veya daha fazla sosyal etkiye yol açabilmektedir (Aaker & Smith, 2010'dan Akt. Ihm, 2015, s. 501). Dolayısıyla sosyal medya ortamlarında yaşanan etkin iletişim faaliyetlerinin bir uzantısı, sonucu olarak etkileşim unsuru karşımıza çıkmaktadır. Sosyal medya ortamlarında gerçekleşen bu unsur çevrimiçi ya da orijinal ismi ile online etkileşim olarak anılmaktadır. Kurum ya da marka ile iletişim kurmak için bilişsel ve duygusal bir taahhüt olarak da ifade edilebilmektedir. Bu süreç aslında, dinamik olmakla birlikte, bilişsel ve deneyimsel değeri birlikte barındırmaktadır (Mollen & Wilson, 2010, s. 923). Etkileşim, sosyal medya ortamında gerçekleşen ve sadece yalın iletişim kurmanın ötesini ifade eden bir iletişim unsuru olarak da ifade edilebilmektedir. Sosyal medya araç ve ortamlarında bahsedilen çevrimiçi etkileşim (online engagement) unsurunun, diyalog temeline dayanan, çift yönlü katılımın sağlanabildiği iletişim sürecine dikkat çektiği söylenebilir (Ulaş, 2020, s. 275). Etkileşim, sosyal medya ortamlarında, sosyal ağlar aracılığı ile iletişim sürecine vurgu yapmaktadır. Bu araç ve ortamlar ilişki merkezli ve doğal olarak katılımcı bir iletişim sürecine olanak sunduklarından etkileşim doğal olarak anlamlı ilişkilerin geliştirilmesine yol açmaktadır. Etkileşim unsuru, örneğin, duvar yazıları aracılığıyla sosyal ağlarda hedef kitle/takipçiler ile iletişim kurulabilmekte, kullanıcıların marka hakkında yorum yaparak, beğendiklerini ve hoşlanmadığı şeyleri açıklayarak ve içeriği sosyal bağlantılarıyla paylaşarak markayla etkileşim kurmasının sağlandığı süreci temsil etmektedir (Tsai & Men, 2013, s. 77).

Kurumsal açıdan bakıldığında, sosyal medya gibi açık ve iki yönlü iletişim gerektiren teknolojiler için yöneticiler girişimci davranmalı, takipçilerden gelen olumlu ya da olumsuz geribildirimleri değerlendirebilmeleri önem taşımaktadır. Bu tür girişimci yönelimi sosyal medya kullanımı için önemli bir faktör olarak görülmektedir (Tajudeen et al., 2018, s. 310).

Kâr amacı gütmeyen kuruluşlar tek yönlü iletişime odaklanma eğiliminde olduklarından, özellikle sosyal medya ortamlarına adaptasyonları, sosyal medya inovasyon platformlarını kullanma olasılıkları kâr amacı güden kurumlara kıyasla görece daha düşüktür denilebilir (Bretschneider & Parker, 2016, s. 623). Ancak son dönemlerde gerçekleşen araştırmalar ışığında da bu adaptasyon sürecini hızlandığı söylenebilir. Özellikle etkileşim kurabilmede de önemlidir denilebilir. Bu durum, kuruluşun hedef kitleleri ile yakın bir şekilde çalışmasını sağlar ve daha iyi hizmet sonuçlarına yönelik kamu desteğinden yararlanabilmesine olanak sağlamaktadır (Namisango & Kang, 2019, s. 27). Bu noktada, kâr amacı gütmeyen birçok kuruluş, genellikle halkla ilişkiler faaliyetlerinin yürütülmesini etkileyen ve sosyal medyanın çekiciliğini artıran küçük bütçeler ve daha küçük bir personel kadrosu ile çalışmaktadır (Sisson, 2017, s. 179). Doğası gereği güven ve gönüllülüğün ana bileşen olduğu kâr amacı gütmeyen kurumlarda, sosyal medya aracılığı ile de sıkı, tutarlı ve etkileşimli bir iletişim süreci önem taşımaktadır. Dolayısıyla, hedefe yönelik bir sosyal medya müdahalesi, bu kitlelere zaten vakit geçirdikleri yerde ulaşabilme olanağı ve bu da mesajın istenen hedefine ulaşmasına yardımcı olabilir (Guidry vd., 2017, s. 484).

Sosyal medya araçlarından biri olan Facebook, kuruluşlar tarafından aktif olarak kullanılan önde gelen bir sosyal medya aracı olarak karşımıza çıkmaktadır. Facebook, halka, içeriğin altında görünen üç farklı katılım aracıyla etkileşim kurma fırsatı sunar: Beğen, Paylaş ve Yorum Yap gibi unsurlar ile etkileşimin sürekliliği saptanabilmektedir. Ayrıca, hedef kitle/takipçiler de içeriklere kendi yorumlarını yapabilme ve içeriği yeniden üretebilmektedir bu yolla da kurumsal mesajlarla etkileşime girebilmektedir. Bu noktada, takipçilerin diğer yorumcuların mesajlarına kolayca erişebileceği ve konuşmayı gözlemleyebileceği göz önüne alındığında, takipçilerin devam eden diyaloglara katılabildiği ve sadece kuruluşla değil, diğer yorumcularla da etkileşime girebildiği söylenebilir (Cho vd., 2014, s. 565-566). Bu süreçte, gerçek zamanlı kısa mesajlarla iletişim kurma yeteneği, bireylerden ve kuruluşlardan önemli ilgi gördüğü söylenebilir. Kâr amacı gütmeyen kuruluşların mikro blog hizmeti üzerinde nasıl iletişim kurduğunu araştırmak amacı ile gerçekleştirilen bir çalışmada, kâr amacı gütmeyen kuruluşun hizmete katılımını onaylamak için resmi bir sayı olmamasına rağmen, Twitter hesabı, @nonprofitorgs, yalnızca kâr amacı gütmeyen kuruluşlar tarafından oluşturulmuştur. Örneğin, bu hesabı kılavuz olarak kullanarak iletişim kuran, Haziran 2010'da Twitter'da 25.300'den fazla kâr amacı gütmeyen kuruluş vardı (Waters & Jamal, 2011, s. 321). Diğer bir sosyal medya araçlarından olan MySpace ve Facebook gibi sosyal ağ siteleri kuruluşların profil oluşturmalarına ve aktif üye olmalarına başladığından, kuruluşlar bu stratejileri halkla ilişkiler programlarına dahil etmeye başlamışlardır. Kâr amacı gütmeyen kuruluşlar bu siteleri ürünleri piyasaya sürmek ve mevcut markalarını güçlendirmek için kullanmışlardır (Waters vd., 2009, s. 102). Gerçekleştirilen diğer çalışmalarda da kâr amacı gütmeyen kurumların, genel olarak hedef kitleleri/takipçilerinden sosyal medya desteği almayı kolaylaştırdıkları görülmektedir (Bernritter vd., 2016, s. 38). Bu noktada özellikle sosyal medya araçlarının kullanımında uygulanan açık ve bütünleştirici stratejiler, örgütlere ve halklarına, kurum-halkla ilişkiler iletişim sürecinde ve sosyal medya çabalarında eşit olarak denetim paylaşma yeteneği kazandırmaktadır (Sisson, 2017, s. 187).

Kâr amacı gütmeyen kurumlar içerisinde yer alan Hayırseverlik sektörü olarak da tanımlanabilen kuruluşların sosyal medyayı çok verimli kullandıkları söylenebilir. İlgili çalışmada, hayırsever vakıflar (%95) ve diğer yardım kuruluşları veya STK'lar (%92) genel tanıtım için en çok sosyal medyayı kullandıkları yer almaktadır. Daha küçük kuruluşların da sosyal medyayı cömert bir şekilde kullandıkları görülmektedir. Sosyal medya kullanım pratiklerine bakıldığında, genel tanıtım; daha büyük bir organizasyona ulaşmak ve bir diyalog ya da topluluk duygusu yaratmak (her durumda %91), devlet tarafından finanse edilen ve büyük kuruluşlar ile daha hızlı iletişim kurmak (sırasıyla %71 ve %63) ve imajlarını değiştirmek, sağlamlaştırma (sırasıyla %43 ve %46) başlıkları dikkat çekmektedir (Carim & Warwick, 2013, s. 522).

Curtis vd., (2010, s. 92) çalışmalarında elde edilen bulgular, sosyal medya araçlarının kâr amacı gütmeyen sektördeki halkla ilişkiler uygulayıcıları için yararlı iletişim yöntemleri haline geldiğini göstermektedir. Özellikle halkla ilişkiler faaliyetlerini planlama ve gerçekleştirme sürecinde sosyal medya araçlarının etkin kullanılabileceği görülmektedir (Curtis vd., 2010, s. 92). Kâr amacı gütmeyen kurumların özellikle Twitter kullanımlarına yönelik gerçekleştirilen bir başka çalışmada, Twitterda simetrik diyalogdan daha çok asimetrik diyaloga eğilimli oldukları belirlenmiştir. Özellikle Twitterde devam eden çatışmaları önleme de ve çözmede etkin bir strateji ile yer almışlardır (Waters & Jamal, 2011, s. 323). Kâr amacı gütmeyen kurumların özelikle kurumsal sosyal sorumluluk çalışmaları ile sosyal medyada yaratılan etkileşimi konu alan çalışmada önemi vurgulanmaktadır (Dong & Rim, 2019, s. 106). Kâr amacı gütmeyen kurumlar nezdinde hedef kitle/takipçilere ulaşma, yeni gönüllülerin katılımının sağlanması, kurumsal imajlarının sağlamlaştırılması gibi noktalarda sosyal medya araçlarının kullanımı ve yaratılan etkileşimin önemi yadsınamamaktadır. Bazı kâr amacı gütmeyen kuruluşların daha içsel olarak odaklandıklarını ve hizmet ettikleri dış bileşenlerle daha az bağlantılı olduklarını görülmektedir. Bu kâr amacı gütmeyen kuruluşlar yeni üyeler, istekli gönüllüler ve toplumun ihtiyaçlarına hizmet etme yeteneğini kaçırabilmektedirler. Bu noktada, kâr amacı gütmeyen kuruluşların, içsel olarak çok odaklanmış olup olmadıklarını ve belki de benimsedikleri misyonu gözden kaçırıp kaybetmediklerini belirlemek için dikkatli bir öz analiz yapmaları gerekliliği ortaya çıkmaktadır (McMahon vd., 2015, s. 7). Bunu yaparken de bu süreci daha etkin kılma adına sosyal medya araçları için de etkin stratejiler geliştirmeleri gerekmektedir denilebilir. Sosyal medya kullanım pratiklerinde etkileşimin yanında görünür olma durumu da önemli bir unsurdur. Genel olarak, görünürlük unsuru, medyada bir bireyin veya kurumun halka açık olması anlamına gelmektedir ve özellikle kriz zamanlarında, kurumsal algılar, satın alma tercihleri ve güven üzerinde etkisi bulunmaktadır. Sosyal medya görünürlüğü, sosyal medya kullanıcılarının bir kişiyi, kuruluşu veya ilgili bir konuyu ne sıklıkta tartıştığını ifade etmektedir (Yang & Kent, 2014, s. 563). Kurumsal hedeflere ulaşma ve etkileşim sağlamada kuruluşların yetenekleri iç kaynaklarına ve kapasitelerine bağlı olabilmektedir. Kapasitelerin birleşimi ile kâr amacı gütmeyen kuruluşların sosyal medya kullanıp kullanmadığı ve nasıl kullanıldığına dair detaylar önem taşımaktadır. Son dönemlerde, sosyal medyanın kâr amacı gütmeyen kurumlar ve hedef kitleleri arasında çok önemli bir iletişim aracı haline geldiği görülmektedir (Attouni & Mustaffa, 2014, s. 95-96). Dünya genelinde olduğu gibi ülkemizde de birçok kâr amacı gütmeyen kurum bulunmaktadır. Örneğin Kızılay, çok köklü bir tarihsel geçmişe sahip olan bir kurumdur. Savaş alanında yaralanan ya da hastalanan askerlere hiçbir ayrım gözetmeksizin yardım etme fikri ile ortaya çıkan kurumun geleneksel olduğu kadar sosyal medya ortamlarını da aktif olarak kullandığı görülmektedir. Geniş bir hedef kitleye hitap eden bu kurumun, Facebook, Twitter, Instagram, Youtube ve Linkedin hesapları bulunmaktadır. Hemen her hesabı aktif olarak kullanmakta olduğu söylenebilir. Kurumsal web sayfasına bakıldığında, etkileşimli bir iletişime olanak sağladığı söylenebilir. Aşağıdaki görselde kurumsal web sayfasının açılış görüntüsü yer almaktadır. Görüntülerde hareketli ve interaktif bir iletişim süreci görülmektedir (Bkz. Şekil 1).

Şekil 1: Kızılay Kurumsal Web Sayfası
Kaynak: Kızılay, 2020

Web sayfası dinamik ve çift yönlü iletişime izin verebilmektedir. Özellikle sayfada yer alan canlı destek uygulaması kurum ve hedef kitle/takipçiler arasında çift yönlü iletişim ve beraberinde sürdürülebilir etkileşime olanak sağlamaktadır denilebilir.

Kızılay'ın resmi facebook hesabının ekran görüntüsü aşağıda yer almaktadır. Genel olarak gerçekleştirdiği faaliyetlerin ve yardım çalışmalarının paylaşımlarının yapıldığı görülmektedir. Yapılan hemen her paylaşımının beğeni, yorum aldığı görülmektedir. Paylaşımlarına yönelik duyurum faaliyetleri de yapmaktadır (Bkz. Şekil 2).

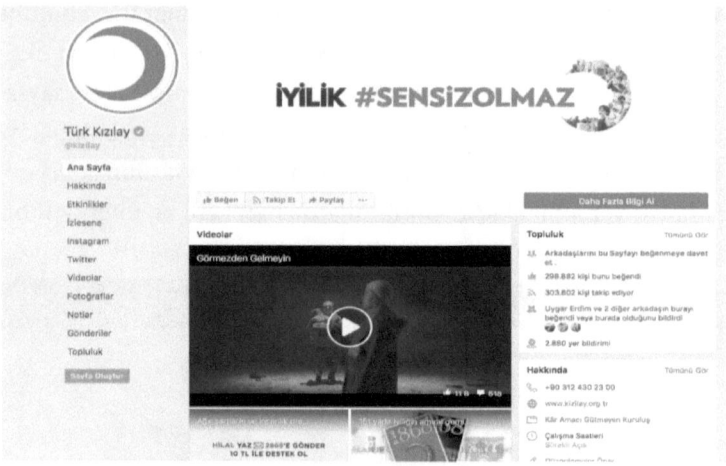

Şekil 2: Kızılay Resmi Facebook Hesabı Ekran Görüntüsü
Kaynak: Facebook-Kızılay, 2020

Söz konusu hesabı aracılığı ile takipçileri ile iletişim kurabildiği ve bu yolla çift yönlü bir iletişim süreci gerçekleştirdiği söylenebilir. Bu noktada, gerçekleştirdiği paylaşımlarına takipçiler tarafından gelen beğeni, yorum sayesinde etkileşim sağlandığı söylenebilir (Bkz. Şekil 3).

Disiplinlerarası Yaklaşımla Sosyal Medya

Şekil 3: Kızılay Resmi Facebook Hesabı Ekran Görüntüsü
Kaynak: Facebook-Kızılay, 2020

Bir diğer kâr amacı gütmeyen kuruluş olan TEMA Vakfı bulunmaktadır. Anadolu'da yaşanmakta olan erozyon ve çölleşme tehlikesine kamuoyunun dikkatini çekme amacı ile kurulan bu kuruluşun "Türkiye Çöl Olmasın" sloganının toplumda büyük yankı uyandırdığı söylenebilir. Aşağıda yer alan görsel TEMA vakfının kurumsal web sayfasına ilişkindir (Bkz. Şekil 4).

Şekil 4: TEMA Vakfı Kurumsal Web Sayfası
Kaynak: Temavakfı, 2020

Söz konusu kuruluşun web sayfasının yanı sıra resmi Facebook, Twitter, youtube ve RSS uygulamaları bulunmaktadır. Aşağıda Facebook hesabına yönelik görüntü yer almaktadır (Bkz. Şekil 5).

Şekil 5: TEMA Vakfı Resmi Facebook Hesabı Görseli
Kaynak: Facebook-Temavakfı, 2020

Resmi Facebook hesabına bakıldığında hemen her gün paylaşımda bulunduğu görülmektedir. Resmi web sayfasında yer alan paylaşımlara paralel içeriklerin olduğu söylenebilir. Paylaşımlara yönelik takipçiler tarafından beğeni, yorum ve paylaşımda bulunulduğu söylenebilir. Bu yolla söz konusu ortamda kurum ile takipçiler arasında etkileşim sürdürülebilmesinin olası olduğu söylenebilmektedir.

Sonuç

Günümüzde internet tabanlı uygulamalarda yaşanan ve halen devam eden gelişmeler ile birlikte yeni bir iletişim ortamı ve araçları görülmektedir. Kurumsal pratiklerde de yansımaları bulunmaktadır. Toplumun bir parçası olarak yer alan, gönüllülük esası ile ilerleyen kâr amacı gütmeyen kurumların paydaşları ile sürdürülebilir ilişkiler kurması, etkin bir iletişime sahip olması büyük önem taşımaktadır. Bu süreçte sürdürülebilir bir iletişim de sosyal medya ortamlarının ve beraberinde etkileşim unsurunun varlığı yadsınamamaktadır. İlgili alanda akademik ve profesyonel boyutta çalışmaların ışığında, kâr amacı gütmeyen kurumların sosyal medya ortamlarında yer aldıkları ve araçlarını da kullandıkları söylenebilir. İlgili literatürde söz konusu kurumlara ve sosyal medya kullanımlarına yönelik araştırma çalışmalarının yapıldığı görülmektedir. Bu çalışmalarda etkileşim faktörü incelenmiş ve kâr amacı gütmeyen kurumlar ile hedef kitleleri/takipçileri arasında sosyal medya ortamlarında etkileşim sağlandığı ortaya konmaktadır denilebilir. Bu noktada sosyal medya araçlarının kâr amacı gütmeyen kurumlar tarafından hedef kitleleri ile iletişim kurmada etkin bir araç olarak kullanıldığını söylemek mümkündür. Özellikle çevrimiçi ortamda etkileşimin sağlanması ve devamlılığında sosyal medya araçlarının anahtar rol üstlendiğini söylemek mümkündür. Bu yolla, sosyal medya ortamında etkileşimin sağlandığı kabul edilebilmektedir.

Kaynakça

Aaker, J., & Smith, A. (2010). *The Dragonfly Effect: Quick, Effective, and Powerful Ways to Use Social Media to Drive Change.* San Francisco: Jossey Bass.

Alp, S. (2009). Refah Devleti Düşüncesinin Gelişimi ve Bir Liberal Alternatif Olarak Üçüncü Sektör. *Maliye Dergisi*, 156, 265-279.

Alvarez-González, L.I., Garcia-Rodríguez, N.G., Rey-Garcia, M., & Sanzo-Perez, M.J. (2017). Business-nonprofit Partnerships as a Driver of Internal Marketing in Nonprofit Organizations. Consequences for Nonprofit Performance and Moderators. *BRQ Business Research Quarterly*, 20, 112-123.

Arslan, N.T. (2004). Kâr Amaçsız Örgütler ve Stratejik Yönetim. *C.Ü. Sosyal Bilimler Dergisi*, 28, ss.155-172.

Attouni, M.A.K., & Mustaffa, C.S. (2014). How Do Non-profit Organizations in Libya Adopt and Use Social Media to Communicate with The Society. *Procedia- Social and Behavioral Sciences*, 155, ss.92-97.

Auger, G.A. (2013). Fostering Democracy through Social Media: Evaluating Diametrically Opposed Nonprofit Advocacy Organizations' Use of Facebook, Twitter, and YouTube. *Public Relations Review*, 39, ss.369-376.

Aydın, A.F. (2015). Kurumsal İtibar Açısından Sosyal Medyaya İlişkin Bir Değerlendirme. *Karadeniz Teknik Üniversitesi İletişim Araştırmaları Dergisi*, 5, 78-92.

Bernritter, S.F., W.J. Verlegh, P.W.J. & Smit, E.G. (2016). Why Nonprofits Are Easier to Endorse on Social Media: The Roles of Warmth and Brand Symbolism. *Journal of Interactive Marketing,* 33, ss.27-42.

Biber, A. (2003). Bir Meşrulaştırım Yöntemi Olarak Halkla İlişkilerin Meşruiyeti. *Amme İdaresi Dergisi,* 36, ss.43-53.

Bretschneider, S., & Parker, M. (2016). Organization Formalization, Sector and Social Media: Does Increased Standardization of Policy Broaden and Deepen Social Media Use in Organizations?. *Government Information Quarterly,* 33, ss.614-628.

Boris, E.T. (1999). The Nonprofit Sector in the 1990s. In C. T. Clotfelter & T. Ehrlich (Eds.), Philanthropy and the Nonprofit Sector in a Changing America (pp. 1-33). Bloomington: Indiana University Press.

Carim, L., & Warwick, C. (2013). Use of Social Media for Corporate Communications by Research-Funding Organisations in the UK. *Public Relations Review,* 39, 521-525.

Cengiz, E., & Kırkbir, F. (2007). Kâr Amacı Gütmeyen Kurumlarda Müşteri Memnuniyeti ve Hizmet Kalitesi İlişkisi: Karadeniz Bölgesi Örneği. *Atatürk Üniversitesi İktisadi ve İdari Bilimler Dergisi,* 21, ss.263-285.

Cho, M., & Auger, G.A. (2017). Extrovert and Engaged? Exploring the Connection Between Personality and Involvement of Stakeholders and the Perceived Relationship Investment of Nonprofit Organizations. *Public Relations Review,* 43, ss.729-737.

Cho, M., Schweickart, T., & Haase, A. (2014). Public Engagement with Nonprofit Organizations on Facebook. *Public Relations Review,* 40, ss.565-567.

Curtis, L., Edwards, C., Fraser, K.L., Gudelsky, S., Holmquist, J., Thornton, K., & Sweetser, K.D. (2010). Adoption of Social Media for Public Relations by Nonprofit Organizations. *Public Relations Review,* 36, ss.90-92.

Dong, C., & Rim, H. (2019). Exploring Nonprofit-Business Partnerships on Twitter from a Network Perspective. *Public Relations Review,* 45, ss.104-118.

Go, E., & You, K.H. (2016). But Not All Social Media Are The Same: Analyzing Organizations' Social Media Usage Patterns. *Telematics and Informatics,* 33, ss.176-186.

Guidry, J.P.D., Jin, Y., Orr, C.A., Messner, M., & Meganck, S. (2017). Ebola on Instagram and Twitter: How Health Organizations Address the Health Crisis in Their Social Media Engagement. *Public Relations Review,* 43, 477-486.

Facebook-Kızılay. (2020). (Çevrimiçi) https://www.facebook.com/kizilay/. (Erişim tarihi: 31.01.2020).

Facebook-Temavakfı. (2020). (Çevrimiçi) https://www.facebook.com/temavakfi/. (Erişim tarihi: 31.01.2020).

Ihm, J. (2015). Network Measures to Evaluate Stakeholder Engagement with Nonprofit Organizations on Social Networking Sites. *Public Relations Review*, 41, ss.501-503.

İnal, M.E., & Biçkes, D.M. (2006). Kar Amaçsız Kuruluşların Sorunlarının Çözümünde Pazar Yönlülük Teorisi. *Erciyes Üniversitesi İktisadi ve İdari Bilimler Fakültesi Dergisi*, 26, ss.45-65.

Kocabaş, F. (2008). Küreselleşme Bağlamında Kâr Amacı Gütmeyen Kuruluşların Güçlendirilmesinde İnternetin Önemi. *Kamu-İş*, 10, ss.173-195.

Kızılay. (2020). (Çevrimiçi) https://www.kizilay.org.tr. (Erişim tarihi: 31.01.2020).

Levis, D. (1998). Development NGOs and The Challenge of Partnership: Changing Relations Between North and South. *Social Policy & Administration*, 32, ss.501-513.

Lovejoy, K., Waters, R. D., & Saxton, G. D. (2012). Engaging Stakeholders through Twitter: How Nonprofit Organizations are Getting More Out of 140 Characters or Less. Public Relations Review, 38, ss.313-318.

McMahon, D., Seaman, S., & Lemley, D.A. (2015). The Adoption of Websites by Nonprofits and the Impact on Society. *Technology in Society*, 42, ss.1-8.

Mollen, A., & Wilson, H. (2010). Engagement, Telepresence and Interactivity in Online Consumer Experience: Reconciling Scholastic and Managerial Perspectives. *Journal of Business Research*, 63, ss.919-925.

Namisango, F., & Kang, K. (2019). Organization-public Relationships on Social Media: The Role of Relationship Strength, Cohesion and Symmetry. *Computers in Human Behavior*, 101, ss.22-29.

Özal, A. (2018). *Kar Amacı Gütmeyen Kuruluşlarda Halkla İlişkiler Çalışmaları: Bir Sivil Toplum Kuruluşu Olan "Turmepa" Örneği*. Yüksek Lisans Tezi. Maltepe Üniversitesi, Sosyal Bilimler Enstitüsü, İstanbul.

Paek, H-J., Hove, T., Jung, Y., & Cole, R.T. (2013). Engagement across Three Social Media Platforms: An Exploratory Study of a Cause-Related PR Campaign. *Public Relations Review*, 39, ss.526-533.

Sisson, D.C. (2017). Control Mutuality, Social Media, and Organization-Public Relationships: A Study of Local Animal Welfare Organizations' Donors. *Public Relations Review*, 43, ss.179-189.

Tajudeen, F.P., & Jaafar, N.I., & Ainin, S. (2018). Understanding the Impact of Social Media Usage among Organizations. *Information and Management*, 55, ss.308-321.

Tema. (2020). (Çevrimiçi) http://www.tema.org.tr/web_14966-2_1/index.aspx. (Erişim tarihi: 31.01.2020).

Tsai, W-H.S., & Men, L.R. (2013). Motivations and Antecedents of Consumer Engagement with Brand Pages on Social Networking Sites. *Journal of Interactive Advertising*, 13, ss.76-87.

Uçar, F., Gülmez, E., Mutlu, Ö., Erbaş, S., & Gez, K. (2015). Kar Amacı Gütmeyen Kurumların Kurumsal İtibarı: Kızılay Örneği. *Selçuk İletişim*, 8, ss.131-153.

Ulaş, S. (2020). Marka İletişiminde Sosyal Medya ve Çevrimiçi Etkileşim (Online Engagement) İlişkisi: Limasol Türk Kooperatif Bankası Örneği. *MANAS Sosyal Araştırmalar Dergisi*, 9, ss.274-285.

Wang, Y., & Yang, Y. (2020). Dialogic Communication on Social Media: How Organizations Use Twitter to Build Dialogic Relationships with Their Publics. *Computers in Human Behavior*, 104, https://doi.org/10.1016/j.chb.2019.106183.

Waters, R.D., Burnett, E., Lamm, A., & Lucas, J. (2009). Engaging Stakeholders Through Social Networking: How Nonprofit Organizations are Using Facebook. *Public Relations Review*, 35, ss.102-106

Waters, R.D., & Jamal, J.Y. (2011). Tweet, Tweet, Tweet: A Content Analysis of Nonprofit Organizations' Twitter Updates. *Public Relations Review*, 37, ss.321-324.

Weerawardena, J., McDonald, R.E., & Mort, G.S. (2010). Sustainability of Nonprofit Organizations: An Empirical İnvestigation. *Journal of World Business*, 45, ss.346-356.

Yang, A., & Kent, M. (2014). Social Media and Organizational Visibility: A Sample of Fortune 500 Corporations. *Public Relations Review*, 40, ss.562-564.

Halkla İlişkiler Perspektifinden Sağlık İletişiminde Uygulama ve Örneklerle Instagram Kullanımı

*Emel Demir Askeroğlu**

Giriş

Günümüzde gelişen iletişim teknolojileri sayesinde bilgiye erişim artmaktadır. Bu durum sağlık kuruluşlarına gelen hastaların giderek daha bilinçli hale gelmesinde önemli bir etkendir. Bu nedenle bireyler hasta olduklarında en yakın hastanede tedavi olma anlayışı yerine tedavi olmak için en fazla değer katacağına inandıkları kurumları tercih etmektedirler. Bu durumda hastanelerin, kendilerini rakiplerine göre konumlandırmaları ve marka imajı geliştirerek marka bilinirliğine yönelmeleri gerekmektedir (Yased, 2012, s.28). Tüm bu gelişmeler sağlık sektöründe stratejik halkla ilişkiler faaliyetlerinin gerekli hale getirmektedir. Geniş hedef kitlesi bulunan sağlık sektörünün hedef kitlelerine ulaşarak, olumlu bir marka imajı oluşturması ve sürdürülebilir iletişim faaliyetleri geliştirebilmesi halkla ilişkiler faaliyetlerinin planlı ve sürekli hale getirilebilmesi ile gerçekleştirilebilir. Öte yandan dijitalleşme ile birlikte değişen iletişim kanallarının halkla ilişkiler için yeni uygulama alanları oluşturması da hedeflenen amaçlara ulaşmak açısından kolaylıklar sağlamaktadır.

Bugün Türkiye'de 82,4 milyon nüfusun %72'sini oluşturan 59.36 milyon internet kullanıcısı bulunmaktadır. Yine nüfusun %63'ünü oluşturan 52 milyon aktif sosyal medya kullanıcısı

---

* Öğretim Görevlisi Doktor, Tekirdağ Namık Kemal Üniversitesi, edemir@nku.edu.tr

vardır. Bu kullanıcıların tercih ettiği en aktif sosyal medya platformu Youtube'dur (%92). Ardından Instagram (%84) ve Facebook (%82) en fazla takip edilen sosyal medya platformlarıdır (Bayrak, 2019). Tüm bu veriler sosyal medyanın halkla ilişkiler perspektifinden önemli bir kanal işlevi görebileceğinin göstergesidir. Geniş hedef kitlelere ulaşmak isteyen sağlık sektörü için de önemli katkılar sağlayabileceğini söylemek mümkündür. Bu durum yalnız Türkiye ile sınırlı kalmamaktadır.

Nitekim Türkiye'de sağlık sektörüne önemli bir ivme kazandıran sağlık turizmi perspektifinden bakıldığında; tüp bebek tedavileri, göz sağlığı, diş sağlığı, estetik cerrahi ve termal spa gibi alanlarda hizmet almak için Türkiye'yi tercih eden yabancı hastaların sayısının her geçen yıl artmakta olduğu gözlenmektedir. Dünya'da ve Türkiye'de özellikle son yıllarda pek çok hasta tedavi, tatil ve ulaşım hizmetini bir arada sunan sağlık paketlerini tercih etmektedirler. 2. Uluslararası Sağlık Turizmi Kongresi'nde verilerine göre, Türkiye sadece 1 milyon yabancı hastaya sağlık hizmeti sunarak, 23,3 milyon geleneksel turistten elde ettiği gelire eş değer bir gelir elde etmektedir (Yased, 2012, s.28). Böylesi yüksek getirisi olan bir sektörün, daha fazla geliştirilebilmesi için stratejik halkla ilişkiler faaliyetlerinin dijital uygulamalar ile birlikte gerçekleştirilerek, geniş hedef kitlelere ulaşılabilir ve marka imajı oluşturularak tercih edilebilirliği arttırmak mümkün hale gelebilir. Bu çalışmada sosyal medya platformlarından Instagramın halkla ilişkiler amaçlı kullanımının sağlık sektörüne yansımaları ele alınmaktadır.

Kavramsal Olarak Halkla İlişkiler

Günümüz halkla ilişkiler uygulamalarının amacını açıklamak için öncelikle tarihsel süreçte halkla ilişkiler uygulamalarına değinmek gerekmektedir. Tarihsel süreçte, halkla ilişkiler uygulamalarına üç temel yorum getirilmiştir. Bunlar, kamuoyunu kontrol etmek, halka yanıt vermek ve tüm halklar arasında

Disiplinlerarası Yaklaşımla Sosyal Medya

karşılıklı olarak yararlı ilişkilerin düzenlenmesidir (Bivins, 1993, s.118). İlk yorumda, halkla ilişkilerin doğası gereği ikna edici olmak yatmaktadır. Bu yorumların her birinin odak noktası roller veya işlevler değil, amaç veya niyettir. Diğer yorumlarda ise, farklı bakış açılarına aracılık işlevi gören bir danışmanlık işlevinden söz edilmektedir ki, bu da modern halkla ilişkiler yaklaşımının başlangıç noktası olarak görülmektedir.

Geleneksel halkla ilişkilerin kökenine dair bir çok tartışma olsa da, modern halkla ilişkilerin başlangıç yerinin Amerika ve tarihin ise Birinci Dünya Savaşı olduğu ifade edilmektedir. Amerikan Kongresi, Kamuoyu Bilgilendirme Komitesi'ni (Creel Komisyonu) savaşa yönelik algıları yönetebilmek için kurulmuştur ve bu komitenin başarısı sonrasında, halkla ilişkiler mesleğinin hem hükümette hem de iş dünyasında ikna edici iletişim için önemli bir araç haline geldiğini söylemek mümkündür (Ohiagu, 2009, s.78). Birinci Dünya Savaşı, halkla ilişkilerin meslek olarak gelişimini teşvik ederken; Ivy Lee, Edward Bernays ve Carl Byoir gibi Amerika Birleşik Devletleri'ndeki ilk halkla ilişkiler profesyonellerinin iş dünyasında profesyonel olarak bu mesleği icra etmesini de sağlamıştır.

Bernays günümüz halkla ilişkiler uygulamalarının ilk örneklerini sunarak, işletmelerin hedef kitleleriyle bir bağ oluşturmaya ihtiyaç duyduğu zamanlarda, halkla ilişkiler çabalarıyla bu ihtiyaca karşılık gelecek uygulamalarla hedef kitle karşılıklı iletişimi sağlayabileceğini de göstermektedir.

Nitekim, Bernays "Cristallizing Public Opinion adlı eserinde "halkla ilişkiler danışmanlık firması olarak, kamuoyunu kuruma ve kurumu kamuoyuna yorumladığı" (Balta Peltekoğlu, 2018,s.129), ifade ederek; halkla ilişkilerin kurum ile hedef kitlesi arasında bir köprü işlevi gördüğünü göstermektedir. İşletmeler, bu köprü sayesinde ürün ve hizmetlerinin geniş kitleler tarafından bilinip, kullanılmasını sağlayabilmektedir. Bu nedenle günümüzde halkla ilişkilerin pazarlama amaçlarına yönelik işlevi de üstlendiğini söylemek mümkündür.

İşletmeler açısından pazarlama iletişiminin önemli bir bileşeni haline gelen halkla ilişkiler işletmelerin pazarlama amaçlarına önemli katkılar sağlamaktadır. Halkla ilişkilerin işletmelerin pazarlama amaçlarına sağladığı katkılar tarihsel gelişim süreci içinde ele alındığında, E.Bernays tarafından farklı alanlarda gerçekleştirilmiş birçok uygulamadan söz edilebilir. Procter and Gamble firması için gerçekleştirdiği 33 yıllık deneyimin yanı sıra United Fruit Company, Philco, Bernays'ın işletmeler adına gerçekleştirdiği Halkla İlişkiler uygulamalarından bazılarıdır (Balta Peltekoğlu ve Demir Askeroğlu, 2019, s.1046).

Pazarlama yönlü halkla ilişkiler, "pazarlama hedeflerine ulaşmak için halkla ilişkiler strateji ve tekniklerinin kullanımı" olarak tanımlanmakla birlikte, kitlesel veya özel kitlelere yönelik olarak hazırlanan; satışları etkileme ve ürün ve hizmetin kullanımının yaygınlaşmasını sağlayacak, farkındalık ve bilgilendirmeye yönelik kampanyayı kapsamaktadır (Harris ve Whalen, 2009, s.29). Yoğun rekabet ortamında reklam mesajlarının yetersiz kaldığını söylemek mümkündür. Bu nedenle pazarlama yönlü halkla ilişkiler uygulamaları aracılığıyla işletmelerin pazarlama amaçlarını desteklemek mümkün olmaktadır.

Pazarlama yönlü halkla ilişkilerde, ürün ve hizmetleri tanıtmak için özel etkinlikler düzenlemek, duyurum yapmak, özellikle dijitalleşmenin etkisiyle yaygınlaşan sosyal medya platformları sayesinde, pazarlama hedeflerine ulaştırıcı mesajların daha geniş kitlelere ulaşması mümkün kılınmaktadır.

Pazarlama yönlü halkla ilişkiler ve sosyal medya

Cone Inc. tarafından 2008 yılında yapılan bir araştırma, sosyal medya kullanıcılarının % 93'ünün satın aldıkları şirketlerin sosyal medyada bulunması gerektiğine inandıkları sonucu markaların sosyal medyaya giderek daha fazla ilgi duyması gerektiğinin göstergesi niteliğindedir. Aynı araştırmaya göre sosyal medya kullanıcılarının % 85'i bir şirketin müşterileriyle sosyal medya üzerinden etkileşim kurması gerektiği görüşündedir. Ayrıca katılımcıların, % 56'sı bir sosyal medya ortamında etkileşime girdiklerinde bir şirketin aldığı hizmetle daha güçlü bir bağlantı ve daha fazla memnuniyet duyduklarını ifade etmektedir (Papasolomou ve Melanthiou, 2012). Tüm bu veriler sosyal medyanın, şirketler için kaçınılmaz bir iletişim kanalı olarak kabul edilmesi gerektiğini göstermektedir. Bu nedenle markalar hedef kitlelerin tercihlerini dikkate alarak iletişim kanallarını tercih etmesi önemli hale gelmektedir.

Sosyal medya hedef kitlelerle iletişim için kullanılabilen doğal bir uzantı olarak işlev görmektedir. Chartered Halkla İlişkiler Enstitüsü sosyal medyayı, kullanıcıların web siteleri ve çevrimiçi araçlar vasıtasıyla birbirleriyle etkileşime girmesine olanak sağlayan iletişim teknolojilerine verilen bir terim olarak tanımlamaktadır. Sosyal medya genellikle katılımcıların çevrimiçi içerik üretebildiği, ürettiği içeriği yayınlayabildiği, kontrol edilebilen, eleştirebildiği, sıralayabildiği ve etkileşime girebildiği siteler olarak tanımlanmaktadır. Sosyal medyayı bu kadar popüler yapan özellik, tüketicilerin etkileşimde bulunabilmeleri ve bilgi paylaşabilmeleridir (Papasolomou ve Melanthiou, 2012, s.319-320) . Sosyal medya yalnızca kelimelerin paylaşımı değil, aynı zamanda resimlerin ve videoların da paylaşımına olanak sağlayan bilgisayar, mobil ve akıllı telefonlar aracılığıyla kullanım imkanı olan, dijital ortamda bireylere özgür dolaşım imkanı sunan, karşılıklı etkileşim fırsatı sunan bir platformdur.

Günümüzde sosyal medya olarak tanımlanan internet platformlarının etkililiği giderek artmaktadır. İnternet üzerinden farklı konularda oluşan toplulukların ya da bireysel yazarların yazdığı ve yorumladığı web alanları, pazarlama yönlü halkla ilişkiler amaçlı olarak da kullanılmaktadır. Markalar hem hedef kitleleri hakkında daha fazla bilgi edinebilmekte hem de ürün/ hizmetler hakkında yapılan yorumları, tüketici tercihlerini, istek ve beklentilerini takip etmek için önemli bir fırsat elde etmektedir (Toros, 2016, s.26).

Pazarlama yönlü halkla ilişkiler aracı olarak Instagram

Halkla ilişkiler uygulamaları açısından Instagram, iş dünyası tarafından büyük ilgi görmektedir. Instagramı markaların halkla ilişkiler çabalarına entegre hale getirmek mümkündür. Özellikle pazarlama yönlü halkla ilişkiler uygulamalarında Instagram gün geçtikçe önemi artan bir işleve sahip olacağını söylemek mümkündür.

Instagramın halkla ilişkiler çabası olarak birçok işlevi vardır. Öncelikle bir ürünün sergilenmesine olanak sağlamaktadır. Bir ürünün nasıl kullanıldığından ve hizmetin günlük yaşamlarına nasıl etki edeceğine dair görüntülerin paylaşılmasıyla hedef kitlenin ilgisi çekilebilir ve insanların marka hakkında konuşması sağlanabilir. Çalışma kültürünü paylaşabilir, çalışanlara yönelik bilgi paylaşımı yapılabilir. Markanın kilometre taşları paylaşılabilir, önemli günleri ve ödülleri paylaşıp özel gün kutlamaları gerçekleştirilebilir. Yeni gelişmeler ve mağazalar hakkında bilgi verilebilir, konum hakkında paylaşım yapılarak farkındalık oluşturma imkanı sağlamaktadır. Sosyal konular hakkında farkındalık yaratmak mümkündür. Markaların ihtiyaç sahiplerine nasıl fayda sağladığını göstermek de mümkündür. Anlık güzellikleri yakalamak, ve bunlarla etkileşim arttırılabilmektedir. Katılımlı etkinliklerin yapılması, bu etkinliklerin hazırlık aşamasından başlayarak marka gönüllülerine yer vermek, etkinlik sırasında #hashtag kullanmak önemli adımlardır. Bu tür uygulamalar insanların marka hakkında konuşmasını sağlayacak çalışmalardır. Etkinlik sonrası fotoğraflar aracılığıyla da gelecek etkinliklere katılımcı sağlamak mümkündür (Feldman, 2015). Instagram ile görsellerin gücünden faydalanmak mümkündür. Tüm bu faaliyetler ile insanların marka ile yakınlaşması sağlanabilir, sosyal medyada marka hakkında konuşulması sağlanarak geniş kitlelere ulaşmak mümkün hale gelmektedir.

Sosyal medya platformu, ürünler, markalar, hizmetler, kişilikler ve konular hakkında birbirlerini eğitmek isteyen tüketiciler tarafından oluşturulan, başlatılan, dağıtılan ve kullanılan çeşitli yeni çevrimiçi bilgi kaynaklarını açıklar. Kuşkusuz, sosyal medya, şirketler tarafından entegre pazarlama iletişimi kampanyalarında kullanılabilecek güçlü bir araçtır, çünkü gayri resmi ve daha kişisel bir şekilde etkileşim kurmalarını sağlar. Tüketiciler, markaların ve şirketlerinin müşterileri ve hayranlarıyla etkileşime geçmesini bekler. Çünkü pazarlamanın temel amaçlarından biri müşterilerle ilişkiler geliştirmektir. İnternet artık sadece bilgi bulmak için değil; şirketlerin ilişki kurmaya daha etkin katılımını sağlamak için vardır. İnternet, bu ilişkiler ağını oluşturmak için kullanılabilir (Papasolomou ve Melanthiou, 2012, s.319-320).

2010 yılında Kevin Systrom ve Mike Kriger isimli iki girişimci tarafından kurulan instagram, ücretsiz fotoğraf paylaşımı ve fotoğraf düzenleme uygulaması olarak kullanılmaya başlanmıştır (Can, 2017, s.209). Bireylerin kendi yaşamlarından kesitlerin sunulduğu, bu uygulama zamanla video ve canlı yayın özellikleri de eklenerek, kullanıcılarına çok geniş kitlelere ulaşma imkanı sunmaktadır. Instagram uygulaması ile çekilen fotoğraflar üzerinde düzenlemeler yapılabilmekte, filtreler kullanılarak fotoğraflar şekillendirilebilmektedir. Fotoğraf eklenirken etiketleme yapılabilir, ilgi alanlarına uygun etiketler aracılığıyla geniş kitlelere ulaşılabilmektedir. Anlık video paylaşımları yapılarak, sesli videolar yüklenebilmektedir. Instagram sayesinde hem büyük ölçekli hem de küçük ölçekli işletmeler hedef kitleleriyle iletişim kurabilmekte; ürün ve hizmetleri bu platform sayesinde hedef kitlelerine sunabilmektedir.

Özellikle küçük işletmeler için, düşük maliyetli ama etki alanı geniş olan Instagram önemli bir tanıtım ve satış kanalı olarak işlev görmektedir. Bu işlevi sayesinde küçük işletmeler ve yeni girişimciler, Instagram'da hesap oluşturarak hem ürünlerini tanıtmak hem de satış gerçekleştirebilmektedir (Yaşa Öztürkay vd., 2017, s.179). Bu özellikleriyle pazarlama yönlü halkla ilişkiler amaçlı olarak kullanılan Instagram, insanların markalar hakkında konuşmalarını sağlanmasında etkili olabilmektedir.

Sağlık İletişimi

Sağlık iletişimi bireysel ve toplumsal sağlığın geliştirilmesine katkı sağlayan önemli bir araçtır. Sağlık konusunda sadece iletişim stratejileri kullanılarak hedef izleyici kitlesinin bir sağlık sorununa ve bu sorunun çözümüne ilişkin farkındalığının artırılması mümkündür. Sağlık sorunlarında iletişim araçları kullanılarak, bireyin istenilen hareket yönünde güdülenmesi, mevcut olumlu sağlık davranışına ilişkin bilgi ve tutumunun pekiştirilmesi, sağlık hizmetlerine talep yaratılması ve hizmet kalitesinin artırılması gibi sonuçlara ulaşılabilmektedir (Kolçak ve Bulduklu, 2010, s.5).

Sağlık iletişimi, insanların kendilerinin ve diğerlerinin tıbbi şartlarını yönetmeye yardım ederek daha iyi hayat şartları oluşturmak için onları bilgilendirmeyi ve ikna etmeyi amaçlamaktadır (Duffy ve Thorson, 2009: 93). Bu açıdan sağlık iletişiminin temel konusunun; sağlıkla ilgili bilinç oluşturmak, sağlığı korumak ve onu geliştirmek olduğunu söylemek mümkündür. Çeşitli düzeylerde gerçekleşen sağlık iletişimi, farklı araçlar sayesinde birçok insanı etkileyebilmektedir. Kimi durumlarda kişilerin yüz yüze bir sağlık sorunu hakkında bilgilendirilmesi yeterliyken bazı durumlarda da toplumsal düzeyde kişilerin bilgilendirilmesi gerekmektedir. İletişimin hangi düzeyde gerçekleştirileceği iletişim uzmanları tarafında saptanmalı ve bu uzmanlar sorunun niteliğine ve yaygınlığına uygun araçları seçmelidir. Bu araçlar çok geniş bir yelpaze içerisinde yer alabilmektedir. Gerçekleştirilecek olan iletişimin düzeyine göre broşürler, televizyon spotları veya sinema filmleri artık günümüz sağlık iletişimi uygulamaları için kullanılan araçlardandır (Hülür, 2016, s.157-159).

Sağlık iletişimi kampanyaları, etkili iletişim için stratejik olarak geliştirilmesi ve teorilerle bilgilendirici olması sağlık mesajlarının nüfusun büyük bir kesimine ulaşması bakımından önemlidir. Bu şekilde sağlığın geliştirilmesi ve bulaşıcı hastalıkların önlenmesi mümkün hale gelmektedir. Sağlık iletişimi için kullanılan kitle iletişim kampanyaları, aracılığıyla da standart mesajları aynı anda büyük popülasyonlara yönlendirmek mümkündür (Sixsmith, vd.,2014, s.3)

Sağlık iletişimi sağlıklı bir insan olabilmek, yaşam kalitesinin arttırmak ve hastalıkları önlemek açısından göreceli olarak hayati bir role sahiptir. Bununla birlikte hedef kitle ile sağlıklı bir iletişim kurmada geleneksel iletişim araçlarından dijital mecralara doğru bir yönelme olduğu gözlenmektedir. İnternetin bulunması ve sosyal medya platformlarının gelişmesiyle birlikte, sosyal medyanın düşüncelerin ve enformasyonun değişiminde pratik bir araç olarak görülmektedir. Bu nedenle Facebook ve Twitter gibi sosyal medya araçlarının da modern tıp alanında kullanımının yaygınlaştırıldığı görülmektedir. Ayrıca sosyal medya araçlarının kullanımının bilimsel temelli sağlık mesajlarına güvenilir şekilde erişimi arttırdığı ve bu mesajların ulaştığı kesimi genişlettiği ileri sürülmektedir. Bu doğrultuda, sosyal medya ve diğer iletişim teknolojileri aracılığıyla büyük bir kitleye sağlıkla ilgili konularda güvenilir bilgi paylaşımı sağlanmış olmaktadır. Belirli kitleleri hedef alan ve onlara daha uygun hale getirilmiş kişiselleştirilmiş ve güçlendirilmiş sağlık mesajları ise, etkileşimli iletişime ve hedef kitleler ile bütünleşmeye olanak vermekte; bu durum ise insanların daha güvenli ve daha sağlıklı kararlar vermesini sağlamaktadır (Öztürk ve Öymen, 2013, 112).

Sağlık İletişimi ve Halkla İlişkiler

Sağlık kurumlarında yürütülen halkla ilişkiler faaliyetleri; hastalığa ilişkin olarak kamuoyunun bilgilendirilmesinden mücadele etme ve korunma yollarının anlatılmasına, hasta memnuniyetinin sağlanmasından hasta haklarına ilişkin bilgi sahibi olunmasına kadar oldukça geniş bir alanı kapsamaktadır. Bu bilgilere ek olarak, sağlık sektöründe halkla ilişkiler uygulamalarını zorunlu kılan bazı nedenlerin varlığından da bahsedilmektedir. Bu nedenler; sağlık sektörünün karmaşık yapısı, uzmanlaşma seviyesinin yüksekliği, yoğun tıbbi terminoloji kullanımı, hedef kitlenin bilgisizliği, yönetimin profesyonelleşmesi vb. şeklinde sıralanabilmektedir. Ayrıca, sağlık sektörünün hedef kitlesi durumunda olan hasta ve yakınlarının gerek fiziksel ve psikolojik yapılarının, gerekse beklentilerinin farklı olması hastaneye başvuru yapanların sıkıntı, huzursuzluk, endişe, gerginlik gibi duygu değişimleri yaşaması da halkla ilişkilerin sağlık sektöründeki önemini artıran diğer faktörler arasında yer almaktadır (Şengün, 2016, s.40).

Sağlık iletişiminde halkla ilişkilerin işlevini birkaç kategori altında ele almak mümkündür. Bir sağlık konusunun duyurulmasını sağlamak, halk sağlığı konusunda bilgilendirme yapılması, bir sağlık kuruluşunun iletişim faaliyetlerinin sağlanması, bir hekimin (doktorun) tanıtım faaliyetlerinin gerçekleştirilmesi ve sağlıkla ilgili konularda farkındalık yaratılması süreci halkla ilişkilerin sağlık iletişimi faaliyetlerini içermektedir. Geniş bir perspektiften ele alınan sağlık iletişimi, geniş hedef kitlelere ulaşmak için halka ilişkiler uygulama araç ve yöntemlerinden faydalanmaktadır. Halkla ilişkilerde hedef kitle, uygulamaların başlangıç noktasını oluşturması nedeniyle, farklı kitlelerden insanlara farklı iletişim çabalarıyla ulaşmak için stratejiler geliştirmek önemli bir başlangıç noktasıdır. Halkla ilişkilerin sağlık iletişimindeki işlevi hedef kitlelerin yapısına uygun stratejiler geliştirerek onlara doğru kanallar aracılığıyla ulaşmayı sağlamak olmalıdır.

Sağlık sektöründe halkla ilişkiler amaçlı Instagram kullanımı

Sağlık sektöründe halkla ilişkiler amaçlı Instagram kullanımını işlevsel açıdan değerlendirmek gerekmektedir. "Ürün markası yaratma ve oluşturma çalışması günümüzde pazarlama halkla ilişkilerinin temel görev alanını oluşturur" (Tosun, 2007, s.186) ifadesinden yola çıkarak, halkla ilişkilerin bir markanın tutundurulma sürecinde etkin rol oynadığı söylemek mümkündür. Bu nedenle sağlık sektöründe markalaşmak isteyen kişi ve/veya kuruluşların halkla ilişkiler faaliyetlerini gerçekleştirmesi önemli bir adımdır. Bir diğer önemli adım ise bir toplumsal sorun hakkında kamuoyunun bilinçlendirilmesi için yapılan çalışmalardır. Kotler'in ifadesiyle (2000, s.156), halkla ilişkilerin işlevlerinden biri de "toplum için yararlı faaliyetler geliştirilmesidir". Halkla ilişkilerin bu işlevi halkın toplumsal sorunlar hakkında bilinçlendirilmesi sürecinde etkili çalışmalar yapmasını vurgulamaktadır. Özetle, halkla ilişkiler toplumun bilgilendirilmesi sürecinde etkin rol oynamaktadır. Nitekim tarihsel gelişim sürecinde hem Ivy Lee hem de Edward Bernays'ın yaptığı çalışmalardan yola çıkarak toplumu ilgilendiren sorunların çözüm sürecinde halkla ilişkilerin aktif bir role sahip olduğunu söylemek de mümkündür.

Bernays'ın Frengili bir hastanın hikayesini konu alan Damaged Goods çalışması ya da Venida Hairnet Company için saç bonesinin gıda sektöründe hijyen ve sanayide kadın işçilere iş güvenliği için olumlu etki yapacağına dair çalışmalar yapması (Balta Peltekoğlu, 2018, s.116,120), halkla ilişkilerin toplumu ilgilendiren sorunların çözümünde üstlendiği bu aktif rolün temelini oluşturan çalışmalar olduğunu söylemek de mümkündür. Halkla ilişkilerin işlevlerinden yola çıkarak sağlık iletişiminde Instagram kullanımını kategorize ederek örnekler üzerinden anlatmak mümkündür. Bu kategoriler:

- Bir hastalık konusunun duyurumu
- Halk sağlığı konusunda bilgilendirme
- Bir hastanenin iletişim faaliyetleri
- Doktorların tanıtım faaliyetleri
- Farkındalık yaratan konular

Yukarıda bahsedilen bu beş kategori için Instagram önemli bir kanal işlevi görmektedir. Tüm bu kategorileri örnek ve uygulamalarla ele alarak açıklamak Instagramın sağlık iletişimindeki işlevini anlatmak açısından önemlidir. Instagram kullanımını bu kategoriler üzerinden ele alarak sağlık iletişiminde Instagramın halkla ilişkiler amaçlı kullanımını örneklerle anlatmak mümkündür.

Bir hastalık konusunun duyurumu:

Toplumu bilinçlendirme amacıyla halkla ilişkiler faaliyetlerinin yapılması ve etkili mesajların hedef kitleye ulaştırılması sürecinde sosyal medya platformlarından biri olan Instagram önemli bir mecra olarak kullanılmaktadır. Hem genç kitle tarafından yoğun olarak kullanılması hem de kullanıcı sayısının yaygın olması mesajların ulaştırılması bakımından kolaylıklar sağlamaktadır. Görsel iletişim kolaylığı taşıyan iletilerle duyurum faaliyetleri gerçekleştirilmektedir. Sağlık Bakanlığı resmi Instagram hesabından, çeşitli konularla ilgili duyurumları gerçekleştirmektedir.

Disiplinlerarası Yaklaşımla Sosyal Medya

Resim 1. Sağlık Bakanlığı Hastalık Konusu Duyurum Paylaşımları

Kaynak: TC. Sağlık Bakanlığı Instagram Hesabı, https://www.instagram.com/saglikbakanligi/?hl=tr

Sağlık bakanlığı tarafından aktif olarak kullanılan Instagram hesabı, toplumu bilgilendirici mesajları, görseller ve açıklamalar kullanarak, hedef kitleye ulaştırmaktadır.

Halk sağlığı konusunda bilgilendirme:

Toplumun büyük bir bölümünü ilgilendiren sağlık konularında bilgilendirmeler yapmak için Instagram önemli bir kanal işlevi görmektedir. Sağlık örgütleri belirli sağlık konularında resmi Instagram hesaplarından paylaşım yaparak hem konuyla ilgili kişilere hem de toplumun geneline mesajlar ulaştırma imkanı bulmaktadır.

Resim 2. Türkiye Diyabet Vakfı Halk Sağlığı Konusunda Bilgilendirme Duyurusu

Kaynak: Türkiye Diyabet Vakfı Instagram hesabı, https://www.instagram.com/t urkiyediyabetvakfi/?hl=tr.

Resim 3. Türkiye Diyabet Vakfı Halk Sağlığı Konusunda Bilgilendirme Duyurusu

Kaynak: Türk Böbrek Vakfı, https://www.instagram.com/turkbobrekvakfi/?hl=tr

Türkiye Diyabet Vakfı Instagram hesabından sağlıklı beslenme bilgileri paylaşarak, özellikle çocukların doğru beslenmelerine yönelik görseller ile gelecekte daha sağlıklı bir nesil için iletişim çabaları göstermektedir. Türk Böbrek Vakfı Instagram hesabından böbrek hastalıklarının tedavi yöntemleri üzerine paylaşımlar yaparken yine sağlıklı beslenme vurgusu yaparak halk sağlığına yönelik paylaşımlar gerçekleştirmektedir.

Bir hastanenin iletişim faaliyetleri:

Geniş hedef kitleye sahip olan hastaneler, hedef kitlelerine yönelik bir çok iletişim çalışması gerçekleştirmektedir. Yoğun rekabet ortamının da etkisiyle hedef kitlelerine yönelik farklılaşma çabası, hastaneleri çok yönlü halkla ilişkiler uygulamalarına yönlendirmektedir. Özel gün ve haftalardan, sağlık farkındalık çalışmalarına kadar çok geniş bir yelpazeyle hedef kitleye yönelik uygulamalar gerçekleştiren hastaneler, gerçekleştirilen bu uygulamaları sosyal medya hesaplarından hedef kitlelere duyurmaktadır. Instagram, hedef kitleye kolay ulaşma imkanı sunması, hem görsel etkisiyle hem de kullanıcı sayısının yoğun olması nedeniyle hastaneler tarafından kullanılan işlevsel bir iletişim kanalı olarak görülmektedir.

Resim 4. FSM Sağlık Grubu Hastane İletişim Faaliyetleri

Kaynak: FSM Sağlık Grubu Instagram Hesabı, https://www.instagram.com/fsmsaglikgrubu/?hl=tr.

Doktorların tanıtım faaliyetleri:

Doktorlar, günümüzde sosyal medya hesaplarını aktif olarak kullanmaktadır. Bir çok alternatifin olduğu sağlık sektöründe doktorlar da yoğun bir rekabet ortamındadırlar, bu nedenle kendilerini farklılaştırmak ve hedef kitleleriyle iletişim kurabilmek için sosyal medyayı kullanmaktadırlar. Hastaların daha fazla bilinçli oldukları, hemen her sağlık konusunda rahatça bilgiye ulaştıkları, günümüz iletişim çağında hastaların beklentilerine karşılık gelebilecek iletişim çabalarını gerçekleştirmek önemli hale gelmektedir. Bu nedenle Instagram hastalarla iletişimi sağlayacak kesintisiz bir araç olarak kullanılmaktadır. Hem görsel hem de işitsel imkanları kullanıcı yorum ve beğenilerle birlikte yoğun bir mesaj ortamı olarak doktorlara yeni bir stratejik iletişim imkanı da sunmaktadır.

Sağlık alanında da markalaşma çabalarının yoğunlaştığı günümüz koşullarında doktorlar kendi tanıtım faaliyetlerinden, çalışma biçimlerine, hastalıklardan geçmiş hasta deneyimlerine kadar birçok alanda bilgi aktarımını Instagram hesaplarından takipçileriyle paylaşabilmektedir. Ayrıca doktorlar sponsorlu tanıtım paylaşımlarıyla da takipçilerinin dışındaki insanlara da ulaşma imkanı bulmaktadır.

Resim 5. Doktor Tanıtım Faaliyetleri

Kaynak: Ufuk Askeroğlu Instagram Hesabı, https://www.instagram.com/drufukaskeroglu/?hl=tr

Disiplinlerarası Yaklaşımla Sosyal Medya

Farkındalık yaratan konular:

Belirli sağlık konularına dikkat çekmek ve halkı bu konuda farkındalık oluşmasını sağlamak için, Instagram hesaplarından paylaşımların yapılması süreci önemlidir.

Yaygınlığı tehlike yaratacak hastalık konularına dikkat çekerek, halkın bilgilendirilmesi için Instagram etkili bir mecra olarak kullanılmaktadır. Diyabet, zatürre, bulaşıcı hastalıklar gibi konularda halkın dikkatini çekmek hedeflendiğinde, Instagramda bilgilendirici materyal paylaşımları yapmak hedef kitleye ulaşmak için önemli hale gelmektedir.

Resim 6. TC. Sağlık Bakanlığı Sağlıkta Farkındalık Yaratan Konular Duyurusu

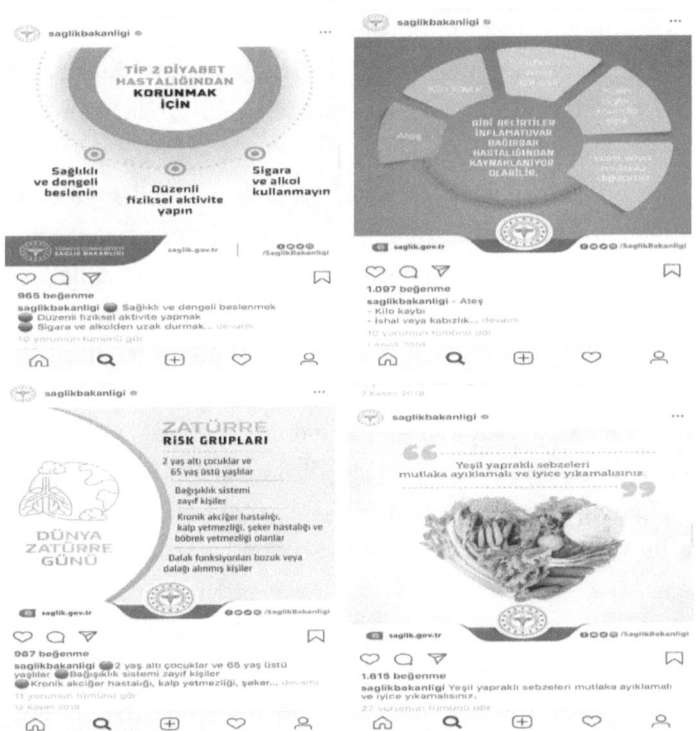

Kaynak: TC. Sağlık Bakanlığı Instagram Hesabı, https://www.instagram.com/saglikbakanligi/?hl=tr.

Sağlık Bakanlığı, resmi Instagram hesabından bulaşıcı hastalıklara yönelik, görseller paylaşarak bu hastalıklara karşı alınacak önlemler hakkında halkı bilgilendirmektedir. Halkın tanımadığı ya da farkında olmadığı hastalıkları önlemek ya da bu hastalıklarla mücadele yöntemlerinin paylaşıldığı bu görseller ile Instagramdan geniş halk kitlesine ulaşmak mümkün olmaktadır.

Sonuç

Sağlık alanında yapılan tüm uygulamaların doğru hedef kitleyle buluşması, daha etkili olabilmesi ve geniş kitlelere duyurulması bakımından halkla ilişkiler uygulamaları önemlidir. Günümüz koşullarında bireylerin yoğun biçimde internet kullanması ve sosyal medya platformlarını yaygın kullanımı halkla ilişkiler uygulamalarının bu platformlarda da etkin olması gerekliliğini beraberinde getirmektedir. Hedef kitlesine ulaşmak isteyen kişi ya da kuruluşlar interneti yeni bir iletişim kanalı olarak kullanmaktadır.

Instagram özelliği gereği hem fotoğraf hem video yüklemesi yapılan, aynı zamanda canlı yayın imkanı sunan, paylaşımlara yorum ve beğeni yapmayı sağlayan, doğrudan mesaj ile kişisel tepkimelere imkan tanıyan, beğenilere göre yeni hesaplar önerebilen çok yönlü bir sosyal medya platformudur. Bu nedenle sağlık iletişiminde hedef kitlelere ulaşmak için kullanıcılarına önemli fırsatlar sunduğu gibi iki yönlü fayda sağlayarak hedef kitlelerde sağlık ile ilgili bilinçlendirilme gerçekleştirilmektedir. Instagramın çift yönlü iletişim sağlayabilmesi, yorum, beğeni ve mesajlaşma yoluyla anında geri dönüşüm imkanı sunması geniş kitlelere ulaşmak açısından da avantajlar sunmaktadır. Bu nedenle sağlık alanında gerçekleştirilen halkla ilişkiler uygulamaları için Instagram önemli bir işleve sahip olmaktadır. Günümüzde yoğun bir biçimde kullanılan Instagram, halkın bilinçlendirilmesi sürecine katkı sağladığı gibi sağlık sektöründeki yoğun rekabet ortamından sıyrılmak isteyen kişi ve kuruluşlar için de büyük fırsatlar sunmaktadır. Bu nedenle sağlık alanında gerçekleştirilen halkla ilişkiler uygulamalarının yaygınlaştırılıp geniş kitlelere ulaştırılması için Instagramın sunduğu avantajlardan faydalanmak hem sağlık konusunda geniş kitlelerin bilinçlendirilmesini sağlayacaktır hem de doktor ve hastanelere yoğun rekabet ortamında hedef kitlelerine ulaşma imkanı sunacaktır.

Kaynakça

Askeroğlu, U. Instagram Hesabı, (Çevirimiçi) https://www.instagram.com/drufukaskeroglu/?hl=tr. (Erişim tarihi: 21.01.2020).

Balta Peltekoğlu, F. (2018). *Halkla İlişkiler Nedir?*. 10. Baskı, İstanbul: Beta Yayınları.

Balta Peltekoğlu, F. ve Demir Askeroğlu, E. (2019). Dijital Halkla İlişkiler: Fenomenler Dijital Marka Elçisi Olabilir mi?. *Selçuk İletişim*, 12 (2). ss.1044-1067.

Bayrak H. (2019). Türkiye İnternet Kullanım ve Sosyal Medya İstatistikleri, https://dijilopedi.com/2019-turkiye-internet-kullanim-ve-sosyal-medya-istatistikleri/

Bivins, T.H. (1993). Public relations, professionalism, and the public interest. *J Bus Ethics* 12, pp.117–126. doi:10.1007/BF00871931

Can, L. (2017). Sosyal Medya Pazarlaması Kanalı Olarak Instagram'da Algılanan Sürü Davranışı ve Satın Alma Niyeti, *Akademik Bakış Dergisi*, 59, ss.208-220.

Feldman E. (2015). 6 Ways to Use Instagram for PR, https://www.cision.com/us/blogs/2015/01/6-ways-to-use-instagram-for-pr/. (Erişim tarihi: 15.01.2020).

FSM Sağlık Grubu Instagram Hesabı, (Çevirimiçi) https://www.instagram.com/fsmsaglikgrubu/?hl=tr. (Erişim tarihi: 21.01.2020).

Hülür, B. (2016). Sağlık İletişimi, Medya ve Etik: Bir Sağlık Haberinin Analizi, *CBÜ Sosyal Bilimler Dergisi*, 14(1),ss.155-178, Doi Number: 10.18026/cbusos.87810.

Ioanna Papasolomou & Yioula Melanthiou (2012). Social Media: Marketing Public Relations' New Best Friend, *Journal of Promotion Management*, 18(3), pp.319328, https://www.tandfonline.com/doi/abs/10.1080/ 10496491.2012.696458.

Koçak A. ve Bulduklu Y. (2010). Sağlık İletişimi: Yaşlıların Televizyonda Yayınlanan Sağlık Programlarını İzleme Motivasyonları, *Selçuk İletişim*, 6(3), ss.5-17.

Kotler, P. (2000). *Kotler ve Pazarlama*, Çev. A. Özyağcılar. 1. Baskı, İstanbul: Sistem Yayıncılık.

Ohiagu, O. P. (2009). Modern public relations is founded on a fresh realization of the supremacy of public opinion. *African Journal of Communication & Development*, 3(1), pp.77-93.

Öztürk, G. ve Öymen, G. (2013). Sağlık İletişiminde Sosyal Medya Kullanımının Stratejik Önemi: Türkiye'de Kalp Sağlığı ile İlgili Kar Amacı Gütmeyen Kuruluşlar Üzerine Bir Değerlendirme. *Galatasaray Üniversitesi İletişim Dergisi*, Özel Sayı 3, ss.109-131.

Sixsmith J, Fox K-A, Doyle P, & Barry MM. (2014). A literature review on health communication campaign evaluation with regard to the prevention and control of communicable diseases in Europe. Stockholm: ECDC.

Şengün H. (2016). Sağlık Hizmetlerinde İletişim Yönetimi *Communication Management in Healthcare Services İstanbul Tıp Fakültesi Dergisi.* 79 (1).

TC. Sağlık Bakanlığı Instagram Hesabı, (Çevirimiçi) https://www.instagram.com/saglikbakanligi/?hl=tr. (Erişim tarihi: 21.01.2020).

Toros D. (2016). Sosyal Medya Ekosisteminde Pazarlama Halkla İlişkileri: MPR ve Web 2.0, Ed. Filiz Balta Peltekoğlu, *İletişimin Gücü Kurumsaldan Küresele Halkla İlişkiler* içinde, İstanbul: Beta Yayınları.

Tosun, N. (2007). Marka Değeri Yaratmada Reklam İle Halkla İlişkiler Arasındaki Etkileşim. Galatasaray Üniversitesi İletişim Dergisi , (6). ss.181-199 . Retrieved from http://iletisimdergisi.gsu.edu.tr/en/issue/7373/96535

Türk Böbrek Vakfı, (Çevirimiçi) , https://www.instagram.com/turkbobrekvakfi/?hl=tr. (Erişim tarihi: 24.01.2020).

Türkiye Diyabet Vakfı Instagram hesabı, (Çevirimiçi) https://www.instagram.com/turkiyediyabetvakfi/?hl=tr. (Erişim tarihi: 25.01.2020).

Yased, (2012). Türkiye Sağlık Sektörü Raporu, https://www.yased.org.tr/ReportFiles/2013/TURKYE_SALIK_SEKTORU_RAPORU.pdf

Yaşa Özeltürkay, E., Bozyiğit S. ve Gülmez, M. (2017). Instagram'dan Alışveriş Yapan Tüketicilerin Satın Alma Davranışları: Keşifsel Bir Çalışma, *Marmara Üniversitesi Öneri Dergisi*, 12(48), ISSN 1300-0845, ss. 175-198 DO1: 10.14783/maruoneri.vi.331668.

Sağlık İletişimi ve Sosyal Medya İlişkisi: Sağlık Okuryazarlığı Kavramı Çerçevesinde Kuramsal Bir Değerlendirme

Seçil Utma[*]

Giriş

Bireylerin algılarını yönetmede önemli bir araç olan medya, insan sağlığıyla ilgili konularda enformasyonun yayılmasında temel bilgi kaynağı durumundadır. İnternet teknolojisinin gelişimiyle birlikte sosyal medya araçları, sağlık alanında önemli fırsatları kullanıcılara sunmaktadır. Bu araç sadece bilgi paylaşımı açısından değil, hasta ile hekim ve diğer sağlık personeli arasındaki iletişimi kolaylaştırması açısından da önem taşımaktadır.

Hemen her alandaki yeniliklerin kitlelere ulaştırılmasında en etkili araçlardan biri olan medya, sağlık alanında da benzer bir işlevi yerine getirmektedir. İnsan hayatıyla yakından ilgili olması nedeniyle sağlık konulu haberler, geniş halk kesimleri tarafından yakından takip edilmektedir (Kaya v.d. 2011, s. 50). Teknoloji alanında görülen gelişmeler neticesinde bireylerin tercih ettikleri kitle iletişim araçlarında da bir değişim yaşanırken, sosyal medya önemli bir enformasyon kaynağı olarak kullanılmaya başlanmıştır. Toplumun değer yargıları ve düşünce tarzları üzerinde etkili bir rol oynayan sosyal medya, sağlık iletişiminde de önemli bir araç olarak yerini almıştır.

---

[*] Öğretim Görevlisi Doktor, Aydın Adnan Menderes Üniversitesi, Atça Meslek Yüksekokulu Halkla İlişkiler ve Tanıtım Programı, secilut@hotmail.com.

Bireyler, hastalıkları konusunda alanında uzman hekim ve sağlık kuruluşuna ulaşmak, hastalıkları hakkında araştırma yapmak, kendileriyle aynı hastalık öyküsünü yaşayan kişilerle iletişime geçmek amacıyla sosyal ağlara yönelmektedir. Gelişen internet teknolojisi, kullanıcıların sağlıkla ilgili konularda aldıkları kararlarda ve davranışlarında etkili olmaktadır.

Tüm dünyada olduğu gibi ülkemizde de internet kullanımı giderek artmakta, bu durum doğru ve güvenilir sağlık enformasyonuna ulaşmak noktasında bir takım sıkıntıları beraberinde getirmektedir. Dijital ortamda yer alan bilgilerin her zaman güvenilir ve nitelikli bilgi içermemesi, sağlık okuryazarlığı kavramının önem kazanmasına yol açmıştır. Sağlık iletişimi alanında son yıllarda tartışılmaya başlanılan sağlık okuryazarlığı kavramı, toplum sağlığının geliştirilmesi açısından fırsatları içerisinde barındırmaktadır.

Sağlık okuryazarlığı seviyesinin yeterli olmaması, hem bireysel hem de sosyal ve ekonomik açıdan bir takım riskleri beraberinde getirmektedir. Bu alanda sağlanacak ilerleme sayesinde bireysel davranışlarda olumlu değişimler yaşanırken, toplumsal alanda da sağlık hizmetlerinin ve sağlığa ayrılan kaynakların rasyonel kullanımı mümkün olabilecektir. Sağlık okuryazarlığının yetersiz olması, bireylerin daha sık hastaneye gitmelerine ve bunun sonucunda da daha fazla sağlık harcaması yapmalarına, gereksiz tedavilere maruz kalmalarına neden olabilmektedir.

Sağlık İletişimi Kavramı

Dünyayı anlamlandırmamızda önemli bir olgu olarak karşımıza çıkan iletişim; hem bireysel hem de toplumsal açıdan önem taşımaktadır. Bilgi, duygu ve düşünce alışverişine olanak tanıyan iletişim olgusu sayesinde, insan ilişkilerinin gelişmesi ve karşılıklı etkileşimin sağlanması mümkün olmaktadır. İnsan hayatıyla yakından ilgili olan sağlık alanında, iletişim olgusu daha da önem taşımaktadır. İnsanların olumlu sağlık davranışlarını benimsemelerini sağlamak noktasında, etkili ve doğru iletişim becerileri ön plana çıkmaktadır.

Dünya Sağlık Örgütü'ne göre, "sağlık sadece bir hastalığın ya da sakatlığın yokluğu değil, bedensel, zihinsel ve sosyal olarak tam bir iyilik halidir. Her insan, ırk, din, siyasi görüşü, ekonomik ya da sosyal durum ayrımı yapılmaksızın, bu temel haktan yararlanmak durumundadır" (www.who.int). İnsan iletişiminin alt sistemi olarak işlev gören sağlık iletişimi ise (Tabak, 2006); psikoloji, tıp, sosyoloji, halk sağlığı, iletişim gibi birçok disiplinle etkileşimli bir kavram olarak karşımıza çıkmaktadır.

Günlük yaşam pratiklerinde karşılaştığımız hekim-hasta ilişkisinde, doktor tarafından verilen ilaç prospektüslerini okurken, bir hastalık hakkında araştırma yaparken, gerekli enformasyona ulaşmanın yolu sağlık iletişiminden geçmektedir (Karagöz, 2013, s.139). Bireylerin sağlıkla ilgili konularda bilgi edinmelerini sağlayarak, tedavileri konusunda karar sürecine katılımını sağlamayı amaçlayan sağlık iletişimi; stratejik iletişimin sağlık alanında uygulanmasıdır (Yılmaz 2011). Sağlık iletişimi çalışmalarında temel amaç; kişilerin olumlu sağlık davranışları kazanmasını sağlayarak, toplum sağlığının geliştirilmesidir. Hastalıkların önlenerek, yaşam kalitesinin iyileştirilmesi, sağlık iletişiminde önemli rol oynamaktadır.

Son yıllarda tüm dünyada giderek önem kazanan bir kavram olan sağlık iletişimi disiplini, ilk kez Amerika Birleşik Devletleri (ABD) 'Healthy People 2010' hedefleri kapsamında ele alınmıştır. Daha sağlıklı bir toplumu hedefleyen 'Healthy People 2020' projesi kapsamında yer alan başlıklarda ise 'Sağlık İletişimi ve Sağlık Bilişim Teknolojileri' konusuna yer verilmiştir. Bu başlık altında; hasta ile sağlık personeli arasındaki iletişimi iyileştirme, sağlık konusuyla ilgili güvenilir web sitelerinin oranını arttırma, toplum sağlığını koruma ve geliştirmeye yönelik hedefler yer almaktadır (Healthy People, 2020).

Sağlık iletişimi ülkemizde son yıllarda tartışılmaya başlanan bir alan olup, sağlık konusuyla ilgili kişi veya grupların, ilgili hedef gruplara yönelik gerçekleştirdiği iletişim şeklidir. Okay'ın da (2007) belirttiği gibi, "Bu iletişim, bireysel düzeyde hasta-hekim, sağlıkla ilgili diğer personel ile hasta arasında veya sağlık personelleri arasında gerçekleşebilmektedir. İletişim araçları devreye girdiğinde ise konu, televizyonda yayınlanan sağlıkla ilgili dizilerden, internet ortamında bulunan sağlık konusunda bilgilendirici materyallere kadar uzanabilmektedir".

Sağlık İletişimi, ABD Hastalıkların Kontrolü ve Önleme Merkezleri (Centers for Disease Control and Prevention – CDC) tarafından "sağlığı geliştirmek, kişilerin ve toplumun sağlıkla ilgili kararları üzerinde etkili olmak ve bilgilendirmek için iletişim stratejilerinin incelenmesi ve kullanımı" olarak tanımlanmıştır. Sağlık bilgisinin toplanarak, paylaşılması süreçlerinden oluşan sağlık iletişimi; bireylerin yaşam ve sağlık kalitelerinin arttırılması, hastalıkların önlenmesi, hastalıklardan korunma ve sağlığın geliştirilmesi, sağlık ile ilgili doğru davranışların kazandırılması işlevlerini kapsamaktadır (Çınarlı, 2008). Sağlık iletişimi alanı; sağlık okuryazarlığı, risk iletişimi, tıbbi karar verme, hasta merkezli iletişim gibi birçok alanı içermektedir (Vanderbilt, 2015). Sağlık iletişimi disiplini; sağlık ile ilgili konularda doğru enformasyon sunarak, var olan yanlışları düzeltmeyi, farklı kültürlerde sağlık iletişiminin ne şekilde ele alındığı konuları üzerinde durmaktadır (Tabak, 2006).

Sağlık iletişimi kavramının akademik olarak incelenmeye başlanmasının ardından, konuyla ilgili birçok tanım geliştirilmiştir. Çınarlı (2008), Sezgin (2011) ve Okay'ın (2007) derlediği literatüre göre; Castello (1977), "bireylerin sağlıkla ilgili konularda bilinçlenmelerini sağlayacak verilerin anlamlandırılması sürecini" sağlık iletişimi olarak tanımlarken; Cassata (1980) ise sağlık iletişimini; "sağlık alanındaki iletişim uygulamalarının düzeylerini, işlevlerini ve yöntemlerini kapsayan bir alan" olarak ifade etmektedir. Kreps ve Thornton (1984) sağlıkla ilgili her türlü insan etkileşimini sağlık iletişimi olarak tanımlamaktadır. Sağlık iletişimi, Reardon'un ifadesiyle (1988), "insanların daha sağlıklı bir yaşam sürmelerini sağlayacak davranışların geliştirilmesi ve hastalıkların önlenmesi amacıyla ikna edici iletişim çabalarına karşılık gelmektedir". Donohew ve Ray (1990)'e göre "sağlık iletişimi, iletişim sürecinde sağlıkla ilgili mesajların alıcıya ulaşması ve yorumlanmasıdır". Lupton (1994) sağlık iletişimini, "sağlık hizmetleri alanında sağlık eğitimi, sağlığın geliştirilmesi, kurum iletişimi ve kişilerarası iletişim unsurlarını bir araya getiren kavram" olarak değerlendirmektedir. Ratzan'a (1999) göre sağlık iletişimi; "sağlıkla ilgili kişinin kendi zihninde oluşması istenilen mesajların kitle iletişim araçlarıyla sağlanmasıdır" (akt. Çınarlı, 2008; Sezgin, 2011; Okay, 2007).

Schiavo (2007)'nun tanımına göre de sağlık iletişimi; "bireyleri, toplulukları, sağlık uzmanlarını, belirli grupları, politika yapıcıları ve toplumu desteklemek amacıyla, sağlıkla ilgili bilgileri paylaşarak bireyleri etkilemeyi, onların davranışlarını etkileyerek, tutumlarını değiştirmelerine yardımcı olmayı ve farklı kitlelere ulaşmayı hedefleyen disiplinler arası ve çok boyutlu bir yaklaşım" olarak görülmektedir.

Sağlık iletişimi alanında sosyal psikoloji ve iletişim disiplinindeki yaklaşımlar temel alınarak birtakım modeller geliştirilmiştir. Retorik modelde; sağlık alanıyla ilgili olarak hazırlanan metinlerin ikna edici biçimde sağlık iletişiminde kullanılması önem kazanırken; semiyotik modelde sağlık mesajlarının bir takım işaretler aracılığıyla ilgi çekecek şekilde iletilmesi ön plana çıkmaktadır. Fenomenolojik model; bireyin deneyimleri üzerinde durarak, bu deneyimlerin gözlenmesi gerektiğini vurgulamaktadır. Bunların dışında çevresel etkilere odaklanan Sibernetik Model; bireyin içinde yaşadığı toplumun kültürel unsurlarının göz önünde bulundurulmasını savunan Sosyo-Kültürel yaklaşım; iletişim modelleri arasında yer almaktadır (Koçak ve Bulduklu, 2010, s.5-17).

Sağlık iletişimi sürecinin başarılı olması açısından herkes tarafından anlaşılır sağlık mesajlarının, hedef kitlenin yaş, cinsiyet gibi demografik özellikleri dikkate alınarak hazırlanması; hedef kitlenin söz konusu mesajlara etkili iletişim kanallarıyla ulaşmalarının sağlanması önem taşımaktadır (http://www.healthresearchforaction.org/,2012). Sağlık hizmetlerinin ilgili kesimlere ulaştırılmasında köprü vazifesi gören sağlık iletişimi; hastalıkların oluşmasını engellemek, olumlu sağlık davranışlarının geliştirilmesini sağlamak adına önemli işlevlere sahiptir (Çöklü, 2002, s.52). Çınarlı'nın da ifade ettiği gibi, "Hem kitle iletişimi, hem de kişilerarası iletişim düzeyinde ele alınan sağlık iletişimi; sağlık hizmetlerinin tanınması, sağlık alanındaki bilgilerin doğru şekilde yayılması, sağlıklı yaşama davranışlarının geliştirilmesi, sağlıkla ilgili tutumların değiştirilmesi, ulusal ve global düzeyde sağlık programlarının hazırlanması şeklinde çeşitli hedefleri içermektedir" (Çınarlı, 2008).

Hemen her alandaki yeniliklerin kitlelere ulaştırılmasında en etkili araçlardan biri olan medya, sağlık alanında da benzer bir işlevi yerine getirmektedir. İnsan hayatıyla yakından ilgili olması nedeniyle sağlık konulu haberler, geniş halk kesimleri tarafından yakından takip edilmektedir (Kaya v.d. 2011, s.50). Teknoloji alanında görülen gelişmeler neticesinde bireylerin tercih ettikleri kitle iletişim araçlarında da bir değişim yaşanırken, sosyal medya önemli bir enformasyon kaynağı olarak kullanılmaya başlanmıştır. Toplumun değer yargıları ve düşünce tarzları üzerinde etkili bir rol oynayan sosyal medya, sağlık iletişiminde de önemli bir araç olarak yerini almıştır.

Sağlık iletişiminin gerçekleşme düzeyleri

Sağlık iletişimi çeşitli düzeylerde karşımıza çıkmaktadır. Tabak'ın da (2006) vurguladığı gibi; Kitle iletişimi düzeyindeki sağlık iletişimi ulusal ve evrensel sağlık programları, sağlık geliştirme kampanyaları ve halk sağlığı planlarında yer almaktadır. Bu düzeydeki sağlık iletişimi, sağlıkla ilgili mesajların yayılması ve yorumlanması olarak değerlendirilmektedir. Toplum iletişimi düzeyinde sağlık iletişimi, bireylerin sağlıkla ilgili konularda yaptıkları sunumları, konuşmaları ve benzeri etkinlikleri kapsarken; örgütsel düzeyde sağlık iletişimi ise, sağlık kurum ve kuruluşlarının yönetiminde, personel arasında, kurumsal kültür ve iklim içinde gelişen iletişimi içermektedir. Kişisel ya da kişinin kendisiyle iletişimi düzeyinde gerçekleşen sağlık iletişimi ise, bireylerin sağlık davranışını etkileyen düşüncelerini, inançlarını, duygularını içermektedir.

Bireylerin sağlıklarını korumalarına ve geliştirmelerine temel olacak sağlık davranışlarının kazandırılmasında sağlık eğitimi ve sağlık iletişimi çalışmaları önemli rol oynamaktadır. Doğru sağlık bilgilerini iletmek kadar, bireylerde bu alanda doğru davranış ve tutum değişiklikleri sağlamak, günümüzün modern toplumunda önemli yer tutmaktadır. Sağlık iletişiminde sağlık davranışlarının geniş toplum kesimlerine ulaştırılması ve bu mesajların benimsenmesinin sağlanması amacına yönelik olarak geliştirilmiş olan çalışmalar, kitle iletişim araçları tarafından gerçekleştirilmektedir.

Sağlık konulu mesajlarda çoğunlukla motivasyon yaratma ve tutum değişikliği gerçekleştirmek amacıyla yanlış davranışların sonuçları; korku ve suçluluk duygusu yaratacak şekilde iletilmektedir. Bireylerin kendileri ve yakın çevresindekilerin sağlıklarıyla yakından ilgilenmeleri, hazırlanan mesajların etkinliği aşamasında belirleyici olabilmektedir. Örneğin hamile kadınlar için sağlıklı bir bebeğe sahip olmak konusunda verilen mesajlar, son derece etkileyici olmaktadır.

Günümüzde hastaların hastalıkları ve tedavi yöntemleri üzerinde daha fazla kontrole ve bilgiye sahip olma isteği içerisinde bulundukları görülmektedir. Burada kişilerin hastalıklar hakkında bilgi edinme düzeylerinin ve bilinçlerinin artması önemli bir faktör olarak karşımıza çıkmaktadır. Hastaların tıbbi karar süreçlerine katılımının artması, sağlık alanının gittikçe gelişmesi ve kitle iletişim araçları kanalıyla tıbbi gelişmeler hakkında sürekli bilgi sahibi olmaları büyük etki oluşturmaktadır. İnternetin de giderek yaygınlaşması kişilerin sağlık konusunda daha önce edinemedikleri, bulamadıkları bilgileri almaları konusunda önemli bir etken olmaktadır (Okay, 2009).

Modern toplumlarda bireyler çoğunlukla sağlık hizmetlerinin müşterisi olarak görülmeye başlanmıştır. Bir müşterinin çok sayıda ürün arasında nasıl bir seçme ve tercih hakkı söz konusuysa, hastalar için de artık farklı sağlık hizmeti sağlayıcıları arasında bir seçim yapma hakkı bulunmaktadır. Türkiye açısından bakıldığında, çeşitli kamu ve özel sigorta kurumlarının hastalarına özel hastanelerde hizmet vermeye başlamasıyla, bu hastanelerin hastalara yönelik iletişim çabalarının ve onları kendilerine çekmeye yönelik faaliyetlerinin arttığı gözlemlenmektedir (Okay, 2009). Son yıllarda özel hastanelerin sayısının artmasına bağlı olarak başta hekimler olmak üzere sağlık personelinin davranışlarında da hastalarıyla iletişim kurma yönünde iyileşmeler olduğu gözlenmektedir.

Sağlık hizmetlerinden yararlanan çok farklı tipte insan mevcuttur. Bu kişiler, hayati önem taşıyan bir hastalığı olanlardan, sağlık hizmetinden estetik amaçlı olarak yararlanmayı amaçlayanlara kadar geniş bir yelpaze içinde yer alabilmektedir. Sağlık hizmeti sunan kurumların bu kişileri dikkate alma derecesi ise farklılık göstermektedir. Kamu hastanesinin iletişim çabalarında hedef kitle çok büyük bir önem taşımazken, kar amacı güden hastanelerde durum değişmektedir. Bu tür kurumlar, hastaya müşteri gözüyle bakmakta ve onları kendi kurumlarına çekmek için farklı iletişim çabaları içine girebilmektedir.

Sağlık iletişiminde hasta-hekim ilişkisi

Hekim ve hasta arasındaki iletişimde farklı uygulamalar karşımıza çıkmaktadır. Ülkemizde hasta ile ortak karar vermeden ziyade, hastanın yönlendirildiği ve onun adına hekimin tedavi yöntemlerini ortaya koyup uyguladığı görülmektedir. Bu, etkili bir sağlık iletişiminin gerçekleşmesi önündeki en önemli engel olarak görülmektedir.

Günümüzde hekim ve hasta arasındaki iletişimde hasta giderek daha fazla merkeze alınmakta ve hastanın isteklerinin de önemli olduğunun anlaşıldığı uygulamalara doğru gidilmektedir. Sağlık iletişimi kampanyaları aracılığıyla genel anlamda hastalıklar hakkında bireyleri bilgilendirerek, spesifik sağlık sorunları konusunda ilgili kişileri uyarmak mümkün olabilmektedir. Sağlık iletişiminde mesajların kişiye özel olarak hazırlanması durumunda, istenilen etki daha da artmaktadır.

Teknolojik gelişmeler hastalar için yeni enformasyon olanakları sunarken, internet sayesinde bireyler istedikleri bilgilere kısa süre içerisinde ulaşabilmekte, hastalıkları hakkında ön araştırma yaparak, sorunlarına yönelik çözümleri talep edebilmektedir. İnternet teknolojisi bu avantajları yanında, konuya iletişim olgusu açısından bakıldığında, istenmeyen bir takım sonuçların da ortaya çıktığı görülmektedir. Hastalar, hastalıklarına ilişkin duydukları kaygılar ya da iletişim konusundaki çekinceleri nedeniyle, hekime gitme aşamasında farklı nedenlerden kaynaklanan sıkıntılar yaşayabilmektedir. Gürüz'ün de ifade ettiği gibi; "Hekim tarafından olaya bakıldığında ise, gün içerisinde çok sayıda hasta ile karşılaşan hekim, çoğunlukla hastalığın teşhisine odaklanmakta, bu nedenle hastası ile diyalog kuramamaktadır. Yapılan araştırmaların çoğunda hastaların sağlık personelinin iletişim tarzlarından hoşnut olmadıkları, bu nedenle de kendilerini sözel olarak ifade etmede güçlük çektikleri görülmektedir. Özellikle uzun süreli tedavi gerektiren hastalıklarda hekim-hasta arasındaki hoşnutsuzluğun giderilmesinde etkili iletişim becerilerinin bilinmesi önem kazanmaktadır (Gürüz ve Yeğinli, 2014).

Sağlığı geliştirmeye ve korumaya yönelik kampanyalar sayesinde insanlar çok fazla bilgi sahibi olmadıkları sağlık sorunları konularında bilgi edinebilmekte ve sağlıklı davranış için yapmaları gerekenleri ayrıntılarıyla öğrenebilmektedir. Sağlık kampanyaları ile bir toplumun sağlığını şekillendirmek ve korumak mümkündür. Ancak bu durum, büyük ölçüde kampanyanın hedef kitlesini iyi tanımlanmış olması ve uygun eylemlerin gerçekleştirilmesiyle mümkün olabilmektedir. Bu bakımdan sağlık iletişimi kampanyalarının artık neredeyse kişiye özel hale getirilmesi gerekmektedir. Burada devreye yeni teknolojiler girmektedir. Dünyada gittikçe yaygınlaşan bu teknolojiler sayesinde kişilere birebir ulaşmak ve onları çeşitli sağlık sorunları konusunda bilgilendirmek, uyarmak mümkün olabilmektedir

Sağlık alanıyla ilgili her haber birçok insanın yaşamını yakından etkilemekte, yaşamsal anlamda umut ya da umutsuzluğa yol açabilmektedir. .Bu tür haberlerin en sık rastlanılan sonucu yaşamsal anlamda umut ya da umutsuzluğa yol açmasıdır. Sağlık ya da tıpla ilgili haberlerin alıcıda uyandıracağı duygular haber ya da yazıyı yazan kişiler tarafından öngörülmelidir. Belirsiz bir sözcük ya anlatım, yanlış algılamalara ve sonuçlara yol açabilmektedir. Örneğin 'Baş ağrısı için aspirin aldı ve öldü' başlıklı bir haber; sağlığı açısından bu ilacı kullanmak zorunda olan kişilerin hayatını olumsuz etkileyebilmekte, tedavinin yarım bırakılmasına yol açabilmektedir.

Benzer şekilde herhangi bir yöntem ya da uygulamanın yararlarından söz ederken, titiz davranılması halk sağlığı açısından önem taşımaktadır. Uzun süre medyanın gündeminde yer alan kansere karşı zakkumun kullanılması olayında olduğu gibi bu tür haberler tedavileri devam eden hastaların tedavilerini bırakıp, bu bitkiden yapılan ilacı kullanmalarına, yaşamlarını kaybetmelerine neden olmuştur. Sağlık konulu haberlerin birçoğunda buna benzer durumlarla karşılaşılmaktadır. Bu alandaki haberlerin okur ya da alıcıdaki anlamlandırma ve etkileri her zaman dikkate alınmalıdır. Benzeri durum ilaçlarla ilgili olarak hazırlanan haberler için de geçerli olmalıdır. Bir ilacın 'mucizevi' etkilerinden bahsetmeden önce o ilacın içindeki etken maddeler ve olası yan etkileri halkın anlayacağı şekilde belirtilmeli, kamuoyunun doğru bilgilenmesi sağlanmalıdır.

İletişim çağının tartışmasız en etkili silahı durumunda olan medyanın, bir haberi olduğundan önemli ya da önemsiz göstermesi mümkün olabilmektedir. Sağlık alanında da büyük bir etkiye sahip olan kitle iletişim araçlarının bu gücü nasıl kullandığı önem taşımaktadır. Reyting kaygısı ve bilgisizlik nedeniyle hazırlanan gerçek dışı haberler, toplum sağlığı üzerinde yıkıcı etki yaratırken, sağlıklı bir habercilik anlayışı toplumun bilinçlenmesi açısından umut verici sonuçlar doğurmaktadır.

Sosyal Medya ve Sağlık Üzerindeki Etkisi

İçinde bulunduğumuz teknoloji çağında sosyal medya, bireylerin yaşantılarının her alanında dijitale doğru bir dönüşümün yaşanmasına neden olmuştur. Aile ilişkilerimizden, tüketim alışkanlıklarımıza kadar birçok alanda köklü değişimleri beraberinde getiren sosyal medyanın bu etkisi, konu sağlık olduğunda daha da önem taşımaktadır. Bilgiye hızlı bir şekilde erişim imkânı sunması, geniş kitlelere ulaşma şansı vermesi gibi avantajları nedeniyle kullanımı giderek artan sosyal medya, sağlığın korunması ve geliştirilmesi konularında da en etkili araçlardan biri durumundadır. Bu aracın bilinçli ve doğru bir şekilde kullanılması, toplum sağlığı açısından önem taşımaktadır.

Sosyal medya; bireylerin çevrimiçi ortamda iletişim kurarak duygu, düşünce alışverişinde bulundukları, fotoğraf ve video paylaşarak içerik üretebildikleri bloglar, Youtube, Facebook, Twitter gibi sosyal ağlardan oluşmaktadır (Kayabalı, 2011, s.15).

Sosyal medya Kaplan ve Haenlein'e göre, "Web 2.0'ın ideolojik ve teknolojik temellerini oluşturan ve Web 2.0'ın yaratılmasına, içerik alışverişinde bulunulmasına olanak sağlayan bir dizi internet tabanlı uygulama" olarak tanımlanmaktadır. "Sosyal medya, kullanıcıların dijital ortamda farklı formatlarda içerik (kelime, fotoğraf, video ya da ses) gönderebilmesi, paylaşabilmesi ya da yorum yapabilmesinin kolay ve ucuz yolu olması açısından kullanıcılara önemli fırsatlar sunmaktadır" (Bottorf v.d. 2014, s.160; Moorhead vd., 2013, s.2). İki binli yıllardan itibaren Web 2.0 teknolojisine geçilmesiyle birlikte ortaya çıkan sosyal medya; bilgisayarlardan, akıllı telefonlara, tabletlerden sosyal ağlara kadar gündelik yaşamın her anında etkisini hissettirmiştir.

Günümüzün toplumunu 'ağ toplumu' olarak nitelendiren Castells (2008), bu yeni toplumda bireylerin ve toplumların karşılıklı etkileşim içerisinde yaşamak zorunda olduklarını ifade etmektedir. McLuhan'a göre (2019); bireylerin geçmişte sadece yakın çevreleriyle yüz yüze yaşadıkları paylaşımlar, elektronik iletişim çağında küresel köy kavramında hayat bulmaktadır. Kitle iletişim araçlarının yaygınlaşması küreselleşme sürecini de hızlandırmakta ve ilişkiler bağlamında dünya küçülerek *"Küresel Köy (The Global Village)"* haline gelmektedir. İnternet ve mobil teknolojilerde yaşanan gelişmeler sayesinde günümüz insanı pencereden kendi mahallesini izler gibi dünyanın herhangi bir yerindeki hiç tanımadığı insanları dijital ekranlardan takip edebilmektedir. Dünyanın herhangi bir yerinde konuşulan bir konu *"retweet"* edilerek çok kısa sürede dünyanın diğer ucuna ulaşmakta, insanlar kendilerinden kilometrelerce uzakta olan kişilerin kararlarından ve tercihlerinden etkilenebilmektedir.

We Are Social ve Hootsuite tarafından hazırlanan "Digital in 2017 Global Overview" raporu, McLuhan'ın 'küresel köy' nitelemesini destekler niteliktedir. Rapora göre, dünya nüfusunun 3.77 milyarı internetle tanışmışken, aktif olarak sosyal medyayı kullanan kişi sayısı 2.80 milyar olarak belirtilmiştir (We Are Social and Hootsuite, 2017). Dünyamız internet teknolojisi sayesinde sınırların giderek ortadan kalktığı, tüm dünyanın birbiri ile karşılıklı etkileşim içerisinde olduğu 'Global Köy' görünümüne kavuşmuştur (Tuncer, 2013, s.20).

Teknolojik alanda yaşanan gelişmeler neticesinde başta internet olmak üzere kitle iletişim araçları, bireylerin sağlıkları ile ilgili konularda bilgiye ulaşmaya çalıştıkları kaynakların başında gelmektedir. Çınarlı'nın (2012) da ifade ettiği gibi, dijital ortamda ya da sosyal medyada bir hastalık hakkında paylaşılan bilgiler, kolaylıkla aynı hastalıktan mustarip diğer bireylere ulaşmakta, bireyler yaşadıkları acıları ya da hastalıktan kurtulma yollarını anlatarak insanlara büyük faydalar sağlamaktadır. Bu açıdan sosyal medya; sağlık kurumlarının web siteleri, sağlık personellerinin kişisel ve kurumsal sayfaları, sağlıkla ilgili bilgi sunan web siteleri, forumlar, sağlıkla ilgili online destek grupları, video paylaşımları gibi uygulamalarla sağlık iletişimine yeni bir boyut kazandırmıştır.

Sosyal ağ olarak nitelendirdiğimiz dijital platformlar, farkındalık yaratmak ve bilgi yaymak amaçlı olarak sıklıkla başvurulan enformasyon kaynakları arasında yer almaktadır. Bireyler eskiden hastalıklar hakkında doktorlardan ve sağlık kuruluşlarından bilgi alırken, günümüzde bu tür bilgilere internet sayesinde rahatlıkla ulaşabilmektedir (Karagöz, 2013, s.133). Sağlık alanında sosyal medyanın kullanımı hedef kitlelere istenilen mesajları aktarma noktasında büyük fırsatlar sunarken, sağlık uzmanlarının birbirleriyle görüş ve bilgi paylaşımına olanak sağlamaktadır.

Sosyal medya platformları sağlık alanında kullanıcıların sınırsız enformasyona erişimini mümkün kılarken, öte yandan doğru bilgiler kadar, yanlış ya da eksik enformasyonun hızla yayılmasına imkân sağlayan mecralar halini almıştır. İnsan hayatıyla yakından ilgili olan bir alanda enformasyonun geniş kitlelere ulaşması, birçok tehlikeyi beraberinde getirmektedir: "Özellikle internet ortamında bilginin bir an önce paylaşılma arzusu, çoğunlukla duyuma dayalı yanlış bilgilerin hızla yayılması sonucunu doğurmakta ve üretilen içeriklerin olgunlaşmadan ve doğruluğunun teyit edilmeden yayılması sorununu ortaya çıkarmaktadır (Bayraktutan ve Binark, 2013).

Bir tedavi yöntemi ya da ilaç hakkında kişilerin sosyal medyada tavsiyede bulunması, aynı sorunu yaşayan insanlar için "umut" olarak görülebilmekte, ancak söz konusu ilaç ya da tedavinin herkes için aynı sonucu vermeyeceği gerçeği göz önüne alındığında bu durum, bir takım riskleri de beraberinde getirmektedir. Sağlık iletişimi alanında yanlış ya da eksik bilgilerin hızlı yayılmasının ortaya çıkaracağı olumuz sonuçlar dikkate alındığında, bu konu üzerinde titizle üzerinde durulması gereken bir sorun olarak dikkat çekmektedir. Benzer şekilde internet kullanmayan belli bir kesimin sosyal ağlardaki bilgi akışından yoksun kalması da diğer bir olumsuzluk olarak ortaya çıkmaktadır (Atkinson, 2009, s.2).

Gerek tedavi süreçlerinde gerekse sağlığın korunması ve geliştirilmesi konularında birçok yeniliği beraberinde getiren sosyal medya sayesinde insanlar bu alandaki yenilikleri takip ede-

Disiplinlerarası Yaklaşımla Sosyal Medya

bilmekte, istedikleri bilgilere kısa sürede ulaşabilmektedir. Bunun yanında sosyal medya hastalıkların takibi, hastalıklara ilişkin verilerin sağlanması gibi konularda sağlık profesyonellerine araştırma ve veri imkânı sağlarken, bu alanda bilimsel çalışmaların gerçekleştirilmesi noktasında önemli bir katkı oluşturmaktadır (Çınarlı, 2004, s.114).

Son yıllarda sağlık iletişimi alanında Facebook, Twitter, YouTube gibi sosyal medya platformlarının kullanımı giderek artmış, sağlık kuruluşları, ilaç şirketleri ve bazı gönüllü topluluklar belirli hastalıklar konusunda toplumu bilinçlendirmek amacıyla gerçekleştirdikleri kampanyalarda bu araçları yoğun bir şekilde kullanmaya başlamıştır.

Şeker hastalarına faydalı bilgiler vermek ve sağlıklı yaşam önerileri sunmak amacıyla Roche şirketi tarafından oluşturulan http://www.accu-chekdiabeteslink.com blog sitesi bunlardan birisidir. Şeker hastalığıyla ilgili faydalı makalelere ve yeni geliştirilen ürünlere yer verilen blogda yer alan bilgiler; Facebook, Twitter, YouTube gibi diğer popüler sosyal medya araçlarıyla da entegre bir şekilde paylaşılarak hedef kitle ile etkileşim artırılmaya çalışılmaktadır. https://www.myalli.com ise obezite ve şişmanlıkla mücadele amacıyla oluşturulmuş bir topluluk sitesi olup Facebook da yaklaşık 270 bin takipçisi bulunmaktadır. 2010 yılında YouTube kanalını devreye alan topluluk 69 video yayını yapmış ve bu videolar yaklaşık 820 bin kişi tarafından görüntülenmiştir. İnsanlar birçok konuda olduğu gibi sağlık ile ilgili konularda da sosyal medyayı çok daha etkin olarak kullanmakta ve bu özelliği ile sosyal medya halk sağlığını doğrudan etkilemektedir (www.cdc.gov/socialmedia).

Sağlık iletişimi alanında sosyal medyanın kullanımı ile ilgili olarak gerek yurt içinde gerekse yurt dışında gerçekleştirilen çalışmalar, bu platformların sağlık alanında etkili bir araç olduğunu ortaya koymaktadır.

Pew Research Center tarafından Amerika'da internet kullanıcıları arasında gerçekleştirilen bir araştırma, çalışmaya katılanların yüzde 80'inin sağlıkla ilgili konularda ilk referans kaynağı olarak interneti kullandıklarını göstermiştir. Kullanıcıların ancak yüzde 15'i bu platformlardan edindikleri bilginin kaynağını ve güncelliğini kontrol ettiklerini ifade etmiştir (Fox, 2006). Aynı konuda yapılan bir diğer araştırmadaysa, kullanıcıların sıklıkla doktorlar ve hastaneler hakkındaki yorumları okumak, sağlıkla ilgili konularda araştırma yapmak, ilaçların yan etkilerini öğrenmek gibi nedenle sosyal ağlara yöneldiklerini ortaya koymaktadır. (Fox, 2011)

Bottorff vd. (2014, s.160) tarafından 16 yaş ve üzeri Kanadalılar arasında gerçekleştirilen bir çalışma 10 internet kullanıcısından 7'sinin sağlık bilgisi edinmek amacıyla internete başvurduğunu ortaya koymakta, hastalar tarafından en sık kullanılan sosyal medya platformları arasında Facebook, Twitter, Linkedin ilk sırada yer almaktadır. Hastalar çoğunlukla bilgi edinmek, doktorla iletişime geçmek, sosyal destek amacıyla interneti kullanmaktadır. Doktorları sosyal medya kullanmaya yönelten nedenler arasında ise bilgi edinmek, hastalarla ve meslektaşlarıyla iletişime geçmek yer almaktadır (Tengilimoğlu v.d. 2015, s.80).

Moorhead ve arkadaşları (2013, s.56) tarafından gerçekleştirilen başka bir araştırma sosyal medyanın özellikle obezite, diyabet, ruh sağlığı, grip gibi konularda sağlık bilgisi edinmek ve paylaşmak amacıyla kullanıldığını ortaya koymaktadır. Bu amaçla en çok kullanılan araçlar arasında Facebook, Bloglar, Twitter ve YouTube ilk sırada yer almaktadır. Bu durumun gerekçesi olarak tüm dünyada sağlıksız beslenmenin bir sonucu olarak obezitenin ciddi bir sorun hale gelmesi söylenebilir.

ABD'de yapılan başka bir çalışma internet kullanıcılarının yüzde 61 gibi yüksek bir oranının sağlık bilgisi edinmek amacıyla internete başvurduğunu ortaya koymaktadır. Facebook üzerinde kronik hastalıklarla ilgili 1200 sayfa bulunmakta ve kronik hastaların yüzde 71 gibi çok ciddi bir kısmı internetten ulaştıkları tedavi yöntemlerini uygulamaktadırlar. "Manhattan Araştırma Merkezi'nin yapmış olduğu bir araştırmaya göre, ABD'de doktorların yüzde 39'u birebir tedavi veya muayenenin gerekli olmadığı durumlarda hastalarıyla internet üzerinden iletişim kurmaktadırlar" (Kayabalı, 2011, s.17).

2012 yılında Social Touch tarafından doktorsitesi.com kullanıcısı 1289 kişi üzerinde "internetin sağlık bilgisi ve hizmetlerine ulaşma amaçlı kullanım alışkanlıkları" konusunda bir araştırma yapılmıştır (Doğanay, 2013, s.66). Yapılan bu araştırma sonucunda araştırmaya katılanların yüzde 83.9 gibi büyük çoğunluğu ilaçlarla ilgili enformasyon edinmek amacıyla internete başvurduklarını belirtirken, yalnızca yüzde 16.1'i interneti kullanmadıklarını ifade etmiştir. Söz konusu çalışma 2013 yılında kapsamı genişletilerek 8 bin kişi üzerinde gerçekleştirilmiş, aradan geçen bir yıl içerisinde sosyal medya kullanımında ciddi değişimler gözlenmiştir. Araştırma sonuçlarına göre, katılımcıların yüzde 78.77'si sağlıkla ilgili konularda bilgi almak amacıyla internete başvuracaklarını belirtirken, yüzde 60.29'u sağlık kuruluşuna başvuracağını ifade etmiştir.

Sağlık alanında sosyal medyanın kullanımına yönelik olarak ülkemizde de bir dizi çalışma gerçekleştirilmiştir: Türkiye İstatistik Kurumunun 2015 yılı Hanehalkı Bilişim Teknolojileri Kullanım Araştırmasına göre internetin kullanım amaçları arasında sosyal medya yüzde 80,9 ile birinci sırada yer alırken sağlıkla ilgili bilgi arama yüzde 66,3'lük oranla üçüncü sırada bulunmaktadır (Türkiye İstatistik Kurumu, 2015). ERA Research & Consultancy'nin Ağustos 2011'de 12 ilde yaptığı Sağlık Araştırması Sonuçlarına göre de Türkiye'de hastaların sağlık konusunda bilgi almak için web sitelerini kullanma oranı yüzde 21, sosyal ağlara başvurma oranı yüzde 3, bloglar ve sohbet platformlarını kullanma oranı ise yüzde 2'dir (Çimen, 2011).

2011 yılında ülkemizde internet kullanıcısı 1211 kişi üzerinde gerçekleştirilen bir çalışma hastaların yüzde 39'inin sosyal medyada hastalıklarla ilgili tavsiye aldıklarını ortaya koymaktadır. Aynı çalışmada hekimlerin internet kullanım oranı yüzde 95 iken, sosyal medya kullananların oranı yüzde 46.9 olarak tespit edilmiştir.

İnternetten ilaçlar hakkında bilgi arayan kişilerin ilaçla ilgili okudukları herhangi bir bilgi sebebiyle ilacı kullanmaktan vazgeçip vazgeçmedikleri sorusuna, araştırmaya katılanların yüzde 60,5'i ilacı kullanmaktan vazgeçmediğini, yüzde 39,5'i ise ilaçla ilgili karşılaştıkları bilgi sebebiyle ilacı kullanmaktan vazgeçtiklerini belirtmiştir. Aynı araştırmada hastane ve doktor seçiminde internetten edinilen bilginin rolünün ne olduğu sorusuna katılanların yüzde 74,5'i kararlarını bazen internetten edindiği bilgiler doğrultusunda verdiğini belirtirken, yüzde 15,7'si internetten aldıkları bilginin kararlarını hiç etkilemediğini, yüzde 9,8'i ise kararlarını çoğunlukla internetten aldıkları bilgi doğrultusunda verdiklerini ifade etmiştir (Benker ve Arıkan, 2011, Akt: Erkovan, 2011).

Bu ve benzeri çalışmalardan elde edilen bulguların işaret ettiği gibi, tüm dünyada sosyal medya araçları sağlık iletişimi alanında yoğun bir şekilde kullanılmaktadır. Bireyler sağlıkla ilgili konularda enformasyon edinmek, hekimlere ulaşmak gibi çeşitli nedenlerle sosyal medyayı takip etmektedir. Kişilerin aileleri ve yakın çevreleriyle dahi paylaşamadıkları sağlık sorunları hakkında sosyal medya platformlarına yönelmesi, buradaki bilgilerin güvenilirliği açısından son derece önemlidir. Sosyal medya platformları bilinçli kullanıldığında toplum sağlığının korunması ve güçlendirilmesi konusunda önemli bir araç iken, bilinçsiz kullanıldığında birçok tehlikeyi ve riski de beraberinde getirmektedir. Bu bağlamda bireylerin sağlık okuryazarlığı konularında bilinçlendirilmeleri, toplum sağlığının geliştirilmesi açısından önem taşımaktadır.

Sağlık Okuryazarlığı Kavramı

Son yıllarda iletişim ve tıp teknolojisi alanlarında yaşanan gelişmeler, bireylerin sağlık ve sağlıklı yaşam algısının şekillenmesinde belirleyici olmuştur. Sağlık alanında bireylerin güvenilir enformasyona erişimi önem taşımaktadır. İnternet kullanımının giderek yaygınlaşması; dijital ortamda yer alan bilgilerin her zaman güvenilir ve nitelikli bilgi içermemesi, sağlık okuryazarlığı kavramının gündeme gelmesine yol açmıştır. Bu kavram; sağlık iletişimi alanında bireylerin sağlığın geliştirilmesi açısından önemi giderek artan bir konu olarak karşımıza çıkmaktadır.

Sağlık okuryazarlığı terimi ilk kez 1974 yılında S.K. Simonds tarafından Health Education as Social Policy adlı kitapta kullanılmış, (Simonds, 1974, s.1-25; akt: Ratzan, 2001, s.210; Selden v.d. 2000). 2000'li yıllardan itibaren konunun öneminin anlaşılmasıyla birlikte bu alanda yapılan çalışmaların sayısı giderek artmıştır.

Sağlık okuryazarlığı Amerikan Tıp Kurumu (AMA-The American Medical Association) tarafından "reçeteleri, randevu kâğıtlarını ve sağlığa ilişkin diğer önemli materyalleri okuyup anlayabilme becerisi" olarak tanımlanmıştır. Bu alanda alınacak kararlarda temel becerilerin ötesinde, bilgiye dayalı bir altyapıya sahip olmak önem taşımaktadır. Parvanta vd. ise sağlık okuryazarlığını "sağlıkla ilgili karmaşık enformasyonları anlama ve kullanma yeteneği" olarak tanımlamaktadır (2011, s.120). Nutbeam'e göre ise "sağlık okuryazarlığı, broşürleri okumak ve randevu almaktan daha geniş bir anlama sahiptir". Nutbeam'e göre sağlık okuryazarlığı, "bireylerin sağlık enformasyonuna ulaşmalarını sağlamak ve bunu etkili biçimde kullanma kapasitelerini geliştirmek suretiyle, bireyi güçlendirmek için kritik önem taşımaktadır. Aynı zamanda Nutbeam sağlık okuryazarlığının hem kişisel hem de sosyal yararları olabileceğini belirtmekte; sosyal, ekonomik ve çevresel etkilerine dikkat çekmektedir" (2001, s.264; Zarcadoolas, 2005, s.196). Sezgin'e göre sağlık okuryazarlığı; "bireylerin, kendileri ve toplum sağlığı ile ilgili karar ve davranışlarını yönlendirecek, temel sağlık bilgi ve hizmetleri konusunda bilgi birikimleri, bu bilgilere erişimleri, erişilen bilgiyi anlamaları, değerlendirmeleri, kullanmaları ve nesilden nesile aktarmalarıdır" (Sezgin, 2011).

Teknolojik alandaki gelişmelerin sağlık alanındaki yansımaları, sağlık profesyonelleri ile hastalar arasındaki iletişimin de doğasının değişmesine yol açmıştır. Bu süreçte hastaların sağlık personelini doğru bir şekilde anlayabilmesi, basılı materyalleri ve ilaç ile ilgili enformasyonları doğru yorumlaması, sağlık okuryazarlığı kavramının giderek önem kazanmasına yol açmıştır.

Sağlık okuryazarlığı; bireyleri sağlıkla ilgili enformasyonları anlamaları kadar, bunları doğru bir şekilde değerlendirme, tedavileri doğru bir şekilde uygulama gibi birçok unsuru kapsamaktadır. Sağlık okuryazarlığı alanında yetersiz bilgiye sahip olmak; edinilen bilgilerin yanlış yorumlanması, tedavinin istenilen sonucu vermemesi, tedavi maliyetlerinin artması gibi birçok olumsuz sonuca yol açabilmektedir. Sağlık okuryazarlığı alanında internet kullanıcılarının kendilerine ulaşan içeriğe şüpheyle bakmaları ve söz konusu mesajların doğruluğu konusunda eleştirel bir tutum sergilemeleri gerekmektedir.

Kitle iletişim araçlarında enformasyonun nasıl hazırlandığının ve geniş kitlelere sunulduğunun bilinmesi, medya okuryazarlığı kavramının gündeme gelmesine yol açmıştır. Zarcadoolas ve diğerlerinin ifadesiyle medya okuryazarlığı; "farklı medya türlerinde iletişime erişim, iletişimi analiz etme, değerlendirme ve üretme becerisi" olarak tanımlanmaktadır. Bir başka ifade ile "kitle iletişimine, kullanılan yöntemlere ve bu yöntemlerin etkilerine yönelik çözümsel anlayışı geliştirme" faaliyetidir (Bernhardt ve Cameron, 2003, s.585). Medya okuryazarlığı; medya içeriklerinin kurgusal olduğunun altını çizerek, bunların değiştirilebileceğine vurgu yapmaktadır (Türkoğlu,

2007, s.278). Bu bağlamda üzerinde durulması gereken; medya metinlerini çözümlemekten ziyade, bu metinlerin neden, hangi koşullar altında ve kimler tarafından üretildiğini bilme konusunda farkındalık yaratmaktır (Binark ve Gencel-Bek, 2007). Medyada sunulan sağlık enformasyonları konusunda bilinçsiz bir bireyin bu bilgileri koşulsuz olarak kabullenmesi; sağlık okuryazarlığı kavramının önemini ortaya koymaktadır.

Sağlık iletişiminde sağlıkla ilgili enformasyonların karmaşık olması, bireyler açısından bu mesajların anlaşılmasını güçleştirmektedir. Tıbbi enformasyonların doktorların hastalarının anlayabileceği biçimde ifade etmemeleri, aradaki iletişim sorununun büyümesine neden olmaktadır. Hastaların bu bilgileri doğru bir şekilde değerlendirmeleri bazı temel becerilere sahip olmalarını gerektirmekte, bu süreçte sağlık okuryazarlığı kavramı ön plana çıkmaktadır. Güvenilir sağlık bilgilerine ulaşmak, tedavinin riskleri ve yararları konusunda doğru enformasyona sahip olmak noktasında sağlık okuryazarlığı önemli bir beceri olarak karşımıza çıkmaktadır.

Sağlık okuryazarlığı seviyesinin yeterli olmaması, hem bireysel hem de sosyal ve ekonomik açıdan bir takım riskleri beraberinde getirmektedir. Bu alanda sağlanacak gelişmeler ile bireysel açıdan olumlu davranış değişiklikleri gerçekleşebileceği gibi, sağlık hizmetlerinde iyileşme sağlanacak, sağlığa ayrılan kaynaklar daha etkin kullanılabilecektir. Sağlık okuryazarlığının yetersiz olması, bireylerin daha sık hastaneye gitmelerine ve daha fazla sağlık harcaması yapmalarına neden olmaktadır.

Sosyal medya kullanımının giderek yaygınlaşması, sağlık alanında da bu mecranın enformasyon kaynağı olarak kullanımını gündeme getirmiştir. İnternette arama yapmak veya doğru bilgiye ulaşmak açısından bireyin sağlık okuryazarlığı düzeyinin yüksek olması gerekmektedir. İnternette yer alan bilgilerin yoğunluğu ve karmaşıklığı, bu bilgi bombardımanı içerisinde hastaların yanlış enformasyon edinmesine veya tedavinin aksamasına yol açabilmektedir. Bunun yanında bu alanda yanlış ve zararlı sağlık enformasyonun yer alması, insan sağlığı açısından bir takım riskleri de beraberinde getirmektedir.

Medyada sağlığa ilişkin enformasyonun zaman zaman basite indirgenerek verilmesi, ciddi sağlık sorunları karşısında bilgilendiğini düşünen hastaların, mevcut sıkıntılarını küçümseyerek, sağlık hizmeti almak için hekime başvuruda bulunmamasına yol açmaktadır. Kendilerini bu alanda bilgili hisseden bireylerin, sosyal medya platformlarında, başka hastaları yönlendirme olasılığı da sağlık okuryazarlığı konusunda dikkate alınması gereken bir konu olarak karşımıza çıkmaktadır. Bunun dışında medyada zaman zaman sağlık enformasyonu adı altında ilaç ürün, tedavi reklamları yapılmaya çalışılarak, bireyler yönlendirilmeye çalışılmaktadır. Sağlık okuryazarlığı alanında yeterli beceriye sahip olmak, söz konusu mesajların kaynağı ve güvenilirliği konusunda da kullanıcılara önemli fırsatlar sunmaktadır.

Sağlık okuryazarlığı alanında eğitimin önemine vurgu yapan Nutbeam, bireysel anlamda sağlanacak ilerlemenin, toplum sağlığının geliştirilmesi ve güçlendirilmesi açısından katkı sağlayacağını belirtmektedir (2001, s. 264-266). Her yaş grubu için farklı bir eğitim programına ihtiyaç duyulduğunu ifade eden Nutbeam, sağlık okuryazarlığını sınıflandırma yoluna gitmiştir:

İşlevsel sağlık okuryazarlığı (functional literacy), bireylere sağlık riskleri hakkında gerçek bilgileri verirken, sağlık sisteminin nasıl kullanılması gerektiğini de vurgular. İşlevsel sağlık okuryazarlığının kazanımı daha çok bireye yönelik olmakla birlikte, toplumsal faydası da yadsınamaz. İkinci olarak sözü edilen etkileşimli sağlık okuryazarlığı (interactive health literacy), bireyin bilgi birikimi kapasitesini geliştirmeye, motivasyon ve kendine güvenini arttırmaya odaklanmıştır. Etkileşimli sağlık okuryazarlığının kazanımı işlevsel sağlık okuryazarlığındaki gibi daha çok bireysel düzeydedir. Nutbeam'in sınıflandırmasında son olarak ele aldığı eleştirel sağlık okuryazarlığı (critical health literacy), bireysel hareket kadar, etkili sosyal ve politik hareketi desteklemeye yönelik bilişsel düzeyin ve becerilerin gelişimine ilişkindir. Eleştirel sağlık okuryazarlığında, bireyin sağlık hizmeti sunanlardan edindiği ve medyada yer alan sağlık enformasyonlarını doğru yorumlaması ve değerlendirmesi beklenmektedir. Birey verilen enformasyonları değerlendirip sorguladığı takdirde, bireysel kazanımın yanı sıra daha belirgin bir biçimde toplumsal kazanım sağlanmış olacaktır (Nutbeam, 2001, s. 265; Osborne, 2005).

Sağlık okuryazarlığı kavramı, bireyin kültürel altyapısı ile de yakından ilişkili olup, kişiler sağlık profesyonellerinden kendilerine ulaşan mesajları, kendi kültürel birikimlerine göre değerlendirme yoluna gitmektedir. Bireyin sağlık enformasyonları alanında inanç ve değerlerinin oluşumunda kültür önemli yer tutmakta, kişiler bu alandaki bilgileri içerisinde bulunduğu kültürel yapı içerisinde algılamaktadır. Sağlık alanında yeterli enformasyona ulaşamayan hastalar bu bilgilere medya, arkadaş ve internet gibi araçlar ile ulaşmaya çalışmakta, bu da eksik ya da hatalı enformasyonun kullanılmaya başlanmasına yol açmaktadır. Yanlış ya da eksik sağlık enformasyonu; sağlık konusunda yanlış tutum değişikliklerinin oluşması, tedavi maliyetlerinin artması, ölüm dahil istenmeyen durumların görülmesi gibi sonuçlara neden olmaktadır

Sağlık okuryazarlığının geliştirilmesi konusunda bireyin dışında, medya başta olmak üzere, sağlık profesyonellerine önemli görevler düşmektedir. Sağlık profesyonellerinin hastalarla doğru iletişim kurmaları, bu alandaki iletişim becerilerini arttırmaları önem taşımaktadır (Parker, 2005, s.281).Bunun dışında medya kuruluşlarının sağlık okuryazarlığı düzeyini göz önüne alarak enformasyon akışını gerçekleştirmesi, haber/program yapılması, söz konusu içeriklerin doğruluğunun ve güvenilirliğinin araştırılması gerekmektedir.

Sonuç

Bilişim teknolojisinde yaşanan gelişmeler, diğer konularda olduğu gibi, sağlık alanında da önemli dönüşümlere yol açmıştır. Dijital mecralar, gerek kişilerarası, gerekse de kitle iletişimine imkan sağlayan yapısı sayesinde, sağlık alanında en sık başvurulan araçlar arasında yer almaktadır. Önceden aile, akraba ve arkadaş tavsiyelerine göre tedavilerini gerçekleştiren bireyler için günümüzde sosyal medya platformları öncelikli referans kaynağı durumundadır. Sosyal medya platformları, sağlığın geliştirilmesi konusunda önemli fırsatlar sunarken; kontrolsüz ve yanlış enformasyon akışına imkan sağlaması nedeniyle de bir takım riskleri bünyesinde taşımaktadır.

Sosyal medya platformları hasta bakım hizmetlerinin iyileştirilmesi, sağlıkta kalitenin arttırılması, toplumsal sağlığın geliştirilmesi konularında birçok avantaja sahiptir. Kullanıcılar hastane ve sağlık profesyonelleri ile ilgili yorumları okumak, ilaçların yan etkilerini araştırmak, hastalıklarıyla ilgili olarak uzman doktorlarla iletişime geçmek amacıyla bu araçları kullanmakta, birçok hastalık hakkında araştırma yapabilmektedir. Dijital ortamlarda edinilen bilgiler, bireylerin kararlarında belirleyici olabilmektedir.

Sağlıkla ilgili çok geniş enformasyonu bünyesinde barındıran sosyal medya platformları, gerek sağlık uzmanları gerekse hastalar tarafından sıklıkla kullanılmakta, tıbbi bilgilere hızlı ve kolay bir şekilde ulaşmalarını sağlamaktadır. Bireylerin sağlıkla ilgili konularda karar verme süreçlerini doğrudan etkileyen bir araç konumunda olan sosyal medya, bilinçsiz bir şekilde kullanıldığında birçok tehlikeyi de beraberinde getirmektedir. Erişilen bilgilerin hatalı olması, sosyal medya ortamında içeriğin kullanıcılar tarafından oluşturulması gibi nedenlerle bu alanda hazırlanan haberlerin ciddi bir denetimden geçirilmesi, bilgi kirliliğini önlemek açısından önem taşımaktadır. Bu bağlamda Sağlık Bakanlığı başta olmak üzere, ilgili kesimlere büyük sorumluluklar düşmektedir. Bu bağlamda hazırlanacak halkla ilişkiler stratejileri, gerek bireylerin gerekse de toplum sağlığının geliştirilmesi adına büyük fırsatlar sunacaktır. Medya ortamında yer alan enformasyonun gerekli denetimler yapılarak doğrulanması, bireylere bu alanda eğitim verilerek, konuyla ilgili yasal düzenlemelerin gerçekleştirilmesi, alınabilecek önlemler arasındadır.

Sağlık alanında enformasyon akışının gerçekleşmesinde önemli bir role sahip olan sosyal medya platformları, toplumun sağlık okuryazarlığı düzeyini göz önüne alarak, bilgilendirme işlevini gerçekleştirmelidir. Bu bağlamda, sağlık haber ve programlarının denetiminin titizlikle yapılarak, tıbbi bilgilerin sıradan vatandaşın anlayabileceği bir şekilde kaleme alınması sağlık okuryazarlığının geliştirilmesi açısından önem taşımaktadır. Kullanıcıların bu ortamda yer alan bilgilerin kaynağını ve doğruluğunu araştırmaları, sosyal medya okuryazarlığı konusunda bilinç kazanmaları ile mümkün olacaktır.

Sağlık alanıyla ilgili haberlerde olumsuz sonuçlar yaratacak eksik bilgilendirme ve hatalı sunumların önüne geçilebilmesi, toplumun doğru bilgilendirilmesi için, sağlıkla ilgili kurum ve kuruluşlarla basının kendi etik değerlerine sahip çıkması gerekir. Sağlık meslek odalarıyla basının ortak hareket etmesi, bilgi alışverişinde bulunmaları, sağlıkla ilgili sorunlarda toplumun doğru yönlendirilmesi açısından katkı sağlayacaktır. Doğru ve güvenilir sağlık haberleri ile sağlık eğitiminin medya yoluyla verilmesi toplum sağlığının geliştirilmesi açısından katkı sağlayacaktır.

Kaynakça

Arıkan, Y. and Benker, T. (2011). Internet and Social Media Impacts on Turkish Health Care Proffessionals Reaching' Health and Drug Side Effect Related Information, http://www.boehringeringelheim.com.tr/content/dam/ internet /opu/tr_TR/documents/pdf/articles/Internet.and.Social.Media.Impacts.on.Turkish. Health.Care.Professionals.pdf (Erişim Tarihi 10.12.2013).

Atkinson, N.(2009). Social Media Use in the United States: Implications for Health Communication. *Journal of Medical Internet Research*, 11(4), ss.1-15.

Bernhard, J.M. and Cameron, K.A. (2003). Accessing, Understanding and Applying Health Communication Messages: The Challenge of Health Literacy. (Ed.), Teresa L. vd., *Handbook of Health Communication.London*, Lawrence Erlbaum Associates, pp.583-605.

Binark, M. ve Gencel, B.M. (2007).*Eleştirel Medya Okuryazarlığı*. İstanbul: Kalkedon.

Binark, M. ve Bayraktutan, G. (2013). *Ayın Karanlık Yüzü: Yeni Medya ve Etik*. İstanbul: Kalkedon Yayıncılık.

Bottorff, J. L.;Struik, L.; Bissell, Laura J.L., Grahamm,S.; Jodie and Richardson, Chris G. (2014). A Social Media Approach to İnform Youth About Breast Cancer and Smoking: An Exploratory Descriptive Study. *Collegian*.21, ss.159-168.

Castells, M.(2008). *Enformasyon Çağı: Ekonomik Toplum ve Kültür, Ağ Toplumunun Yükselişi*, E. Kılıç, (Çev.), 2. Basım, İstanbul: İstanbul Bilgi Üniversitesi Yayınları.

Centers for Disease Control and Prevention (2014). https://www.thecommunityguide.org/sites/default/files/assets/What-Works-Health-(www.cdc.gov /socialmedia). (Erişim tarihi:29.08.2017).

Çınarlı İ. (2004). *Sağlığın Geliştirilmesine Sağlık İletişimi Yöntemleri Olarak Sosyal Pazarlama, Medyada Savunuculuk ve Halkla İlişkilerin Etkisi*. Yayınlanmamış Doktora Tezi. İstanbul, Marmara Üniversitesi S.B.E.

Çınarlı, İ. (2008). *Sağlık İletişimi ve Medya*. Ankara: Nobel Yayın Dağıtım.

Çınarlı, İ. (2012). Sosyal Medya, Web 2.0 ve Sağlık. *Workshop Dergisi*, Temmuz-Ağustos 2012, http://alternatifiletisim.blogspot.com (Erişim tarihi: 29.11. 2017).

Çimen, F. (2011). *Sosyal Medyanın Sağlık Karnesi*, http://sosyalmedya.co/sosyalmedyasaglik-dosya/ (Erişim Tarihi 28.11.2013).

Çöklü, Y. E. (2002). Sağlık Sektöründe İnteraktif Bir Pazarlama Yaklaşımı: Sağlık İletişimi ve Florence Nightingale Hastanesi Örneği. *Selçuk Üniversitesi İletişim Fakültesi Akademik Dergisi*, 2 (2), ss.48-55.

Doğanay, S. (2013). Sağlık Alanında Sosyal Medyanın Kullanımı. 2. *Uluslararası Sağlık Bilişim Zirvesi*, İstanbul.

Ergin, A. (2010). *Sağlık Hizmetlerinde İletişim*. Ankara: Anı Yayıncılık.

Erkovan, S. (2011). Sosyal Medya'da Olmak ya da Olmamak, Türkiye İlaç Sektörünün Perspektifi. *Perspektif Toplantıları*. İstanbul, https://www.slideshare.net/serkovan/salkta-sosyal-medya-deneyimleri-trke. (Erişim tarihi: 29.11.2017).

Fox,S.(2006). *Online Health Search 2006.* http://www.pewinternet.org/2006/10/29/online-health-search-2006/.

Fox, S. (2011). *The Social Life of Health Information, 2011.* http://pewinternet.org/Reports/2011/Social-Life-of-Health-Info.aspx.

Gürüz, D. ve Eğinli, A.(2014). İletişimi Anlamak, (İçinde *Hekim-Hasta Arasında Etkili İletişim Becerileri Geliştirmek: Empatik İletişimi Kullanmak).* Ankara: Nobel Yayıncılık.

Health Communication. http://www.healthresearchforaction.org/sites/default/files/HRA%20Health%20Communication%20Tips_0.pdf, (Erşim tarihi:26.11.2012).

Healthy People (2020). Topics and Objectives, (04.02.2015) https://www.healthypeople. gov/2020/topicsobjectives2020/default.

Karagöz, K. (2013). Yeni Medya Çağında Dönüşen Toplumsal Hareketler ve Dijital Aktivizm Hareketleri. *İletişim ve Diplomasi,* 1(1), ss. 131-156.

Kaya, A., Yüksel, E., Öğüt, P. (2011). Sağlık Haberlerinde "Mucize Tedavi ler. *Selçuk İletişim.* 7 (1), ss. 49-64.

Kayabalı, K. (2011). İnternet ve Sosyal Medya Evreninde Sağlık. *İyi Klinik Uygulamalar Dergisi,* 25, ss.14–20.

Koçak, A.ve Bulduklu, Y. (2010) Sağlık İletişimi: Yaşlıların Televizyonda Yayınlanan Sağlık Programlarını İzleme Motivasyonları. *Selçuk Üniversitesi İletişim Fakültesi Akademik Dergisi,* 6(3), ss. 5-17.

Moorhead, S. A., Hazlett, D. E., Harrison, L., Carroll, J. K., Irwin, A. & Hoving, C. (2013). A New Dimension of Health Care: Systematic Review of the Uses, Benefits, and Limitations of Social Media for Health Communication. *Journal of Medical Internet Research,* 15 (4).

Nutbeam, D. (2001). Health Literacy as a Public Health Goal: A Challenge for Contemporary Health Education and Communication Strategies into the 21st Century. Health Promotion International, 15(3), ss.259-267.

Okay, A. (2007). *Sağlık İletişimi.* İstanbul: Mediacat Yayınları.

Okay, A. (2009), *Sağlık İletişimi.* İstanbul: Kapital Medya Hizmetleri.

Osborne, H. (2005). *Health Literacy from A-Z,* USA: Jones and Bartlett.

Parker, Ruth M. vd. (2003), Health Literacy: A Policy Challenge For Advancing High-Quality Health Care. *Health Affairs,* 22(4), ss.147-153.

Parvanta (2011). *Essentials of Public Health Communication.* USA.

Pew Research Center, Health Fact Sheet, http://www.pewinternet.org/factsheets/health-fact-sheet/ (Erişi tarihi:05.02.2015).

Ratzan, Scott C. (2001). Health Literacy: Communication for the Public Good. *Health Promotion International,* 16(2), ss.207-214.

Schiavo, R. (2007), *Health Communication From Theory to Practice*. A Wiley Imprint, San Francisco.

Selden, C. R. vd. (2000). *Health Literacy, USA:* US Department of Health and Human Services.

Sezgin, D. (2011). *Tıbbileştirilen Yaşam,Bireyselleştirilen Sağlık.* İstanbul: Ayrıntı Yayınları.

Social Touch (2013). Türkiye'de İnternetin Sağlık Bilgi ve Hizmetlerine Ulaşma Amaçlı Kullanım Alışkanlıkları. http://www.socialtouch.com.tr/-turkiyede-internetin-saglik-amacli-kullanimi/ (Erişi tarihi:30 Kasım 2017).

Şener, E. ve Samur, M. (2013). Sağlığı Geliştirici Bir Unsur Olarak Sosyal Medya: Facebookta Sağlık. *Gümüşhane Üniversitesi Sağlık Bilimleri Dergisi,* 2 (4). ss. 508-523.

Tabak, R. S. (2006). Sağlık İletişimi. 3.Baskı, İstanbul: Literatür Yayınları.

Tengilimoğlu, E. Parıltı, N., Yar, C. E. (2015). Hastane ve Hekim Seçiminde Sosyal Medyanın Kullanım Düzeyi: Ankara İli Örneği. Gazi Üniversitesi İktisadi ve İdari Bilimler Fakültesi Dergisi, 17(2), ss.76-96.

Tuncer, A. S. (2013). Sosyal Medyanın Gelişimi. *Sosyal Medya* içinde, F. Z. Özata, (Ed.), Eskişehir, Anadolu Üniversitesi Web-Ofset Tesisleri, ss. 2-24.

Türkoğlu, N. (2007). Okuryazarlıktan Medya Okuryazarlığına: Şifrelerin Ortaklığını Aramak. Türkoğlu, N. ve Şimşek, M.C. (Ed.). *Medya Okuryazarlığı,* İstanbul: Kalemus. ss. 276-283,

TUİK, Hanehalkı Bilişim Teknolojileri Kullanım Araştırması Sonuçları, 2004-2013 http://www.tuik.gov.tr/PreTablo.do?alt_ id=1028, (Erişim tarihi 10.12.2013).

TUİK (2015) *Hanehalkı Bilişim Teknolojileri Kullanım Araştırması.*[Çevrimiçi]. *Türkiye İstatistik Kurumu,* http://www.tuik.gov.tr/PreHaberBultenleri.do?id=18660, (Erişim tarihi 17.12.2015).

Vanderbilt, Center for Effective Health Communication. https://medicineandpublichealth.vanderbilt.edu/pehc/ . (Erişim tarihi 09.02 2015,

Yılmaz, E. (2011). *Doktorumun Hastasıyım.com.* İstanbul: Mavna Yayınları.

We are Social and Hootsuite (2017). Digital in 2017 Global Overview 2017. https://wearesocial.com/special-reports/digital-in-2017-global-overview. (29. 11. 2017).

WHO. (1998). Health Promotion Glossary, http://www.who.int/healthpromotion about/HPR%20Glossary%201998.pdf, (Erişim tarihi 20.11.2012).

Zarcodaalas C.vd. (2005). Understanding Health Literacy: An Expanded Model. Health Promotion International. 20(2):195-203.http://www.who.int/about/mission/en/ (Erişim tarihi: 28.10.2017).

Sağlık İletişiminde Sosyal Medya Kullanımının Etkileri

*Simge Aksu**

Giriş

Sağlık iletişimi ile ilgili çalışmalar ilk olarak Amerika'da 1970'lı yıllarda ortaya çıkmıştır. Sağlık iletişimi bireylerin ve toplumların yaşam standartlarının iyileştirilmesi ve toplumun sağlığının iyileştirilmesi amacıyla kullanılmaktadır. Sağlıkla ilgili konularda mesajların yayılması noktasında halkla ilişkiler faaliyetleri gerçekleştirilirken geleneksel mecranın yanında sosyal medya daha yoğun bir şekilde kullanılmaya başlamıştır. Bunun en temel nedenin mesajları yaymadaki hızı ve etkisi olduğu bilinmektedir.

Sosyal medyayı sağlık iletişiminde kullanmak günümüzde giderek yaygınlaşmaktadır. Bu mecrayı hem genel halkın hem de sağlık profesyonellerinin ve sağlık kurumlarının eş zamanlı kullanması bilginin hızlı yayılmasında oldukça etkili olmaktadır. Sosyal medyanın sağlık iletişimi alanında pek çok şekilde kullanıldığını görmekteyiz. Bunlar hastalar ve çalışanlar arasında iletişimi sağlama, hastaların sorularına cevap verme, hastaların birbirleri ile iletişim kurması, sağlık eğitimi uygulamaları, kamuyu bilinçlendirme vb. konulardır. Zaman içerisinde teknolojide de meydana gelecek gelişmeler sayesinde sosyal medya platformlarının da genişleyip daha etkileşimli hale geleceği söylenebilir.

---

* Doktor Öğretim Üyesi, Yozgat Bozok Üniversitesi İletişim Fakültesi Halkla İlişkiler ve Reklamcılık Bölümü, simge.aksu@bozok.edu.tr

Teknolojinin gün geçtikçe yayılması ve daha fazla insan tarafından kullanılması küresel sağlık sektörü üzerinde önemli etkiler yaratmıştır. Sosyal medyanın ortaya çıkması ve gelişmesi bireyler üzerinde önemli değişiklikler meydana getirmiştir. Etkileşimli yapısı ile sosyal medya kişilerin birbirleri ile iletişim şeklini de değiştirmiştir. Günümüzde eskisinden daha fazla internette sağlık bilgisi arayan insan bulunmaktadır. Sosyal medyanın yayılması ile birlikte çeşitli sağlık konularında insanlar bilgilerini ve deneyimlerini paylaşarak birbirlerine yeni şeyler öğretmektedir (Anand vd., 2013, s.40-41).

Son zamanlarda sağlık profesyonellerinin ve hastaların sağlık iletişimi noktasında eğitilmesinin gerekliliği konuşulmaktadır. İnternet çok geniş bir mecradır ve içerisinde faydalı ve faydasız pek çok bilgi saklamaktadır. Sağlık iletişimi konusunda hastaların bilgilendirilmesi, bir konu hakkında bilgi sahibi olmak istediklerinde doğru mecraları kullanmalarını sağlayacaktır. Kimi zaman bazı hastaların tavsiyeleri menfaat içerikli olabilmektedir. Örneğin bir hastalığa iyi geldiği söylenilen bir ilaç veya doğal bir karışım ticari kaygılar ile öneriliyor olabilmektedir. Hastaların bu gibi içerikleri diğerlerinden ayırt edebilmelerinin sağlanması sağlık iletişimi açısından önemli bir noktadır.

Sosyal medya sağlık iletişimi açısından başkaları ile etkileşime girme noktasında pek çok avantaja sahiptir. Ancak güvenlik açısından bakıldığında hastalara dair pek çok özel bilgiyi içerdiğinden hasta gizliliği ve mahremiyet eksikliği hala bir problem teşkil etmektedir. Sosyal medyanın geniş olanakları düşünüldüğünde halkın, hastaların, çalışanların ve diğer sağlık kuruluşu üyelerinin arasındaki iletişimi ve etkileşimi geliştirmek açısından oldukça önemli bir potansiyele sahiptir.

Sosyal medya özellikle sağlıkla ilgili konularda bir kampanyayı veya yardım desteğini duyurma noktasında oldukça etkili olabilmektedir. Eski iletişim teknolojileri ile gerçekleştirilemeyen pek çok şey bugün sosyal medya aracılığıyla oldukça hızlı ve etkili bir şekilde yapılabilmektedir. Sosyal medya aracılığıyla sağlık konusunda benzer problemlere sahip pek çok insan aynı platform altında kolayca bir araya gelip bilgi paylaşımında bulunabilmektedir. Bu durumda bireylere alacakları kararlarda daha önce tecrübe edinmiş kişilerin deneyimlerinden faydalanma imkânı sunmaktadır. Bu açıdan sağlık iletişimine genel bir perspektifle bakıldığında kişilere olumlu ve olumsuz etkilerinin bulunduğunu söylemek mümkündür. Ancak sağlık iletişiminin avantaj ve dezavantajlarını tartışmadan önce sosyal medya araçlarına olan güvenin tartışılması gerekmektedir. Yeni internet teknolojilerinin gelişmesi ile birlikte yayınlaşan sosyal medyada bugün pek çok bilgi yer almaktadır. Bu içeriklerden hangilerinin güvenilir, hangilerinin ise güvenilir olmadığı literatürde sıklıkla tartışılan bir konudur. Sosyal medya araçları ne kadar güvenilir algılanmaktadır? İlerleyen bölümde bu konu ile ilgili yapılmış araştırmalara yer verilecektir.

Sağlık ve Sosyal Medya Araçlarına Güven

Günümüzde sosyal medya, bilgisayarlar, tabletler, akıllı cep telefonları gibi birçok teknoloji ile hayatımıza dahil olmuş durumdadır. Pek çok insan için bir alışkanlık haline gelmiş olan sosyal medya gün geçtikçe geleneksel medya araçlarının yerini almaktadır. Sosyal medya hızlı yapısı, kolay güncelleme olanakları, geri bildirim alma hızı ve çoklu erişime sağladığı imkânlar sayesinde paylaşım açısından en ideal mecra haline gelmiş durumdadır.

İnternette uzmanların ve uzman olmayan kişilerin okuduğu, yorumladığı ve tüm dünyada erişime açık sağlık konularında sayısız blog bulunmaktadır. Ancak bu sayfaların güvenirliğinden ne derecede söz edilebilir? Facebook, Instagram, Youtube, kişisel bloglar vb. pek çok sosyal medya platformu bugün milyarlarca insan tarafından içerisinde sağlık iletişimi de dahil olmak üzere pek çok amaçla kullanılmaktadır. Bir arama motorunda herhangi bir hastalık ile ilgili bilgi arandığında o hastalığa dair ilgili veya ilgisiz pek çok kişinin yorumu bulunmaktadır. Yeni iletişim teknolojileri sayesinde içerik paylaşmanın kolaylaşması da sosyal medya kullanıcıları arasında etkileşimi arttırmıştır. Bu etkileşimin olumlu taraflarından söz edilebileceği gibi tehlikeli yanları da göz ardı edilmemelidir.

Kanadalı sosyal medya kullanıcıları üzerine yapılan bir araştırmaya göre kullanıcılar daha çok mesleğinde profesyonelleşmiş gazetecilerin sosyal medya üzerinden ürettikleri içeriklere güvenme eğiliminde oldukları sonucuna ulaşılmıştır (Hermida vd., 2012'den akt. Çömlekçi ve Başol, 2019, s. 59-60). Buna karşılık 2001 yılında ABD'deki bir üniversitenin iletişim öğrencileri üzerinde İnternet gazeteleri, gazetecilerin çevrimiçi blogları ve amatör kullanıcıların bloglarına yönelik kullanıcı güven düzeylerini ölçmek amacıyla gerçekleştirdikleri araştırmaya göre gençlerin çevrimiçi ortamda, profesyonel gazetecilere olan güvenlerinin amatör kullanıcıların yaptıkları paylaşımlara göre daha düşük seviyede olduğu bulgusuna ulaşılmıştır (Mackay ve Lowry'nin (2001, s.53-54'den akt. Çömlekçi ve Başol, 2019, s.60). Kullanıcıların sosyal medya ortamında kime, nasıl güvendiklerinin araştırılması gerekmektedir.

Sosyal medyaya yönelik güven son yıllarda sıklıkla tartışılmaktadır ve çeşitli araştırmalar ile bu durum açıklanmaya çalışılmıştır. Associated Press-NORC Kamuoyu Araştırma Merkezi ile USAFacts'in ortak gerçekleştirdiği, Amerikalıların haber kaynaklarına yönelik güvenini araştıran anketin sonuçlarına göre katılımcıların yüzde 11'i sosyal medyaya güvendiğini belirmiştir. Bu oran yüzde 24 orta derecede güvenenler ve yüzde 64 çok az veya hiç güvenmeyenler olarak ifade edilmiştir.[1]

---

[1] https://www.internethaber.com/amerikalilarin-sosyal-medyaya-guven-orani-cok-dusuk-2065986h.htm (Erişim Tarihi: 04.12.2019).

Çömlekçi ve Başol (2019)'un gerçekleştirdiği çalışmada ise profesyonel gazetecilerin ürettikleri haberler ile kullanıcıların ürettikleri veya paylaştıkları haberlere güven arasında bir fark olup olmadığı araştırılmıştır. Araştırmanın bulgularına göre katılımcılar sosyal medyada profesyonel gazetecilerin paylaştıkları içeriklere daha fazla güvenmektedir. Sosyal medyaya güven noktasında kanaat önderleri hala önemli bir rol oynamaktadır. Stroud ve Lee (2013) araştırmasının sonuçlarına göre sosyal medya üzerinden paylaşım yapan kişi alanında güvenilir bir kanaat önderi ise takipçilerin paylaşılan haberin güvenilir olduğuna dair inançları artmaktadır.

Sağlık iletişimi açısından bakıldığında sosyal medyada yer alan içeriklerin kimin tarafından paylaşıldığı oldukça önem kazanmaktadır. Sağlıkla ilgili bir bilgilendirmenin ya da tedavi önerisinin kimin tarafından paylaşıldığı içeriğe güvenme noktasında etkili olmaktadır. Kanaat önderleri olarak burada alanda uzman doktorlar veya kişilerin tavsiyeleri ve paylaşımları güvenilir algılanırken, yalnızca kişisel deneyime dayalı yorum ve öneriler yeterince sağlıklı bilgi içermediğinden güvenilir algılanmayabilmektedir. Emekçi ve Çetin, (2019) gerçekleştirdikleri bir araştırmada ise sosyal medya mecrası güvenilir algılanmadığı halde gündemi takip etme noktasında en fazla tercih edilen medya mecrası olduğu bulgusuna ulaşılmıştır. Sosyal medyada yer alan içeriklerin ne kadar güvenilir olduğu ayrıca incelenmesi gereken bir araştırma konusudur.

Kullanıcıların sosyal medyadaki içeriklerin güvenirliğine yönelik algısı değişkenlik göstermektedir. Bu konu ile ilgili Oxford Üniversitesi'nin Türkiye'de gerçekleştirdiği bir araştırmanın bulgularına göre katılımcıların yüzde 60'ı ana akım medyadaki haberlerin güvenirliğine inanmadıkları için sosyal medyaya yöneldiklerini belirtmişlerdir. Bunun en temel sebebi olarak ise ana akım medyanın hükümet tarafından kontrol edildiğine yönelik inançtır. Oxford Üniversitesi bünyesinde yer alan Reuters Gazetecilik Çalışma Enstitüsü'nün, her yıl yayınlanan Dijital Haber Raporu'na göre dünya çapında kişiler yüzde 54 oranında haberlere ulaşmak için sosyal medyayı kullanmaktadır[2]. "HRI (Health Research Institute) tarafından yapılan araştırmaya göre ise, ABD'deki sağlıkla ilgili konularda hedef kitlenin üçte biri sosyal medyayı kullanmaktadır. PWC (2012) Health Research Institute'ün hedef kitle anketlerine göre 1060 Amerikalı yetişkinin üçte biri sosyal medya alanını, sağlık tartışmaları için "doğal bir habitat" olarak algılamaktadır". (Öztürk ve Öymen, 2014, s.116-117).

Sosyal medya ile ilgili yapılan araştırmalara genel olarak bakıldığında her ne kadar bazı konularda güvenilmez olarak algılansa da sosyal medya bugün kullanıcıların haber alma araçlarının başında gelmektedir. İçeriklere güven noktasında ise kimi zaman kanaat önderleri (alanda uzman kişiler) etkili olurken kimi zamanda amatör içerikler daha güvenilir algılanabilmektedir. Sağlıkla ilgili konular açısından bakıldığında sosyal medyanın oldukça aktif kullanıldığını söylemek mümkündür.

Sağlık İletişiminde Sosyal Medyanın Faydaları

Toplum sağlığını iyileştirme, olası sorunları önleme ve halk sağlığını korumak amacı ile medya araçlarından faydalanılmaktadır. Yeni medya araçları hızlı ve etkileşimli yapısı sayesinde halk sağlığı kampanyalarına dikkati çekme, etki uyandırma ve davranış değişikliği sağlama noktasında oldukça faydalıdır. Günümüzde, AIDS, kalp sağlığı, sigarayı bıraktırma, güvenli cinsel ilişki gibi pek çok sağlık kampanyasının duyurumu sosyal medya araçları kullanılarak gerçekleştirilmektedir. Ancak öncelikle etkili bir sağlık iletişimi gerçekleştirebilmek için ula-

---

[2] https://www.dw.com/tr/ara%C5%9Ft%C4%B1rma-t%C3%BCrklerin-medyaya-g%C3%BCveni-h%C4%B1zla-azal%C4%B1yor/a-39375789 (Erişim Tarihi: 04.12.2019).

şılmak istenilen hedef kitlenin demografik ve psikografik özelliklerinin iyi analiz edilmiş olması önemlidir.

Sağlık uygulamalarında sosyal medya kullanımının birtakım faydaları olduğu bilinmektedir. Bunların en başında hastalara ulaşma ve bilgilendirmede sağladığı kolaylık gelmektedir. Son zamanlarda internet dünyanın her yerinde sağlık konusunda ilk başvurulan mecralardan birisi haline gelmiştir. "Doktor araştırmak, hastalık belirtilerine bakmak, ilaçların yan etkilerini araştırmak, hastane sorgulamak, forumlarda tartışmak, doktorlarla anında iletişim kurmak ve doktor bloglarını takip etmek vb. birçok amaç ile internet ve sosyal medya kullanılmaktadır" (Çobaner ve Köksoy, s.3).[3]

Sağlık alanından sosyal medya araçlarını günümüzde sadece kurumlar değil bireysel olarak doktorlar ve sağlık uzmanları da kullanmaktadır. Sosyal medya araçlarını kullanarak hastalar ile iletişim kurmak daha etkileşimli bir ortam yaratmaktadır. İnternet teknolojileri bu kadar gelişmeden önce bir hastanın rahatsızlığı ile ilgili bilgi almak için öncelikle bir hastaneye gitmesi ve doktora görünmesi gerekmekteydi. Ancak günümüzde herhangi bir rahatsızlığı olan bir kişi hastaneye gitmeden önce hangi doktorun daha iyi olabileceğine dair internette ve sosyal medyada araştırma yapabilmektedir. Bilgi arayanlar sosyal medyada doktorla ilgili daha önceki deneyimlerini paylaşan hastaların yorumlarını inceleyebilmekte ve kendisi için en uygun olan hekimi seçebilmektedir.

Sağlık kurumlarında sosyal medyanın kullanım amaçları farklılık göstermektedir. "Genel olarak sosyal medya sağlık alanında hasta eğitimini sağlamak, hasta ile sağlık profesyonelleri arasındaki etkileşimi artırmak, sağlık ekipleri arasında iş birliği-

---

[3] https://www.academia.edu/7199569/Sa%C4%9Fl%C4%B1k_Alan%C4%B1nda_Sosyal_Medyan%C4%B1n_Kullan%C4%B1m%C4%B1_Twitter_da_-Sa%C4%9Fl%C4%B1k_Mesajlar%C4%B1 (Erişim Tarihi: 05.12.2019).

ni sağlamak, sağlık ile ilgili kampanyaları duyurmak, bilgi paylaşımında bulunmak, pazarlamaya katkı sağlamak, hasta uyumunu sağlamak ve hastalara danışmanlık yapmak amaçları ile kullanılmaktadır" (İlgün ve Uğurluoğlu, 2016, s.40).

Leimeister vd. (2008) sosyal medya araçların kanser hastalarının hastalıkla mücadelede sağladığı sosyal desteği araştıran çalışmada 301 kanser hastası ile gerçekleştirilen görüşmeler sonucunda sanal ilişkilerin, hastalara sosyal ve duygusal destek sağlamada oldukça önemli bir rol oynadığı bulgusuna ulaşmıştır (akt., Habibi vd., 2017, s. 76). Sosyal medya araçları kanser gibi kronik hastalıklarda hastalara destek olma, hastalıkla mücadelede motivasyon sağlama, duygusal paylaşımlarda bulunma gibi birçok imkân sağlamaktadır. Bu sayede hastalar geçirdikleri zorlu süreçlerde kendileri gibi olan diğer insanlar ile etkileşimde bulunup yalnızlık ve çaresizlik duygularıyla mücadele etme imkânı bulmaktadır.

Sosyal medya bilginin yayılması açısından çok hızlı ve etkili olabilmektedir. Örneğin sağlıkla ilgili bir kampanyanın duyurulması gerektiğinde ve kitleleri etkilemek söz konusu olduğunda sosyal medya bunun için en uygun mecradır. Sosyal medyanın kurumlara, hekimlere ve hastalara yönelik olmak üzere faydalarını üç kısımda incelemek doğru olabilir. Sınıflandırmak gerekirse sosyal medyanın bireylere, hekimlere ve kurumlara yönelik faydaları Tablo 1'de açıklanmaktadır (Bkz. Tablo 1).

Tablo 1: Sosyal Medyanın Avantajları

Kurumlar açısından	Hastalar açısından	Hekimler açısından
• Kurumsal iletişime katkı sağlar	• Kurumlar hakkında bilgi edinmeyi kolaylaştırır, şeffaflık sağlar	• Hekimlerin tanınırlığını arttırır
• Kurumsal kimliğe ve imaja katkı sağlar	• Sağlık bilgisine erişmeyi kolaylaştırır	• İtibar ve imajlarını yönetme imkânı sağlar
• Tanıtım ve pazarlama maliyetlerinde azalma sağlar	• Acil durumlarda hızlı bilgi edinmeyi sağlar	• Hastalar ile yüz yüze gelmeden bilgi alışverişinde bulunabilme imkânı sağlar
• Kurum itibarının geliştirilmesine imkân sağlar	• Diğer hastalarla etkileşim kurmaya bilgi alışverişi yapmaya imkân sağlar.	• Hasta tecrübeleri hakkında detaylı bilgi edinmelerini sağlar.
• Hasta ilişkilerini yönetme imkânı sağlar	• Hastaların yaşam kalitesinin arttırılmasına katkı sağlar	• Belirli hastalıklarla ilgili arama sıklıklarını izleyebilme ve kamunun yorumlarını daha iyi hizmet vermek açısından değerlendirme imkânı sağlar.
• Belirli hastalıklarla ilgili arama sıklıklarını izleyebilme ve kamunun yorumlarını daha iyi hizmet vermek açısından değerlendirme imkânı sağlar.	• Sağlık sorunlarına daha çabuk çözüm bulma imkânı verir	
• Görünürlük sağlar	• Gençler, etnik azınlıklar, çeşitli sosyoekonomik gruplar vb. arasında geleneksel yöntemlerle sağlık bilgilerine kolayca erişemeyenlere arasında bilgiye ve iletişime erişim sağlar.	
	• Genel halk ve hastalar için duygusal destek sağlar.	

Sosyal medya sağlıkla ilgili sosyal sorumluluk projelerini ve kampanyaları tanıtma açısından oldukça önemli bir mecradır. Örneğin sosyal sorumluluk org[4] sosyal sorumluluk projeleri platformu Türkiye'de gerçekleştirilen sosyal sorumluluk projelerinin duyurulmasını ve daha çok kişiye ulaşmasını amaçlayan bir topluluktur. Facebook ve Twiter hesapları da olan bu platformda gerçekleştirilen projelerin daha çok kişiye ulaşmasına çalışılmaktadır.

---

[4] http://www.sosyalsorumluluk.org/sos/saglik/ (Erişim Tarihi: 27.11.2019)

Sosyal medyanın hızlı ve etkileşimli yapısı bu tür kampanyaların kısa bir sürede ilgili hedef kitleye ulaşmasını sağlamaktadır.

Sağlık Bakanlığı'nın 2012 yılında gerçekleştirdiği araştırmaya göre dünyada ve Türkiye'de ilk iki ölüm sebebi arasında kalp rahatsızlıkları gelmektedir (http://www.saglik.gov.tr, akt. Öztürk ve Öymen, 2014, s.119). Sağlık iletişimi noktasında sosyal medyanın toplumun kalp sağlığını korumak açısından stratejik bir öneminin olduğundan bahsedilmektedir. İletişim teknolojilerinde meydana gelen gelişmeler sayesinde hızlı ve etkileşimli iletişime imkân sağlayan sosyal medya araçları toplumu bilinçlendirmek noktasında verimli ve etkili bir şekilde kullanılabilmektedir.

Sağlık İletişiminde Sosyal Medyanın Dezavantajları

Sosyal medyanın kullanım amacı kurumlar temelinde değişmektedir. Sağlık alanında hizmet veren kamu ve özel kuruluşlar sağlıkla ilgili mesajlarını sosyal medya yaygınlaşmadan önce geleneksel medya mecraları aracılığı ile vermekteydiler. Sosyal medyanın gelişmesi ve yaygınlaşması ile birlikte günümüzde kâr amacı gütmeyen kamu kuruluşları da dahil olmak üzere sosyal medyayı kullanmaya başlamıştır.

Sosyal medya doğru ve amaçlarına uygun olarak kullanıldığında kişilere ve toplumlara önemli faydaları bulunmaktadır. Ancak yerinde ve doğru kullanılmadığında ise birtakım zararlarının olduğunu söylemek mümkündür. Bu tehlikelerin başında sosyal medyadan elde edilen bilgilerin güvenirliği gelmektedir. Sosyal medyada anonim kişilerin paylaştıkları güvenilir olmayan ve sağlığı tehdit edebilecek içerikler yer almaktadır. Kişilerin bu bilgileri iyi yorumlaması ve güvenilir kişileri takip etmesi riskleri azaltmak açısından önemlidir. Sosyal medyanın faydalarının olduğu gibi hastalar, kurumlar ve sağlık profesyonelleri açısından çeşitli tehlikeleri ve dezavantajları bulunmaktadır. Bunları şu şekilde açıklamak mümkündür (Bkz. Tablo 2).

Disiplinlerarası Yaklaşımla Sosyal Medya

Tablo 2: Sosyal Medyanın Taşıdığı Riskler

Kurumlar açısından	Hastalar açısından	Hekimler açısından
• Sosyal medyada kurumu yönetmenin bir gereklilik olması ve risklerin bulunması	• Bilgilerin güvenirliğinden emin olunamaması	• Sosyal medyada hekimlerin hasta yorumlarından etkilenme ihtimali
• Kurumsal itibara yönelik krizlerin çabuk yayılma ihtimali ve kuruma zarar verme olasılığı	• Hasta gizliliğinin ve mahremiyetinin ihlal edilme tehlikesi	• Sosyal medyada hekimler hakkındaki yorumların hekimin itibarına zarar verme ihtimali
• Kurumsal pazarlama maliyetlerini arttırması	• Hastalara sağlık problemleri ile ilgili yanlış tavsiyelerde bulunulması	• Hekimle ilgili olumsuz tecrübelerini anlatan hastaların hekimin itibarına zarar vermesi
• Kurumla ilgili olumsuz tecrübelerini anlatan hastaların kurumun itibarına zarar vermesi	• Hastaların olumsuz sağlık tecrübelerini anlatan hastalardan etkilenmesi	
• İnternet okuryazarlığı gelişmemiş olan hastalarla istenilen iletişimin kurulamaması	• Sosyal medya kullanırken paylaşılan bilgilerin güvenliği ve bütünlüğünün olmayışı	

Yukarıdaki tabloda da özetlendiği gibi sosyal medyanın hastalara kurumlara ve hekimlere yönelik birtakım riskleri bulunmaktadır. Avantajların yanında bu risklerde göz önünde bulundurularak sosyal medya mecrasında dikkatli olunması gerekmektedir. Gerekli önlemler alınmadığı taktirde sosyal medya çeşitli riskleri de beraberinde getirmektedir.

Sağlık İletişimi ve Sosyal Medya Üzerine Yapılan Araştırmalar

Geleneksel medya kampanyaları halk sağlığında çok çeşitli amaçlar için yaygın olarak kullanılmaktadır. Halkın bilinçlendirilmesi ve bir dereceye kadar davranış değişikliği gerçekleştirmek açısından olumlu sonuçlar göstermiştir. Ancak daha fazla tüketici, sağlıkla ilgili bilgiler için internete yöneldikçe, sağlık kuruluşları, sosyal medyayı halkla bağlantı kurmanın bir aracı olarak kullanmaya başlamıştır. Sosyal medya kullanımının hızlı ve katlanarak büyümesi göz önüne alındığında, halk sağlığı örgütleri tarafından etkili uygulamaların geliştirilmesi ve sosyal medyayı her geçen gün halk sağlığı uygulamalarına uyarlamak çok önemlidir (Anand vd., 2013, s.44).

Kişilerin sağlık alanında sosyal medya mecralarını neden ve nasıl kullandıkları son zamanlarda gerçekleştirilen araştırmaların konusu olmuştur. Sağlık profesyonellerinin ve hastaların sosyal medyayı kullanma motivasyonları birbirinden farklılaşmaktadır. Sağlık profesyonellerinin ve hastaların sosyal medya kullanımlarını araştıran bir çalışmada jinekoloji alanında hastaların ve sağlık profesyonellerinin sosyal ağlardan Facebook, Twitter, LinkedIn ve Youtube kullanımları çevrimiçi anket çalışması ile incelenmiştir. Araştırmanın bulgularına göre hastalar sosyal ağları Facebook'u (%52,3), Twitter'ı (%59,9) bilgi alışverişi ve sosyal destek için kullanırken, sağlık profesyonelleri, meslektaşları ile iletişim kurmak ve pazarlama amaçlı sebepler ile öncelikle LinkedIn (%70,7) ve Twitter'ı (%51,2) kullanmaktadır (Antheuniset vd., 2013).

Seale vd. (2006) da gerçekleştirdikleri bir araştırmada kanser öyküsü olan 97 kişi ile görüşmüş ve bu kişilerin internet ve sosyal medyadan nasıl yararlandıklarını araştırmıştır. Araştırmanın bulgularına göre prostat kanserine yakalanan erkek hastalar ile göğüs kanserine yakalanan kadın hastaların interneti kullanımları arasında fark olduğu tespit edilmiştir. Erkek hastaların interneti kullanım amaçları hastalık ile ilgili bilgi aramakken, göğüs kanserine yakalanan kadın hastaların interneti kullanım amaçlarının sosyal ve duygusal destek aramak olduğu bulgusuna ulaşılmıştır (akt., Habibi vd., 2017, s. 76).

Yetişkinlerde sağlıkla ilgili sosyal medya kullanımını araştıran Thackeray vd. (2013), 1745 ile gerçekleştirdikleri araştırmanın sonuçlarına göre yetişkinlerin sağlıkla ilgili bilgi almak için sosyal medyayı kullandıkları bulgusuna ulaşmışlardır. Bunun yanında düzenli sağlık hizmeti sağlayıcıları, kronik hastalığı olanlar ve daha küçük yaş grubundaki kişilerin, sağlıkla ilgili sosyal medya araçlarını kullanma olasılıkları daha fazladır. Sosyal medya son zamanlarda daha geniş kullanıcı kitlesine ulaşmıştır ancak bu genişleme yaş grupları arasında eşit bir şekilde dağılmamaktadır. Bu nedenle, sosyal medyayı kullanan sağlık iletişimi programları, mesajların hedef kitleye ulaşmasını sağlamak için öncelikle hedeflenen nüfusun yaşını dikkate almalıdır. İnternet erişiminde ırksal / etnik ve sağlık statüsüyle ilgili eşitsizlikler olsa da İnternet erişimi olanlar arasında bu özellikler sosyal medya kullanımını etkilememektedir. (Chou vd., 2009).

Beckjord vd. (2003) göre 2003 yılında, internet kullanıcılarının yüzde 7'si bir sağlık kuruluşu ile çevrimiçi iletişim kurmuştur ve bu yaygınlık 2005 yılında yüzde 10'a yükselmiştir. Çok değişkenli analizlerde, metropolde yaşayan, sağlık durumunun kötü olduğunu bildiren veya kanser öyküsü olan internet kullanıcılarının, sağlıkla ilgili çevrimiçi ortamları kullanma olasılıklarının daha yüksek olduğu bulunmuştur.

Sağlık hizmeti tüketicileri ve sağlık hizmeti sağlayıcıları için çevrimiçi hasta-sağlık hizmeti sağlayıcısı iletişiminin kullanılabilirliğini ve etkinliğini en üst düzeye çıkarmak için politika düzeyinde değişikliklere ihtiyaç vardır. Tarver vd. (2018) araştırmasına göre çevrimiçi sağlık hizmeti sağlayıcılarıyla çevrimiçi iletişim kuran internet kullanıcılarının oranı 2003'ten bu yana önemli ölçüde artmıştır. Bu eğilimler cesaret verici olsa da bazı gruplara erişim sorunları hala potansiyel olarak iletişim ile ilgili yeni sağlık eşitsizliklerine yol açmaktadır. Öztürk ve Öymen (2014)'in Türkiye'deki kalp sağlığına hizmet eden kâr amacı gütmeyen kuruluşların sosyal medya araçlarını nasıl kullandıkları üzerine gerçekleştirdikleri araştırmanın sonuçlarına göre kâr amacı gütmeyen kuruluşların sağlık iletişimi çalışmaları yeterli bulunmamıştır. Sosyal medya uygulamaları halk ile iletişim kurmada fırsatlar sunmaktadır ve sağlık eşitsizliği noktasındaki boşlukların giderilmesinde önemli katkıları olmaktadır. Fakat Türkiye'de kalp sağlığı ile ilgili kâr amacı gütmeyen kuruluşların sosyal medya kanallarını etkili bir şekilde kullanamadıkları gözlenmiştir (Öztürk ve Öymen, 2014). Sağlık iletişimi noktasında internet ve sosyal medya kullanımının internete erişimi olmayanlar açısından birtakım eşitsizlikler meydana getirdiğini söyleyen bir başka çalışma ise Sadah vd., (2015) tarafından gerçekleştirilmiştir. Sağlık iletişiminde internet ve sosyal medyanın kullanılmasında kimi zaman istenilen hedef kitleye verimli bir şekilde ulaşılamamaktadır. Bunun en temel sebeplerinden bazıları yeterli teknolojik donanıma sahip olunmaması ve teknoloji kullanımının istenilen düzeyde olmamasıdır. Genç nüfus sosyal medyayı aktif ve sık kullanırken, yaşlı nüfusta bu oran istenilen düzeyde değildir. Bu durum bazı eşitsizliklere neden olmaktadır.

Üniversite öğrencilerinin sosyal medya kullanım alışkanlıklarını ve sağlık okuryazarlıklarını araştıran Gençer vd. (2019) araştırmalarının bulgularına göre üniversite öğrencilerinin e-sağlık okuryazarlığı noktasında belirli bir aşamaya ulaştıkları bulunmuştur ve sosyal medya yoğun bir şekilde kullanılmaktadır. Araştırmanın bulgularına göre *"Sosyal medya araçları üzerinde sağlık içeriklerine ulaşma, kaynak tarama, kaynakları kullanma gibi birçok başlıkta artan bir eğilim söz konusudur. Yalnızca hasta olma durumunda değil sağlıkla ilgili son güncel bilgileri takip etme, alandaki gelişmeler, tedaviye erişim, elde edilen sağlık bilgilerini değerlendirme, kaynaklar arasında yüksek/düşük kaliteli olanları ayırma gibi birçok tutum dijital sağlık alanında gelişim göstermektedir".*

Hastane tercihinde sosyal medyanın etkilerini araştıran bir çalışmada ise Çimen vd. (2015, s.1209) sosyal medyayı kullanan bireylerin yüzde 75,6'lık bir kısmının sosyal medyayı hastane tercihinde kullandıklarını göstermektedir. Bu çalışmaya göre sosyal medyayı kullanan bireylerin hastane tercihlerinde tercih öncesindeki sosyal medya eğilimleri araştırılmış ve sosyal medyadaki bilgilerin güvenirliği, hastane tercih etmedeki rolü, diğer kişilerin tavsiyeleri, yorumlar ve hastanenin sosyal medyadaki etkileşiminin önemli olduğu bulgusuna ulaşılmıştır (Çimen vd. 2015).

Sosyal Medyayı Etkili Kullanmak İçin Öneriler

Yeni iletişim teknolojileri ve sosyal medya araçlarının kullanılmasının yaygınlaşması birçok alanda olduğu gibi sağlık alanında da iletişim şeklini değiştirmiştir. Günümüzde sağlık sektöründe çalışan profesyonellerin ve hastaların sağlık konularında bilgi aramak veya paylaşımda bulunmak için sosyal medya araçlarını yoğun bir şekilde kullandıkları bir gerçektir. Artık pek çok insan bir sağlık sorunu yaşadığında öncelikle internetten bu konu ile ilgili bilgi almakta ve daha önce bu sorunu yaşayanların deneyimlerini incelemektedir. Bu artışın en temel nedeni tüm dünyada internet kullanımının artması ve diğer pek çok konuda olduğu gibi sağlık alanında da internetin ilk başvuru kaynaklarından biri haline gelmesidir. Bunun yanında bu araçların kolay ulaşılabilir ve ucuz olması da kullanım sıklığının artmasında önemli bir etkendir.

Sağlık iletişiminde sosyal medyayı etkili kullanmak için birtakım yöntemler geliştirilebilir. Günümüzde çevrimiçi izleyicilerin yalnızca web sayfalarını değil çeşitli sosyal medya sayfalarını da aktif olarak kullandıklarını bilmekteyiz. Sağlıkla ilgili mesajları istenilen hedef kitleye ulaştırmak ve içerik paylaşmak için öneriler geliştiren Robledo, Twitter, Facebook ve YouTube için şu önerileri yapmaktadır:

1. Twitter, gerçek zamanlı olarak yayınlanan sürekli bir içerik akışı sağlamaktadır. Bu nedenle Twitter, izleyicileri

iki yönlü iletişimde buluşturan sağlık bilgileri ve duyuruların yayımı için bir kanal olarak kullanılabilir.

2. Facebook'ta, bireyler ve kurumlar kolayca kişisel profiller oluşturabilmekte, paylaşımlarda bulunabilmekte, mesajlaşabilmekte ve ortak ilgi alanlarına göre düzenlenmiş gruplara katılabilmektedir. Özellikle sağlık pazarlamacıları açısından Facebook sağlıkla ilgili kampanyaları yaymada ve etkinlik geliştirme de uygun bir ortam sunmaktadır.

3. YouTube, video içeriğini yüklemek, paylaşmak, görüntülemek ve yorum yapmak için kullanılabilecek bir video paylaşım sitesidir. Video, sağlık mesajlarını vurgulamak ve iletmek için kullanılabilir. YouTube içeriği, kullanıcıların kendi web sitelerinde ve sosyal ağlarında paylaşılma ve yayılma potansiyeline sahiptir (Robledo, 2012, s.88).

Hastalarla iletişimde mobil iletişim teknolojileri ve mobil uygulamalar da verimli bir şekilde kullanılabilir. Türkiye'de de akıllı telefon kullanım oranının artması ile birlikte mobil sağlık uygulamalarının kullanımı da yayılmaktadır. Son yıllarda yeni teknoloji ürünleri sağlık okuryazarlığının arttırılması amacı ile kullanılmaya başlanmış ve bu sayede daha fazla kitleye ulaşılabilmiştir. Mobil teknolojiler sayesinde zaman ve mekan problemi çözülmüş ve kişilerin sağlık okuryazarlığı konusunda bilinçlenme düzeyi arttırılarak yaşam kaliteleri yükseltilmiştir (Işık, 2019, s.92).

Önceki bölümlerde sağlık sektöründe sosyal medyanın kullanılmasının sağlık kurumlarına ve hastalara iletişim kurmada kolaylık, bilgi edinme sağlık kurumları açısından da görünürlük gibi faydalarının olduğundan söz etmiştik. Kurumlar açısından bakıldığında her sektörde olduğu gibi sosyal medyanın etkili kullanılması için bir takım yöntem ve stratejilerin geliştirilmesi gerekmektedir. Sağlık kurumları sosyal medya hesaplarını yönetirken şu noktalara özen göstermesi kurum açısından avantajlı olacaktır:

- Etkileşimli olun, sosyal medya hesaplarınızı yönetecek bir yönetici atayın.
- Sosyal medyadaki paylaşımlarınız kurum kimliğinize, imajınıza ve itibarınıza etki edeceğinden bir strateji belirleyin.
- Hastaların ve sosyal medyada size soru soran içeriklere yorum yapan katılımcılara mutlaka yanıt verin, etkileşimde kalın.
- Tutarlı ve dengeli olun.
- Hastaları ilgilendirecek önemli bilgilendirmeleri mutlaka tekrarlayarak paylaşın.
- Mobil teknolojilerin sunduğu imkânlardan faydalanın hedef kitleye mobil yönelik uygulamalar geliştirin.

Sosyal medyadan özel kurumların yayında devlet kurumları da halk sağlığını korumak amaçlı faydalanmalıdır. Sosyal medya geleneksel medyaya oranla mesajların yayılması noktasında oldukça hızlıdır. Sosyal medyanın bu imkânlarından hastalıkların önlenmesinde ve kamunun bilgilendirilmesi sürecinde faydalanılabilir. Hastalıkların önlenmesinde birincil olarak kişilerin hastalıkların riskleri hakkında bilgilendirilmesi ve bu risklerden uzak tutulması amaçlanmaktadır. İkincil önlem sürecinde ise kişilerin sağlıklarını korumaları ve bu durumun devam ettirilmesi adına yeni alışkanlıklarına kazandırılmasına çalışılmaktadır. Üçüncül süreç ise var olan rahatsızlığın yeni bir rahatsızlığa sebep olmaması için gerekli önlemlerin alınması vardır (Işık, 2019, s.45).

Halk sağlığını korumak adına geliştirilen kampanyalarda asıl amaç kişileri hastalığın riskleri hakkında bilgilendirmek ve bu hastalıktan korunmaları için kişilere yeni alışkanlıklar kazandırmaktadır. Sigarayı bıraktırmak, bulaşıcı hastalıklardan korunmak uyuşturucu ve bağımlılık yapan maddelerle mücadele, kanseri önleme ve sağlıklı yaşam için sporu teşvik etme gibi pek çok bilgilendirme kampanyasında sosyal medyadan yararlanılmaktadır. Yapılan araştırmalar da gençlerin ve yetişkinlerin sağlıkla ilgili bilgi edinmek için sosyal medyadan sıklıkla yararlandığı gözlemlenmektedir. Yetişkinler hastalıklarla ilgili bilgi ararken gençler daha çok spor, fitness ve cinsellikle ilgili bilgileri sosyal medyada aramaktadır (Eysenbach, 2008, s.125 akt. Gençer vd., 2019, s. 45). Sağlıkla ilgili gerçekleştirilecek olan bilgilendirme ve kampanyalar kişilerin ilgi alanlarına göre düzenlenebilir.

Gündelik hayatta insanlar pek çok kaynaktan bilgi edinmektedirler. Günümüzde bu kaynakların başında internet ve sosyal medya gelmektedir. Ancak farklı kaynaklardan iletilen bu bilgilerin paylaşımı internet ve sosyal medyada kontrolsüz bir şekilde gerçekleşmektedir. Bu noktada sağlık okuryazarlığı ve medya okuryazarlığı devreye girmektedir. Sosyal medya ve sağlık konuları incelendiğinde göz önüne alınması gereken bir diğer konuş ise sağlık okuryazarlığıdır. Sağlık okuryazarlığı, bireylerin uygun sağlık kararlarını alabilmek için gereken temel sağlık bilgilerini ve hizmetlerini alma, işleme ve anlama kapasitesine sahip olmasıdır. Sağlık okuryazarlığı insanlara:

- Sağlık hizmetlerinden doğru yararlanabilme, karmaşık sağlık formlarını doldurabilme, yerel ve ulusal sağlık hizmeti sağlayıcılarını bulma,
- Sağlık hizmeti sağlayanlara kişisel sağlık bilgilerini paylaşabilme,
- Kronik hastalıklarda öz bakımını sağlama,
- Olasılık ve risk gibi matematiksel kavramları anlama imkânı sağlar[5].

Bu açıdan kamu kuruluşları ve özel kuruluşlar sosyal medyayı etkili kullanabilmek adına hedef kitlesinin sağlık okuryazarı olabilmesi adına gerekli eğitimleri düzenlemelidir. Günü-

---

[5] https://health.gov/communication/literacy/quickguide/factsbasic.htm (Erişim Tarihi: 30.12.2019).

müzde iletişim teknolojileri oldukça gelişmiştir. İnternet ve sosyal medya araçları kullanılarak bireylere çeşitli sağlık eğitimleri verilebilir. Sosyal medya araçları ile uzman kişiler kamuyu bilgilendirme adına gerekli konularda bilgilendirici eğitimleri düzenlemelidirler. Bu şekilde bireylerin sosyal medyada dolaşan sağlıkla ilgili yanlış bilgileri eleme imkânları doğrulabilir.

Son olarak sosyal medyanın kurumlara sağlayabileceği bir diğer fayda ise reklam ve pazarlama çalışmalarına olan katkısıdır. Sağlık alanında reklam çalışmalarının yasak olması, sınırlı şekilde izin verilen tanıtım kampanyalarında istenilen hedeflere ulaşılamaması ve yüksek maliyetler kurumlar açısından sosyal medyayı bir fırsata döndürmek için etkili olabilir (Çimen vd. 2015, s.1209). Sosyal medya aracılığı ile istenilen hedef kitleye rahatlıkla ulaşılabilmektedir. Aynı zamanda bu mecranın geleneksel medya araçlarına göre reklam maliyetlerinin oldukça düşük olması da kurumlar açısından değerlendirilmesi gereken önemli bir avantajdır.

Kaynakça

Anand, S., Gupta, M., Kwatra, S. (2013). Social Media and Effective Helath Communication. *International Journal of Social Science & Interdisciplinary Research*, 2(8), ss.39- 46.

Antheunis, M.L., Tates, K., Nieboer, T.E. (2013). Patients'and health professionals' use of social media in healthcare: Motives, barriers and expectations. *Patient Education and Counseling*, 92, ss.426-432.

Beckjord E, Finney Rutten L, Squiers L, Arora N, Volckmann L, Moser R, Hesse B (2007). Use of the Internet to Communicate with Health Care Providers in the United States: Estimates from the 2003 and 2005 Health Information National Trends Surveys (HINTS) Journal of Medical Internet Research,;9(3):e20.

Chou WYS, Hunt YM, Beckjord EB, Moser RP, Hesse BW (2009). Social Media Use in the United States: Implications for Health Communication, *Journal of Medical Internet Research*, 11(4):e48

Çömlekçi, M. F., Başol, O. (2019). Sosyal Medya Haberlerine Güven ve Kullanıcı Teyit Alışkanlıkları Üzerine Bir İnceleme. *İletişim*, 30, ss.55-77.

Emekçi, S., Çetin, S. (2019). Post-Truth İçerikler ve Paylaşılma Motivasyonları Üzerine Bir İnceleme. Yeni Zamanlar ve Halkla İlişkiler Konferansı, 24-26 Nisan 2019. http://konferans.ab-pr.com/#

Eysenbach, G. (2008). Credibility of Health Information and Digital Media: New Perspectives and Implications for Youth. Digital Media, Youth, and Credibility, pp. 123-154.

Gencer T., Z., Daşlı, Y., Biçer, E.B. (2019). Sağlık İletişiminde Yeni Yaklaşımlar: Dijital Medya Kullanımı. Selçuk Üniversitesi Sosyal Bilimler Meslek Yüksekokulu Dergisi, 22 (1), pp.42-52.

Habibi, L., Farpour, H.R., Pirzad, R. (2017). How Does Social Media Affect Health Communication? *International Journal of Brain and Cognitive Sciences 2017*, 6(4). pp.74-79.

Işık, T. (2019). *Türkiye'de Sağlık Kurumlarının Sosyal Medya Uygulamaları*. Konya: Eğitim Yayınevi.

İlgün, G., Uğurluoğlu, Ö. (2016). Sağlık Sektöründe Sosyal Medyanın Kullanımı, Yararları ve Riskleri, *"IS, GÜÇ" Endüstri Iliskileri ve Insan Kaynakları Dergisi*, 18(3), pp.24-48.

Leimeister, JM., Schweizer, K., Leimeister, S., & Krcmar, H. (2008). Do virtual communities matter for the social support of patients?: Antecedents and effects of virtual relationships in online communities. *Information Technology & People*. 21 (4). pp.350 – 374.

Öztürk, R. G., Öymen, G. (2014). *Sağlık İletişiminde Sosyal Medya Kullanımının Stratejik Önemi: Türkiye'de Kalp Sağlığı ile İlgili Kâr Amacı Gütmeyen Kuruluşlar Üzerine Bir Değerlendirme*. http://iletisimdergisi.gsu.edu.tr/tr/download/article-file/82918

PWC Health Research Institute. (2012), Social Media "Likes" Healthcare: From Marketing to Social Business", 1-40, http://www.pwc.se/sv_SE/se/bioteknik/assets/social-media-healthcare.pdf, 20.11.2012.

Robledo, D. (2012). Integrative use of Social Media in Health Communication. *Online Journal of Communication and Media Technologies*, 2(4), pp.77-95.

Sadah SA, Shahbazi M, Wiley MT, Hristidis V A Study of the Demographics of Web-Based Health-Related Social Media Users J Med Internet Res 2015;17(8):e194.

Seale, C., Ziebland, S,. & Charteris-Black, J. Gender, cancer experience and internet use: a comparative keyword analysis of interviews and online cancer support groups. *Social science & medicine*.2006: 62(10): 2577-2590.

Stroud, N. J. ve Lee, J. K. (2013). Perceptions of Cable News Credibility. *Mass Communication & Society*. 16. pp.67–88.

Thackeray R, Crookston BT, West JH (2013). Correlates of Health-Related Social Media Use Among Adults Journal of Medical Internet Research, 15 (1):e21.

Tarver WL, Menser T, Hesse BW, Johnson TJ, Beckjord E, Ford EW, Huerta TR (2018). Growth Dynamics of Patient-Provider Internet Communication: Trend Analysis Using the Health Information National Trends Survey (2003 to 2013) Journal of Medical Internet Research, 20(3):e109.

Sosyal Medyanın Örgütlenme Gücü

*Ali Emre Dingin**

Giriş

Tarihsel süreçte birçok yönden değişim ve dönüşüm gösteren toplumlar farklı isimlerle (sanayi sonrası toplum, post modern toplum, enformasyon toplumu olarak) tanımlanmaya çalışılmaktadır. Yeni kavramlarla ve tanımlamalarla açıklanmaya çalışılan günümüz toplumundaki değişimler siyasal yaşamda da kendisini göstermektedir. Son dönemde dünyada enformasyon ve iletişim teknolojilerinde çok hızlı bir değişim ve dönüşüm yaşanmaktadır. Bu alanlarda yaşanan gelişmeler toplumsal yapıyı derinden, çok boyutlu ve çok katmanlı olarak etkilemektedir. Özellikle toplumsal hareketlerin örgütlenme yapısında "yeni" olarak nitelendirebileceğimiz, önceki örgütlenme yapılarından farklı bir parametre biçimi gözümüze çarpmaktadır. Gelişen iletişim teknolojileri ve ağlar toplumsal hareketleri ve en temelde örgütlenme sürecini kendi alanlarına çekmektedir. Böylece yeni toplumsal hareketlerde örgütlenme, tartışma, organize olma, taraf toplama gibi süreçler sosyal medyanın ortamına kaymaktadır.

Bugün, günümüz toplumlarındaki neredeyse hemen hemen herkes sorun yaşadığı bir durumu anlatmak ya da rahatsız olduğu bir meseleye çözüm üretmek arayışını sosyal medya kanallarında yürütmektedir. Çünkü sosyal paylaşım ağlarının al-

---

* Araştırma Görevlisi Doktor, Aydın Adnan Menderes Üniversitesi İletişim Fakültesi Gazetecilik Bölümü, aemredingin@gmail.com

dığı hal toplumsal ya da bireysel meseleleri konuşmak, duyurmak ve hatta harekete getirmek için oldukça elverişli bir sahadır. Sosyal medya bu özelliği ile bir kamusal alan yaratımını sağlarken, sosyal medyayı çok sesliliğin oluştuğu, yeni agorolar olarak görmek mümkündür.

Sosyal medya bugün örgütlemenin en ucuz, en masrafsız, en risksiz (sokak eylemlerine kıyasla kolluk kuvvetlerinin müdahalesin olmadığı) bir alandır. Bu bakımdan da sosyal medya kullanıcılarına zaman ve mekân sınırı kaldırarak özgür bir örgütlenme ve örgütleme alanı yaratmaktadır.

Ağ toplumundaki hızlı değişimlerde en önemli payı "enformasyon teknolojileri' oluşturmaktadır. Bu değişimler, son dönemde dijital bir kültür oluşturmuş ve bu kültür farklı dilleri konuşan, farklı ulusların sanal bir toplum olarak var olmalarını sağlamaktadır. Mesafeleri ortadan kaldırarak, toplumları birbirlerine yaklaştıran, iç içe geçiren ve hatta yeni toplumlar oluşturan bilgi otobanları, isteyen herkesin elektronik bilgi merkezlerine dünyanın neresinde olursa olsun ulaşmasını sağlamaktadır. Bundan dolayı, enformasyon teknolojileri çağdaş toplumun şekillenmesinde aktif bir rol, belki de başrol oynar hale gelmektedir (Dönmez ve Sincar, 2008, s.3). Castells'e (2013, s.89) göre, günümüz teknolojik paradigmanın ilk özelliği, temelinin enformasyona dayalı olmasıdır. İkinci özelliği, yeni teknolojilerin etkilerinin yayılımıyla ilgiliyken, üçüncü özelliği ise, bu yeni enformasyon teknolojilerini kullanan bir sistemin ya da ilişkiler kümesinin ağ kurma mantığıyla ilgilidir. Yeni iletişim teknolojileri ve dünyayı saran iletişim ağları, "bireyleri günlük hayatın fiziki sınırlılıklarından arındırmış ve onlara alternatif bir yaşam alanı sunmuştur" (Haberli, 2012, s.119). Birçok insan için bu ağlar gündelik yaşamın parçası haline gelmektedir.

Teknolojik ağların toplumların gündelik yaşam pratiklerini dönüştürmelerinin yanında, siyasal tutumlarını da değiştirdikleri söylenebilir. Sosyal ağ teknolojileri ile iç içe geçmiş durumda olan bireylerin örgütlenme şekillerine etkisi göz ardı edilmektedir. Bu bağlamda çalışma kapsamında sosyal medyanın toplumsal hareketlerdeki örgütlenme gücünü ölçmek için analizler yapılmaktadır.

Ağ Toplumu ve Örgütlenme

Toplumların nasıl bir değişim gösterdiğinin anlaşılması için buna etki eden faktörlerin ele alınması gerekmektedir. Günümüz toplumunu açıklamada, Castells'in ifadesiyle (2013) "ağ toplumu" yani "kitlesel öz iletişim" en sık kullanılan kavramdır.

Gelişen internet teknolojilerinin bir sonucu olarak ortaya çıkan sosyal medya, kitle iletişim ve örgütlenme yapısını değiştirmektedir. İletişim artık yer ve zaman kısıtlamalarından bağımsız yapıya dönüşmektedir. Kimilerine göre dünya insanın ayağına gelmekte, kimilerine göre ise kişi çeşitli ağlar ile dünyaya gitmektedir (Akdağ, 2019, s. 20). Bu bakımdan zaman ve mekân kısıtlamasından bağımsız olarak kullanıcılara iletişim süreci içerisinde hem "alıcı" hem de "kaynak" olabilme imkânı tanıyan sosyal medya ile ana akım medyada seslerini duyur(a)mayan dez-avantajlı bireyler hızlı ve anlık bir iletişim kurabilmeye, örgütlenmeye ve taraftar kazanmaya başlamaktadır. Sosyal medya dezavantajlı bireylere sağladığı bu olanaklar ile günümüz toplumsal hareketlerin merkezinde yer almaktadır. Toplumsal hareketlerin eyleme dökülmüş bütün türlerinde iletişim ve örgütlenme anlamında sosyal medya bu mekanizmanın merkezinde yer almaktadır (Aksu, 2017, s.147).

Peki bu yeni örgütlenme biçimleri nerede nasıl çıktı diye sorulduğunda Castells (2013), bu soruların cevabına *İsyan ve Umut Ağları* kitabında yanıt vermektedir. Castells'in (2013), gözünde Tunus ve İzlanda her şeyin başladığı yerdir. Çünkü eylemler, şirketlerin ve siyasilerin kontrolü dışında yeni bir yol bulmaktadır.

Sosyal medya, genç kuşağın, özellikle eylemci gençlerin dünyanın birçok ülkesinde siyasi anlamda değişimler ve etkiler için, siyasetin kontrolünün ötesinde yeni bir yol sunmaktadır. Castells'e göre (2013), Mısır'da, İspanya'da (Indignadas), Arap coğrafyasında, ABD'de (Occupy Wallstreet) ve Türkiye'de (Gezi Parkı) isyan hareketlerini açıklayabilmek için bu hareketlerin iyi analiz edilmesi gerekmektedir. İlk bakışta hiçbir noktası olmadığı düşünülse de bu hareketleri birbirlerine yaklaştıran ortak noktaları bulunmaktadır. Castells'in ifadesiyle "yeni bir devrimci çağın emareleri" (2013:11) olarak görülmektedir. İzlanda'da finansal çöküş, Tunus'ta işsiz olan genç Muhammed Buazizi'nin kendisini yakması küresel anlamda birçok olayı tetiklemektedir. Bu iki vaka da internetteki sosyal ağlar, insanları harekete geçirecek görüntü ve mesajların yayılmasında, bir tartışma platformunun oluşturulmasında, böylece eyleme geçme çağrısında bulunulmasında, protestoların koordine edilip örgütlenmesinde büyük bir rol oynamaktadır. Bununla birlikte dünya geneline yayılan diğer isyanlara esin kaynağı olmaktadır. Castells, bu yeni isyan biçiminin doğumunda ve hedefine ulaşmasında, kablosuz iletişim ağlarının belirleyici rolünü her fırsatta tekrar tekrar dile getirmektedir. Onu ifadesiyle yaşanan gelişmeler birer "İnternet devrimi" (2013, s.67) niteliğindedir. Türkiye'de ise gezi parkı eylemleri ile sosyal medyanın ağ toplumu kurma özelliği ile yerel bir protesto eylemi bir anda kitlesel küresel çapta bir olaya dönüşmüştür (Yetimova, 2019, s. 68). Kısacası, Dünya'da ve Türkiye'de sosyal ağ üzerinde başlayan örgütlenmeler kısa süre de fiziki örgütlenmeleri oluşturmuştur.

Dünyanın birçok noktasında eş zamanlı ya da kısa zaman aralıklar ile ortaya çıkan ve birbirini etkileyen küresel hareketlerdeki iktidar mücadelesini Castells, "insanların zihinlerinde anlam yaratma savaşı" (2013) ve bu savaşın kalıcı biçimde galibi olabilmenin şiddet, yıldırma ve zorlama gibi geleneksel kontrol mekanizmalarının ötesinde, bireylerin zihinlerine sızacak, anlam yaratma süreçlerini etkileyecek yöntemlerle mümkün olduğunu ileri sürmektedir. Yeni iletişim teknolojilerinin gücü işte bu noktada kendini gösterir: İnternet ve sosyal ağlar, bireylerin arzularını, duygularını, öfkelerini ve aklından geçenleri birbirine bağlayarak küçük bir kıvılcımdan bir karşı iktidar hareketi üretme becerisine sahiptirler.

Castells'e göre (2013) isyanların ortak özelliklerinden biri "internetten ve kablosuz iletişim teknolojilerinden yapılan çağrılarla" ortaya çıkmış olmalarıdır. Mevcut iktidarın yaptırımlarına karşı başlayan isyanlar, dijital ağlar yoluyla birlikte domino etkisi göstererek geniş alanlarda yer bulmaktadır. Dikey hareketliliğin yerini alan yatay örgütlenme, ne geçmişin teknolojilerine ne de bir lidere ihtiyaç duymaktadır. Bu durumun en iyi örneği Occupy Wall Street işgali gösterilebilir. İşgal, kapitalizmi hedef almasına rağmen doğasında herhangi antikapitalizm ya da sosyalist bir anlayış bulundurmamaktadır.

Castells'in çalışmalarında eksiklikler olduğunu düşünen Paolo Gerbaudo, "Twitler ve Sokaklar: Sosyal Medya ve Günümüzün Eylemciliği" (2014) başlıklı çalışmasında, farklı tespitlerde bulunmaktadır. İnternet'in dönüştürme potansiyeline dair Shirky gibi tekno-iyimserlerin de, Morozov ve Gladwel gibi tekno-kötümserlerin de karşısında yer aldığını belirten Gerbaudo, dijital sosyal ağların sıkça tekrar edildiği gibi kendiliğinden ve tümüyle hiyerarşiden bağımsız gelişmediklerini ileri sürmektedir.

Siyasal Varolma Biçimi Olarak Sosyal Medyanın Kullanımı

"Tarihin sonu" tezlerinin görünür olduğu, ideolojilerin yani büyük anlatıların artık işlevsizleştiğinin, siyasetin sokaktan salonlara-meclislere taşındığının her gün yeniden ilan edildiği dönemin üzerinden çok zaman geçmeden, dünya isyanlarla çalkalanmaya başlamıştır. Ortadoğu ve Kuzey Afrika bölgesindeki ayaklanmaların hangi isimle anılması gerektiği tartışmaları hararetini henüz yitirmemişken, Avrupa ve ABD'de yüz binlerce insan meydanları işgal etti. 2008 ekonomik krizinin bu isyanlardaki etkisi artık inkâr edilemezken, birçok liberal "Marx haklıydı" demeye başlanmıştır (Keten,2013, s.111).

İsyanların ortaya çıktığı, hareketlenmelerin başladığı 2010 yılından bugüne, hareketlerin siyasi arka plan ve potansiyellerinin yanında en çok tartışılan özellikleri, yeni medya (sosyal medya) ile olan ilişkileriydi. Özellikle web 2.0 ortamının, insanlara ulaşma, eylemleri organize etme ve eylemlere dair ana akım medyanın görmediği haberleri dolaşıma sokma noktalarında aktif olarak kullanıldığı bu hareketler, sıklıkla "Twitter Devrimleri" gibi teknolojik determinist ve indirgemeci bir bakış açısıyla ele alınmaktadır. Bir diğer taraftan bazı kötümser araştırmacılar ise, sosyal medya ortamlarının kontrol amacıyla kullanılmasının daha elverişli olduğunu ifade etmektedirler (Keten, 2013, s.111). İnternet ve ağ teorileriyle tanıdığımız Manuel Castells, "İsyan ve Umut Ağları" başlıklı kitabıyla bu tartışmaya dâhil olmaktadır.

Günümüzde iktidar, dönüşen iletişim ortamı sayesinde ağlar etrafında örgütlendiğini söylemek mümkündür. Küresel anlam taşıyan ağların çeşitli kullanım amaçları bulunmaktadır. Bunları suç ağı, askeri ağı, kültür ağı şeklinde sayılabilmektedir. Hepsinin temel ortak amacı ise: "Toplumun kuralları ve normlarını esasen kendi çıkarları ve değerlerine cevap veren bir siyasi sistem üzerinden tanımlama yetisini denetlemek" (Keten, 2013, s.111).

Castells'e göre, her iktidar karşı-iktidarın varlığını koşullar. Eski tür hiyerarşik iktidar kurumlarının karşısında konumlanan merkezi karşı-iktidar örgütlenmeleri "isyan orduları veya devrimci partiler" bugün yerlerini tıpkı iktidar gibi, ağlar etrafında örgütlenen, esnek, yatay ve gayri/merkezi örgütsel yapılara bırakmaktadır (Castells, 2006, s. 26). Castells günümüzde siyasete dönük iki temel ilke ortaya koymaktadır. Birincisi ağ toplumunda siyasetin medya siyaseti olduğu, diğeri ise siyaset sanatının her zaman merkezde olduğudur. Siyaset sadece belli zaman aralıklarında ya da belli dönemlerde medyaya önem vermez, medya her zaman siyasi mücadelelerin zeminidir, algıların yönetilmeye çalışıldığı bir kamusal alandır.

Ağlar oluşturma, özellikle de internete dayalı ağlar oluşturma, küreselleşme karşıtı hareketlerin özünü oluşturmaktadır. 1990'lardaki neoliberal politikalara karşı çıkan birçok mücadele, eylemlilik ve örgütlenme, elektronik iletişim sayesinde bir ağlar ağıyla birleşmektedir. Gerçekleştirilen küresel etkinliklerin her birinin düzenlemesinde, insanların bu etkinlikler için bir araya getirilmesinde internet kullanımının ciddi şekilde etkisi olmuştur (Castells, 2006, s. 200).

Castells'in sosyal hareket çalışmaları açısından yapmış olduğu katkısı ise günümüzdeki ağ tabanlı hareketlerin örgütlenme yapısının açıklanmasına dairdir. Buna göre ağlar oluşturma, özellikle de internete dayalı enformasyonel ağlar oluşturma sosyal hareketlerin ve örgütlenmelerin temelini oluşturmaktadır. Günümüzde sosyal hareketlerin organize olması ve birçok insanı harekete geçirmesi, büyük oranda internet sayesinde gerçekleşmektedir. Ağ toplumunda sosyal hareketlerin örgütlenmesi açısından internetin bir anlamda zorunlu olduğu söylenebilir (Castells, 2001). Örgütlenme sürecinde çok çeşitli hareketler elektronik iletişim sayesinde kendilerince bir ağ yapısı oluşturmaktadır. İnternet ve özellikle sosyal medya kanalları örgüt gruplar arasında ilişkilerin kurulması, çeşitli tartışmaların mekândan ve zamandan bağımsız bir biçimde gerçekleştirilmesi ve protestoların düzenlemesi gibi birçok önemli organizasyonel öğeye kaynaklık etmektedir. Castells'e göre internete dayalı ağlar oluşturma süreci yalnızca bir örgütlenme ve mücadele aygıtı değil, yeni bir toplumsal etkileşim, harekete geçme ve karar alma biçimi anlamına da gelmektedir (Castells, 2006, s. 200).

İnternetin bir iletişim aracı olarak kullanılmasının yanı sıra, bireylerin günlük yaşantılarının fiziksel sınırlılıkları kaldırarak "yeni" ya da alternatif bir yaşam alanı sunmaktadır. Bu durum toplumdaki bireyler arası etkileşime farklı bir boyut kazandırarak, örgütlenme şekillerinde kendini göstermektedir. Böylece kamusal ilişkileri de etkileyerek (Timisi, 2003, s.140), yeni tartışmaları da beraberinde getirmektedir

İnternet farklı gruplar için herkese mesajlarını, görüşlerini ve tartışmalarını iletmede etkili bir yöntemdir. Elektronik posta listeleri, sohbet platformları, forumlar, bilgilerin ve açıklamaların postalanması, interneti hareketin daimi agorası kılmaktadır. Hatta derin çatışmalara yol açacak şiddetli tartışmalara sahne olan toplantıların, kesintiye uğratmadığı geniş çaplı bir görüş alışverişini mümkün kılmaktadır. Hareket aynı anda hem eşgüdümlü hem de çeşitlilik içinde olabilmekte, bir şey söylemek isteyenler, mesaj göndererek veya ağa dayalı, kişisel tartışmalara girerek bu isteğini gerçekleştirebilmektedir (Castells ve Ince, 2006, s.200-201).

Genel anlamda internet özelde ise sosyal medya kullanımı sadece kalkınmış ülkelerin militanlarıyla sınırlı olmadığını vurgulamak gerekir. Örneğin Latin Amerika'daki yerli halkların örgütlenmeleri, "Zapatista" dayanışma hareketinin öncü deneyimini izleyerek interneti ve sosyal ağları temel örgütlenme ve seferberliğe geçme aracı olarak kullanmışlardır (Castells ve Ince, 2006, s.201).

İnternet ve sosyal ağ çerçevesinde örgütlenme ve harekete geçme deneyimine dayanarak, bazı militanlar, ağın kendisinin, insanların özelliklerini koruyacağı, "profesyonel siyasetçilerin aracılığı olmadan tartışmalar ve oylamalar yoluyla kolektif kararlar alacağı, gelecekteki demokratik" bir toplum biçimi olduğu önerisi getirmişlerdir. Bütün bunlar henüz siyasi bir ütopya ve toplumsal deney sürecinde olsa da ağlar oluşturmanın sadece bir örgütlenme ve mücadele aygıtı değil, yeni bir toplumsal etkileşim, harekete geçme ve karar alma biçimi olduğunu vurgulamaktadır. Bu bakımdan yeni bir siyasi kültür söz konusudur. Ağlar oluşturmak, merkezinin olmaması, dolayısıyla merkezi bir otoritenin bulunmaması demektir (Castells, 2006, s.202).

1980'lerin başlarında, ABD dışında, tüm dünyadaki televizyon kanallarının çoğu hükümetlerin kontrolündeydi, demokratik ülkelerde bile radyolar ve gazeteler hükümetin iyi niyetinin ciddi ölçüde kısıtlı olduğu koşullardaydı (Castells, 2006, s.401). Fakat son 10 yılda iletişimin geçirmiş olduğu değişim bütün iletişim ağlarının dijitalleşerek çoklu medyanın önü açmaktadır. Zaman, mekan ve sınır tanımayan iletişim ağları özellikle sosyal medya mecraları toplumdaki sıradan bireyleri söz söyleme ve örgütleme gücünü yaratmıştır. Bir diğer taraftan herhangi bir şirkete, iktidara bağlı kalmadan çift yönlü bilgi alışverişi sağlanmaktadır.

Sosyal ağlara dayalı iletişim ulus-devletinin kontrolünden kaçmaktadır. Castells'in ifadesiyle (2006), sınır ötesi bir iletişimde yeni bir çağ başlamaktadır. Aynı şekilde askeri teknolojideki hızlı değişimler de, ABD dışındaki ulus devletlerin tek başına ayakta kalmasını güçleştirmektedir. Körfez Savaşı'nın, Balkanlar'daki savaşların, Afgan savaşının ve Irak'taki savaşında gösterdiği üzere, savaşlar artık temelde elektroniğe ve iletişim teknolojisine dayalıdır.

Sosyal ağların ilk ortaya çıkış amacı temelde kullanıcılar arası iletişim, tanışma, mesajlaşma gibi hedefleri taşısa da günümüze geldiği noktada özellikle siyasal hedef için temel araç haline gelmektedir. Özellikle Facebook, Twitter gibi sosyal medya ağları, organize olma ve etki yaratmada aktif olarak kullanılmaktadır. Böylece sosyal hareketlerin başlamasında, yönetilmesinde ya da oluşmasında önemli araç konumuna sahiptir.

Bir diğer taraftan sosyal medyanın, kullanım maliyetinin düşük olması, zaman ve mekân sınırlandırılmasının olmayışı, milyonlarca kişinin eş zamanlı iletişime geçmesini sağlaması bakımından toplumsal örgütlenmenin en önemli mecrası konumuna getirerek, farklı amaçlar ve hedefler doğrultusunda bir araya gelen gruplar ve örgütlenmeler yaygınlaşmaya başlamaktadır.

Sosyal Medyada Örgütlenmenin Aşamaları

Örgüt kavramı sosyal bilimciler tarafından farklı şekilde tanımlanmaktadır. Parsons'a göre (1970, s.75), bazı özel amaçları gerçekleştirebilmek için bireylerin bir araya gelişidir. Katz ve Kahn'a göre ise (1977, s.18), standartlaşan ve kalıplaşan insan eylemlerinin birleşmesidir. Yani diğer bir ifadeyle kolektif davranış biçimleridir. Kısacı belirtmek gerekirse örgütlenme, belirli amaca ulaşmak için bir araya gelmiş insanların, ortak hedeflere yönelik çabaları, işbirliği ve koordinasyon halinde olan gruplar olarak tanımlana gelmiştir. Günümüz toplumunu açıklarken, modern örgütler kavramı sıkça kullanılmaya başlanmıştır. Geleneksel toplumlarda toplumsal talepleri karşılamak için basit gelişmemiş örgütlenmeler görülmektedir.

Batı toplumlarında örgüt yapısı ve örgütlenme biçimi, feodal yapıların yıkılması, sanayileşme, ulus devlete geçiş ve birçok gelişmelerle birlikte kompleksli bir yapı haline gelmektedir. Toplumsal farklılaşmalara da bağlı olarak örgüt yapılanması ve örgüt yapıları da değişmektedir. Genel olarak siyasi örgütler, eğitim örgütleri, sağlık örgütleri, işçi örgütleri en çok bilinenleridir.

Özellikle Türkiye'de 1960-1980 dönemi yapısı gereği en fazla ayrışmaların ve bölünmelerin olduğu bir dönemdir. Bu süreç devamında üniversiteli gençlerin siyasal eğilimleri oluşumunu etkilemektedir. Bu dönemdeki gençlerin ideolojisi partilerin ideolojiyle aynıdır. Çünkü kendini partilerle, sivil toplum kuruluşlarıyla ve derneklerle özdeşleştiren gençler bu kurumların ideolojilerini de kendi ideolojileri olarak benimsemişlerdir. O dönemde siyaset yapma, sorunları çözme gençlerin büyük bir kısmı için parti, dernek, federasyon vs. gibi kurumlar üzerinden gerçekleştirilmiştir. Çünkü gençler için önemli bir kavram olan örgütlenme, onlara bu imkânı tanıyan partiler, STK ve derneklerdi. 1980 döneminden sonra durum değişerek yeni bir hal almaya başlamıştır. 1960'lardan beri önemli bir rol oynayan üniversite gençliğinin siyasetten arındırılması başlıca hedeflerden biriydi ve bu hedef amacına da ulaşmıştır (Sarı ve Karabağ, 2014, s.41). Son yıllarda neoliberal uygulamalar giderek artarken, üniversiteler ve üniversite gençleri de bu durumdan etkilenir hale gelmişlerdir. Bu durum gençlerin ideolojik yönelimlerini de etkilemiştir ve 1980 sonrası dönem yeni sağın yükselişi olarak tanımlanmaktadır (Sarı ve Karabağ, 2014, s.44).

Modern örgütler kendi içerisinde rasyonaliteye, belli kurallar yapılarına, yasallığa ve belli zaman, süreç gibi temel işleyiş şekilleri bulunmaktadır. Fakat teknolojik gelişmeler, özellikle yeni iletişim teknoloji ağları, insan iradesi ve ortak mekan gibi ölçütler esas alınarak şekillenen toplumsal örgütlenme anlayışlarının değişmesine ve toplumsal birimlerin yeniden ele alınmasına neden olmaktadır. Kişiler arasındaki ilişkilerin fiziksel yakınlıkla ifade edildiği dönem kapanmaya yüz tutmuş ve toplumsal birimler onları bir araya getiren ortak değerler üzerinden ele alınmaya başlamıştır. Bu durum mevcut örgütlenme biçimlerini aşındırarak yerinin sosyal ağlarda yeni örgütlenme biçimlerine bırakmıştır. Böylece coğrafi yakınlıklar ve dayanışmalar artmaktadır (Haberli, 2012).

Gerek modern, gerek geç modern, gerekse post-modern olarak tanımlanan günümüz toplumlarında teknolojik ilerlemelere ve bireyselleşmeye de bağlı olarak örgütlenme yapılarında deşişimi ve karmaşıklığı beraberinde getirmektedir. Toplum yapılarının karmaşık hale gelmesiyle birlikte örgütsel yapılar kozmopolit ve anonim bir hale gelmektedir.

Günümüz siyasetinin insanların taleplerine cevap vermediğini söylemek mümkündür. Bugün bireylerin taleplerine cevap veren yeni bir siyasetten bahsetmek gerekirse, bu sivil toplum kuruluşlarında aktif olan, hazırda var olan geleneksel siyasetten çok farklı, hiyerarşisiz ve özgürlükçü bir örgütlenme tarzında farklı grupların bir araya gelebildiği ve empati geliştiren; ve farklı hassasiyetleri bir araya getirdiği için de "geleneksel" ideolojik sınırlar açısından ezber bozan, ideoloji bölünmelere uzak, kafa karıştırıcı özellikte olan bir siyasetten söz edilmektedir (Lüküslü, 2005, s.210). Geleneksel siyasetin, siyasal/sosyal ve birçok yönden ihtiyaçlara cevap vermemesi toplum üyelerini yeni arayışa itmektedir. Bunun en kolay yolu ise sosyal ağları kullanmak olmuştur. Özellikle internet becerisi en gelişmiş olan Y kuşağı ve 2000'li yıllar gençliği bunu kullanarak siyasal anlamda yeni araçlar ve taktikler geliştirmektedir. İnternet üzerinden web siteleri veya sosyal ağlar vasıtasıyla seslerini duyurabilen, bu yola örgütlenebilen yeni ve farklı gençlik hareketleri oluşturabilmişlerdir (Lüküslü, 2011, s.59). Böylece internet ortamını siyasi içerikli bir örgütlenme, tartışma alanına çevrilmektedir.

İnternet ve sosyal medya dediğimiz alanlar kamuoyunun şekillenmesinde sadece bir haber ve bilgiyi taşıyıcı ve dağıtıcı araç olarak değil aynı zamanda kamusal ilişkilerin gerçekleştiği bir alan olma özelliği de görülmektedir.

Sosyal paylaşım ağları, Boyd ve Ellison'un ifadesiyle (2007, s. 211), öncelikle sınırları belli bir sistemin içerisinde bireylerin kamusal ya da yarı-kamusal profiller oluşturabildikleri, çeşitli bağlantı paylaşımında bulundukları, kendi oluşturdukları kullanıcı listesi ile bağlantı kurup, içerikler yaratabildikleri bir alandır. Bir çok düşünür sosyal paylaşım ağlarını veya platformlarını birbirleriyle güçlü veya zayıf ilişkileri olan kullanıcılar arasında etkileşimin ve iletişimin sağlanmasına ya da güçlenmesine imkan vermesinden dolayı günümüz toplumunda bireyler ve gruplar arası ilişkilerin şekillendirilmesinde temel belirleyici olarak kabul etmektedir.

Sosyal medyanın toplumsal etkilerini, sosyolojik, ekonomik, psikolojik ve siyasal açıdan değerlendirilebilir (Arslan, 2014, s. 97). Hatta günümüzde dijital sosyal mecralar yalnızca başkaları ile bağlantı kurmanın aracı değil aynı zamanda küresel anlamda başkalarıyla yüz yüze doğrudan etkileşime girmeden örgütlenmenin ve yönetmenin bir yoludur. 21. yüzyılda, çevrimiçi sosyal ağlar, örgütlenme şekli dijital alana taşınmasına imkân vermektedir. Sosyal paylaşım ağları özelliklede sosyal medya kanalı sunduğu imkân bakımından coğrafya mekân tanımaksızın bilgiye erişme harekete geçirme gücüne sahiptir. Bu örgütlenmenin ilk aşaması sosyal medyada bir kişinin, bir siyasetçinin, bir ünlünün ya da bir topluluğun attığı bir mesajın, tweetin gündem olmasıyla başlamaktadır. Diğer bir aşamada bu tweet, mesaj ya da mention retweet yapılarak son derece de kısa bir sürede süratle kullanıcılar arasında dağıtılmaktadır. Bu durumun ilk örneği ise Tunuslu bir gencin eylemleri gösterilmektedir. İlk hareketlenme 17 Aralık 2010 tarihinde Tunuslu seyyar satıcı Muhammed Buazizi'nin, kendisine yönelik zabıta baskısını protesto etmek amacıyla belediyenin önünde kendisini yakmasıyla başlamıştır. Bu eylem şehrin birçok yerinde duyulmasıyla beraber düzenlenen eylemler, Youtube, Facebook, Twitter aracılığıyla internette dolaşıma sokulmuştur. Kısa sürede bütün ülkeyi saran eylemler büyük bir isyana dönüşürken devlet başkanı Zeynel Abidin Bin Ali ülkeden kaçmak zorunda bırakılmıştır. Sosyal medya araçlarıyla yaygınlaştırılan ve organize edilen bu isyanın başladığı kısa sürede Mısır, Ürdün, Yemen, Cezayir, Libya, Bahreyn, Suriye gibi ülkelere yayılan toplumsal bir olay haline dönüşmektedir. Öte yandan küresel iletişim ağları sayesinde bütün dünya Tunus ile ilgili haberleri Twitter üzerinden takip edebilmekte, çeşitli sosyal medya ortamlarında Tunus ile dayanışma grupları kurulmaktadır. Tunus, geçmiş İran deneyimini de hesaba katarak, ilk başarılı ve özgün "sosyal medya devrimi" olarak anılmaya başlandığı sıralarda isyan dalgası yakın ve uzak birçok ülkeye yayılmaya hazırlanmaktadır (Keten, 2013, s. 113, Çam, 2018).

Tunus'taki bu örgütlü eylem yapısından sonra ilk ülke İzlanda olmuştur. 2007 yılında ortalama gelir bakımından oldukça iyi konumda olan İzlanda, türev piyasalara dayalı ekonomisi nedeniyle 2008 ekonomik krizinden en fazla etkilenen ülkelerden birisidir. Ülkenin en büyük üç bankası krize girdiklerini ve ödemelerini yapamayacaklarını açıklarken, ikisi devlet tarafından kamulaştırılarak kurtarılmaya çalışılmaktadır. Yaşananlar karşısında öfkelenen halk, 2009'da gerçekleşen seçimlerde 1927'den bugüne ülkeyi yönetmekte olan muhafazakâr iki partiyi de hezimete uğratarak, hükümeti Sosyal Demokratların ve Yeşillerin koalisyonuna bırakmıştır. Castells, İzlanda'da büyük sokak gösterileriyle başlayıp, sandıkta devrim niteliğinde bir değişiklikle süren bu hareketin ortaya çıkmasında ve örgütlenmesinde sosyal medyanın büyük bir payı olduğunu, İzlanda nüfusunun yüzde 94'ünün internet olanağına sahip olmasının da bu savı desteklediğini ileri sürmektedir (Keten, 2013, s. 113).

İzlanda'dan sonraki nokta ise Mısır'dır. Mısır, 2005 yılında başlayan ve ilerleyen yıllarda yaygınlaşan eylem ve grevlerle siyasi mücadelenin yükseldiği bir ülke haline gelirken, devlet güçleri de muhaliflere yönelik şiddetini artırmaktadır. Bu eylemler sonucunda ortaya çıkan ve bir Facebook örgütlenmesi olarak doğan "6 Haziran Gençlik Hareketi" Hüsnü Mübarek'i iktidardan indirecek isyan dalgasının önemli bir aktörü haline gelmektedir. Mısır'daki kitlesel eylemlerin başlamasının en önemli etkenlerin-

Disiplinlerarası Yaklaşımla Sosyal Medya

den bir tanesi de Tunus'taki isyanken, en önemli tetikleyicisi ise Halid Said isimli bir video/aktifisin, bir dizi bürokrat ve polisin yolsuzluklarını ifşa eden videoları internette dolaşıma sokmasından dolayı, 2010 yılında, bir internet kafede polis tarafından dövülerek öldürülmesidir. Said adına açılan bir Facebook sayfası ve 6 Haziran Hareketi'nden Esma Mahfuz'un Facebook sayfasında halkı Tahrir Meydanı'nda toplanmaya davet eden bir videonun yaygın bir şekilde paylaşılması, yüz binlerce insanın çadırlarıyla Tahrir Meydanı'nı işgal etmesiyle sonuçlanacak isyanın başlamasında etkili olmaktadır. İnternet üzerinden kendi propagandasını ve eylemini örgütleyen bu harekete karşı devlet bütün internet erişimini engelleyerek, yani fişi çekerek cevap vermektedir (Keten, 2013, s. 113). Fakat, bir grup Avrupa ve ABD'li hackerların desteği ile sansür girişimleri ortadan kaldırılmış ve devlet engeli aşılmıştır. Böylece Mısır, Tunus, İzlanda örneği, sosyal medyanın toplumsal hareketlere yönelik olanaklarını göstermesinin yanında, internetin örgütlü bir alan yaratarak iktidar karşısında oluşabilecek ayrı bir gücüde temsil etmektedir.

Tüm bu örgütlenme biçimleri literatürde "mobil örgütlenme" ya da "dijital örgütleme" isimleriyle ifade edilmektedir. "Dijital aktivizm; belli bir amaç etrafında eylemi gerçekleştirmek için örgütlenme, kitlelere mesaj verme ve bilgi akışı sağlama, protesto ve eyleme ilişkin yazılı ve görsel kaynakların toplanması gibi temel amaçlar içermektedir. Yapılan protestoların YouTube sitesine yüklenmesi, Twitter, Facebook ve bloglar aracılığıyla insanlara ulaşılması, yayılması, bilgilerin paylaşılması sayesinde protestoya olan ilgiyi çoğaltmaktadır. Topluluklar sadece coğrafi mekanlarda değil, aynı zamanda siber alanda da yer almaktadır. Online ya da sanal topluluk olarak adlandırabileceğimiz siber alanda topluluklar genellikle sosyal medya platformlarında örgütlenmektedir. Böylelikle topluluklar küresel olarak seslerini duyurabilmektedir. Toplumlar eylemlerde birbirilerinden etkilenmiş ve birbirlerini desteklemişlerdir. Bu anlamda kullanabilinecek kavram 'dijital aktivizm'dir" (Gençer, 2015, s. 518).

Geçmiş dönemde sosyal hareketler genellikle tek bir toplumsal alana veya ulusal ya da bölgesel sınırlara bağlı iken, yaşanan gelişmelerle birlikte günümüz dünyasında büyük ölçüde teknolojik değişimin mümkün kıldığı geniş çeşitlilikteki örgütlenme biçimleri, pek çok toplumsal mücadeleyi bünyelerinde birleştiren yapıları ve ortak eylem vurgularıyla yerelden küresele uzanan ulusaşırı bir nitelik kazanmaktadır. Toplumda devinim yaratan ağlar; insanların geleneksel örgütlenme biçimlerinde farklılıklar yaratarak uluslar üstü bir güç oluşturmaktadır. Dünyanın birçok yerinde kitleler çevrelerinde gelişen olaylara karşı, uğrunda mücadele ettikleri konulara dikkat çekebilmek ve kısa sürede etki yaratabilmek için sosyal ağlarda birleşme yoluna gitmiştir. Bu birleşme Facebook, YouTube, Twitter gibi mecralarda kendini göstererek insanlar arasında bilgi akışını sağlamış, küresel alanda ortaya çıkan gelişmeleri organize etme ve olayların akışını büyük ölçüde değiştirme potansiyeli yaratmaktadır (Gençer, 2015, s.516).

Tüm bunlardan hareketle şu soruyu da sormak gerekmektedir: Sosyal medya olmasaydı Arap Baharı, Wall Street'i İşgal Et hareketleri olur muydu? Tabi ki olabilirdi. Fakat ölçeği ve etkisi bundan kat be kat küçük olacağı düşünülmektedir. Sosyal medya sayesinde bu hareketlere katılanlar daha hızlı haberleştiler ve örgütlendiler ve daha görünür oldular. Sosyal medya sayesinde seslerini dünyaya duyurmaya başarabildiler. Kısacası sosyal medya hareketin yayılmasını, kitleselleşmesini ve destekçi bulmasını kolaylaştırmaktadır (Şener ve Öğün, 2015, s.180).

Bu süreçten en çok etkilenenler daha çok genç kuşaklardır. Lee ve Cook'a (2015, s.675) göre, bu kuşak, önceki kuşaklara kıyasla teknolojiye daha fazla güvenip inandığından dijital sosyal ağlar onların gündelik hayatlarında yaygın bir rol oynamaktadır.

Sosyal Medyada Örgütlenme Gücü

Castells (2009), ağ toplumunda güç kavramını dört şekilde tanımlamaktadır. Bunlar: ağ oluşturan güç, ağ gücü, ağ oluşturulmuş güç, ağ yapma gücü şeklindedir. Ona göre (2009, s.10) güç, bir sosyal aktörün, yetkili aktörün istekleri, çıkarları ve değerlerini kayıracak bir şekilde, diğer sosyal aktörün ya da aktörlerin kararlarını asimetrik olarak etkileyebilmesini mümkün kılan kapasitedir. Thompson, gücün dört biçiminin ayrımını yapar; ekonomik güç, siyasal güç, zorlayıcı güç ve simgesel güçtür. Bugün ki toplumdaki medya ve sosyal medya kanalları bu güçler tarafından şekillendirilmektedir.

Seçkinlerin, sermaye sahiplerinin, iktidarın elinde bulunan medyaya karşı sosyal medya alternatif olarak ortaya çıkmaktadır. Sosyal medya, medya gücü ve karşı gücün tükendiği mekânlardır. Facebook/YouTube/Twitter gibi alanlar bir bakıma özel kişilere ait alanlardır. Yani elinde gücü bulunduranlardır. Dolayısıyla eğlence, tüketim, reklam ve örgütlenme biçimlerini şekillendirecek, onlara filtreler getirecek olan bu kişilerdir. Bu alanlarda yapılacak ve yapılan protestolar, gizlilik ihlali gibi hukuki anlaşmazlıklarda sorgulanmaktadır.

Castells (2009), için sosyal ağların sosyal örgütlenmelerin ağ oluşturan bir biçimi olduğunu ve sosyal medyanın yaygınlaşması için temel olduğunu söylemek yanlış olmayacaktır. İletişimin gücü olan sosyal medya, Castells'e göre (2009, s.55), kitlesel öz iletişimin yeni halidir. Tarihsel olarak yeni olan, sosyal örgütlenme ve kültürel değişim için kayda değer sonuçlarla birlikte insan etkileşimi tarafından iletilen kültürel ifadelerinin, tüm çeşitliliğini içeren, karıştıran ve yeniden oluşturan, birleştiren ve etkileşimli dijital bir hiper medyanın içerisinde eklemlenmesidir.

Örgütlenmelerin yeni alanı ve biçim olarak nitelendirilen sosyal medya, 2011 yılından beri etkisini iyice hissettirmeye başlamıştır. Hatırlanacağı üzere 2011 yılı tarihinde küresel anlamda krizin kendini hissettiği bir yıl olmuştur. Bu dönem dünya tarihi büyük protestolara, isyanlara ve çeşitli yeni sosyal hareketlere şahitlik etmiştir. Bazı sosyal bilimciler Alain Badiou gibi, 2011 yılının tarihin yeniden doğduğu, protestolar ile inşalar tarihin akışını, yönünü değiştirmeye çalıştığı bir yıl olarak görmektedir. 2011 yılı başka bir dünya hayal etmenin yılı olarak nitelendirilmektedir.

Castells (2013), *"İsyan ve Umut Ağları"* kitabında Tunus, Mısır devrimlerinin yanı sıra İzlanda'daki protestolar, İspanyol 15-M hareketi ve Wall Street hareketinde sosyal medya ve iletişim gücünün rolünü analiz ederek ortaya koymaya çalışmaktadır. Castells (2013, s.106), Arap ayaklanmaları, İşgal Et hareketinde de İnternet'ten ve kablosuz iletişim ağlarından yapılan çağrılarla ortaya çıktığını ve seferberlik sürecinin başlamasını sağladığı ifade etmektedir. Castells (2013), internet ağlarının insanları örgütleme ve seferber etme gücüne vurgu yapar. İnternet, özellikle sosyal medya ve blok sayfalarda yapılan iletişim sokak protestoların oluşmasına zemin hazırlar. Ağ ile oluşturan toplumsal hareketler büyük ölçüde İnternet'e (sosyal medya) kolektif eylemlerin gerekli ama yeterli olmayan bileşenine dayanır. İnternet, sosyal ağlar, bloklar, üzerine kurulu seferberlik, örgütlenme, kafa yorma, koordine olma, tartışma ve karar verme konusunda belirleyici araçtır (Castells, 2013, s. 229).

İnternetin toplumsal hareketlerin ortaya çıkmasına neden olduğu söylenebilmektedir. Hatta toplumsal hareketlerin, internetin içinde doğduğu, protestoları internete aktarıldığı veya protestoların İnternet tabanlı olduğu formülasyonlar, aleni teknolojik determinizme dayalı bir mantıkla ortaya koyulmaktadır. Teknoloji toplumsal niteliklere sahip belirli bir olgu olarak sonuçlanan bir aktör olarak tasavvur edilmektedir. Castells sosyalliği, İnternet yerine toplumun antagonisttik ekonomik, siyasal ve ideolojik yapıları içerisine gömülü olan insan aktörlerinin yarattığını görmede başarısızdır. İnternet, küresel bilgisayar ağları ağından faydalanan sosyal ağları içeren bir tekno-sosyal sistemdir. Günümüz toplumunun antagonizmaları içerisinde gömülüdür. İnternetten faydalanan kolektif sosyal eylem oldukça az etkiye sahip ya da mevcut eğilimleri zayıflatır ve belirsiz çıktılarına da bağlıdır. Castells'in modeli basittir: Sosyal medya devrimlere ve isyanlara neden olur. Andrew Sullivan, İran protestoları bağlamında "devrim tweetlenecek" iddiasında bulunduğu zaman ilk olarak popülerleşen "Twitter devrimleri" ve "Facebook isyanları" ile ilgili yaygın görüşünü paylaşmaktadır (Fuchs, s. 119-120).

Juris, küresel adalet hareketinin birincil olarak e-posta listelerini kullandığını ve ağ oluşturma mantığına dayalıyken İşgalEt hareketinin bir araya gelme mantığını ve enformasyonun viral akışı ve sonrasında somut fiziksel mekânlarda çok sayıda bireylerin bir araya gelmesi ile sonuçlanan sosyal medyaya dayandığını belirtmektedir. Bireyler "ego merkezli ağlardan" yararlanmaktadır. Böylece "Twitter ve Facebook kullanımı bireyler kalabalığı yaratma eğilimi içinde olmaktadır. Juris, Castells gibi sosyal medyanın protestoları ürettiğini varsaymaktadır. Paolo Gerbaudo ise, Twets and the Streets: Social Media and Contemporary Activism (2012) isimli kitabında Castells ve diğerlerinin İnternet'in lidersiz hareketlere neden olduğu varsayımlarına kuramsal ve ampirik zeminden karşı çıkmaktadır. Protestolardaki sosyal medya kullanımları ile ilgili ABD, Mısır, İspanya, Birleşik Krallık, Tunus ve Yunanistan'da 80 eylemci ile röportaj yaparak, günümüz sosyal hareketlerin lidersiz ağlar oldukları iddiasına karşın sosyal medyadan protestoların koreografisini yönetmede yaralanan ve bir araya gelmenin koreografisini oluşturan yumuşak liderler olduğunu belirtmektedir. Az sayıda insan iletişim akışının çoğunu kontrol etmektedir. Bir araya gelmenin koreografisi sosyal medyanın insanları belirli protesto eylemlerine yönlendirmekte, eylemcilere nasıl hareket edecekleri konusunda öneriler ve talimatlar yollamakta ve kamusal alanda bir araya gelmelerini sürdürmek bakımından duygusal bir anlatının kullanılması anlamına gelmektedir. Hareketlerin kendiliğindenliği büyük ölçüde dolayımlandığı için kesinlikle örgütlüdür (Fuchs, 2014, s. 121-122).

Miriyam Aouragh, sosyal medyaya duyulan bariz hayranlığın devrimlerin esasen orta sınıf ve seküler olduğu izlenimi yarattığını savunmaktadır. Batı deneyimleri ve modernlik algısının değişmesiyle birlikte sosyal medyanın oynadığı rol Arap devrimleri için model olarak alınmıştır (Fuchs, 2014, s.122). Castells'in de ifade ettiği gibi günümüz örgütlenme, toplumsal hareketlerin İnternet'ten sosyal ağ tabanlı ve dijital medya aracılığıyla gerçekleşerek, Arap Baharı, İşgalEt hareketi ve birçok toplumsal hareket tekno-coşku, tekno-determinizm düşüncelerini kapsamaktadır (Fuchs, 2014, s.122). Örgütsel düzeyde sosyal medya kullanımına ilişkin araştırmalar ilk etapta sınırlı kaldığı söylenebilir. Çok az sayıdaki araştırma, kar amacı gütmeyen örgütlerin Facebook kullanımlarının, destekçileriyle etkileşim ve diyalog kurmaktan ziyade bilgilendirme düzeyinde olduğunu ortaya çıkarmıştır (Cılızoğlu ve Çetinkaya, 2017).

Sosyal Medya Örgütlenmesine "Müdahale"

Sosyal medyanın örgütlenmeyi artırarak, daha güçlendirmesi birçok hükümeti de zor duruma sokmuştur. Bu örgütlenmeyi kırmak ya da azaltmak için hükümetlerin ise uyguladıkları bazı yöntemler vardır; bunlardan birisi de internete erişim engellemektir. Bu durumun en son örneğini dünya ülkelerinden Irak'ta görmek mümkündür. Yakın bir zaman öncesinde hükümete karşı gösterilerin yapıldığı Irak'ta, Bağdat ve birçok kentte internete erişim engellenmiştir.[1]

Iraklılar, ülkelerindeki işsizliği, yolsuzluğu ve kamu hizmetlerinin yetersizliğini protesto etmek amacıyla kentin çeşitli noktalarında gösteriler düzenlemektedirler. Ekim 2019 yılında baş-

---

[1] https://www.aa.com.tr/tr/dunya/irakta-internete-erisim-durduruldu/1635648 (Erişim Tarihi: 02.020.2020)

layan eylem hareketleri karşısında hükümet 4 Kasım Pazartesi günü saat 21:00 UTC'den (00:00 Bağdat saati, 5 Kasım 2019) itibaren bütün ülkede interneti kesmiştir. Perşembe sabah saatlerinde, 07:00 UTC'den (10:00 Bağdat saati) itibaren ise ülkedeki internet erişiminin düzeldiği açıklanmıştır. Ancak üç saatlik bir aranın ardından Irak'ta internet erişimi tekrar kesilmiştir. Gerçek zamanlı ağ verileri ise sosyal medya sitelerinin ve mesajlaşma uygulamalarının uzun süre engelli olduğunu göstermiştir.[2] Bu durum bir taraftan da elektronik demokrasiye yapılan bir müdahale olarak görülebilir.

Dingin (2019), ise bazı grupların kontrollü şekilde yaptığı müdahalelere ise "trol müdahale" ismini verir. Dingin'e göre, (2019, s.184-185) siyasilerin ya da bazı ideoloji gruplarının sosyal medyaya müdahaleleri ile kendi görüşlerini çoğunluğun görüşleri gibi gösterip, karşıt görüşteki grupları, örgütleri suskun bırakabileceğini söylemiştir. Sosyal medyaya müdahalede bulunan troller çeşitli örgütlenmeleri trol müdahalelerle engelleyebilmektedir.

"elektronik demokrasi" ve "siberdemokrasi" deyimleri 1990'lardan başlayarak gündeme gelmiştir. Bu deyimler sayısal patlamaya dayanmakta, doğrudan ve oybirliği ile beraber güçlü demokrasi çerçevesinde aydınlanmış yurttaşların web sitelerine erişimle daha iyi bilgilendirilmiş ve etkin olacakları, elektronik forumlarda kendilerni özgürce dile getirebilecekleri, seçilmişleri atamayabilecekleri ve görevden alabilecekleri, politik öncelikleri, aracısız bir toplum düşünü, güncelleştirmektedir. Elektronik demokrasi ütopyaları, Giddens'ın düşünsel toplum bireylerin dile getirdiği politik ve toplumsal sistemlerin açılımı beklentilerini ortay koymaktadır. Eylemlerin küreselleşmesi ve sonuçların dışsallığının olmaması Ulrick Beck'in vurguladığı gibi, geleneksel

---

[2] https://medyascope.tv/2019/11/07/protestolarla-sarsilan-irak-hukumeti-ulkede-internete-erisimi-uc-gundur-engelliyor/ (Erişim Tarihi: 02.02.2020)

akılcı karar alma modelini ve uzmanların elinde tuttuğu bilgi tekelini ortadan kaldırmıştır. Tartışma ve kararın geleneksel arenalarının, diğer bir ifadeyle parlamento ve hükümetlerin, temsilci demokrasinin sınırlarını aşmaktadır (Maıgret, 2014, s. 344-346).

Sonuç

Sosyal medya kullanım maliyetinin düşük olması, zamandan ve mekandan bağımsız olması bakımından milyonlarca kişiyi ortak amaç için bir alanda toplayabilmektedir. Bu bakımdan sosyal ağlar günümüzde örgütlenme şekillerinin yeni yüzünü oluşturduğunu söylenebilir. Sosyal medyanın herhangi bir "kontrol mekanizmasına" tam anlamıyla tabi kalmadığı, yani eşik bekçiliğinin olmayışı, sosyal ağlar üzerinden örgütlenmeyi daha da kolaylaştırarak önemli etki sağlamıştır.

Temelde iletişim ve bilgi paylaşım amaçlı ortaya çıkan sosyal ağlar, ilk dönemler anomilikten uzak profillerle sosyal eğlencelere hizmet etse de, sonraki dönemlerde zaman ve mekândan bağımsız, fiziksel mevcudiyetinin zorunlu olmadığı örgütlenme alanını kullanıcılarına sunmaktadır. Cemaatler, siyasiler ve çeşitli gruplar için kısa zamanda etkili sonuçları yaratmada ve dünyanın bir çok noktasındaki bireylere ulaşmada eşsiz imkan ve kolaylık sunmaktadır. Bu durum sosyal medyayı örgüt grupları için oldukça çekici hale getirmiştir.

Ayrıca sosyal medya sadece belirli gruplar için değil, çeşitli konular, protestolar için toplanma alanı haline gelmiştir. Bununla birlikte belirli bir görüş, konu, protesto ile insanlar sosyal medya aracılığı ile kolayca örgütlenebilmekte hatta sosyal medya örgütlenmesini belirli bir alanda fiziki toplantılara, protestolara dönüştürebilmektedir. Ancak bu protesto gösterileri ile devlet-hükümet kendine yönelik bir tehdit algıladığında çeşitli yollarla sosyal medya örgütlemesini engellemeye çalışmaktadır. Ayrıca bazı siyasi grup ve ideoloji grupları sosyal medyaya müdahalede bulunarak, çeşitli örgütlenmeleri trol müdahalelerle engelleyebilmektedir.

Genel olarak sosyal medya geleneksel medyadan farklı olarak katılım, etkileşim ve diyalog fırsatı yaratmıştır. Buna bağlı olarak sosyal medyanın örgütsel bir iletişim ve paydaş ilişkileri aracı olarak önemli bir potansiyele sahip olduğunu söylemek yanlış olmayacaktır. Bu sebeple kuruluşların paydaşları ve kamuoyu ile iletişim kurmak amacıyla sosyal medyayı nasıl kullandıklarını anlamak önem kazanmaktadır.

Kaynakça

Akdağ, M. (2019). *Kitleleri Harekete Geçirme Silahı İletişim Sosyolojisi*. Ankara: Dorlion Yayınları

Aksu, O. (2017). Yeni Toplumsal Hareketler Bağlamında Sosyal Medya Kullanımı Analizi: Kadın Dernekleri. *Açıköğretim Uygulamaları ve Araştırmaları Dergisi*, 3(3), ss. 146-159.

Arslan, H. (2014). Exposition Of Spontaneous Humor In Dıgıtal Envıronment Especıally In Socıal Medıa After Socıal Events. *Journal of Media Critiques*. 95-106. doi: 10.17349/jmc114307

Boyd, D. & Ellison, N.B. (2007). Social Network Sites: Definition, History, and Scholarship. *Journal of Computer-Mediated Communication*,13(1). ss.210-230. http://dx.doi.org/10.1111/j.1083-6101.2007.00393.x

Dingin, A. E. (2019). Sosyal Medyada Suskunluk Sarmalı ve Kamusal Alana Trol Müdahaleler. H. Arslan (Ed.). *Küreselleşen Dünyada İletişim Üzerine Disiplinlerarası Yaklaşımlar içinde 171-187*. Konya: Literatürk Yayınevi

Fuchs, C. (2014). *Sosyal Medya: Eleştirel Bir Giriş*, çev. İ. Kalayıcı, D. Saraçoğlu. Ankara: NotaBene Yayınları.

Castells, M. (2013). *İsyan ve Umut Ağları: İnternet Çağında Toplumsal Hareketler*. Çev. E. Kılıç, İstanbul: Koç Üniversitesi Yayınları.

Castells, M., (2001), *The Internet Galaxy: Reflections on the Internet, Business and Society*, Oxford University Pres, Oxford.

Castells, M., Ince, M., (2006), *Manuel Castells'le Söyleşiler*, Çeviren: E. Kılıç. İstanbul: Bilgi Üniversitesi Yayınları

Castells, M. (2005). *Enformasyon Çağı: Ekonomi, Toplum ve Kültür*. Birinci Cilt: Ağ Toplumunun Yükselişi. (E. Kılıç, Çev.). İstanbul: İstanbul Bilgi Üniversitesi Yayınları.

Castells, M. (2007). *Enformasyon Çağı: Ekonomi, Toplum ve Kültür*. Üçüncü Cilt: Binyılın Sonu. (E. Kılıç, Çev.). İstanbul: İstanbul Bilgi Üniversitesi Yayınları.

Castells, M. (2009). *Communication Power*. New York: Oxford University Press

Cılızoğlu, G. ve Çetinkaya, A. (2017). Toplumsal Yarar Amaçlı Örgütlerin Yeni Medya Aracılığıyla Baskı Grubu Olma Süreci. *Global Medya Dergisi*. 8(15). ss. 259-275.

Dönmez, B., Sincar, M. (2008). Avrupa Birliği Sürecinde Yükselen Ağ Toplumu ve Eğitim Yöneticileri. *Elektronik Sosyal Bilimler Dergisi.* 7(24).

Gençer, Y. (2015). Sosyal Medya Ağlarında Örgütlenme: Dijital Aktivizmin Toplumsal Dönüşüme Yansımaları. *E-Journal of Intermedia.* 2(2). 505-522.

Gerbaudo, P. (2014). *Twitler ve Sokaklar.* Çev. O. Akınhay. İstanbul: Agora.

Haberli, M. (2012). Yeni Bir Örgütlenme Biçimi Olarak Sanal Cemaatler. *İnsan ve Toplum Bilimleri Araştırmaları Dergisi,* 1(3). ss. 118-134.

Haberli, M. (2012). Yeni Bir Örgütlenme Biçimi Olarak Sanal Cemaatler, *İnsan ve Toplum Bilimleri Araştırmaları Dergisi,* 1(3). ss. 118-134.

Katz, D. ve Kahn, R.(1977). *Örgütlerin Toplumsal Psikolojisi,* Ankara: Todaie Yayınevi

Keten, E. T. (2013). *İktidar Ağlarına Karşı İsyan ve Umut Ağları.* İstanbul: Koç Üniversitesi Yayınları.

Lee, A. and Cook, P.S. (2015). The Conditions of Exposure and Immediacy: Internet Surveillance and Generation Y. Journal of Sociology, 51(3). Pp.674-688. https://dx.doi.org/10.1177/1440783314522870

Lüküslü, D. (2005). 1960'lardan 2000'lere Gençlik Tipleri: Maddeci Başarıcı Manager Tipten Yuppie ve Tiki'ye, *Birikim Dergisi,* (196).

Lüküslü, D. (2011). Bilişim Teknolojileriyle Örgütlenen Gençlik Hareketleri ve Yeni Bir Siyaset Arayışı, Aydemir, A. T (Der.), *Katılımın "e-hali": Gençlerin Sanal Alemi,* içinde (48-67). İstanbul: Alternatif Bilişim

Maıgret, E. (2014). *Medya ve İletişim Sosyolojisi.* Çev: H. Yücel. İstanbul: İletişim Yayınları

Parsons, T. (1970). "Social Systems" The Sociology of Organizations, Grusky. O & Miller, G. (Ed.) New York: The Gree Press.

Şener, G. ve Öğün, P. (2015). *Gezi Direnişinde Sosyal Medya Kullanımı.* Barış Çoban, Bora Ataman (der.), Direniş Çağında Türkiye'de Alternatif Medya. İstanbul: Epsilon.

Timisi, N. (2003). *Yeni İletişim Teknolojileri ve Demokrasi.* Ankara: Dost Kitapevi

Yetimova, S. (2019). Dünya Medyasında (Belgesel - Video Haber - Haber) Öne Çıkan Çevreci Protesto Örnekleri: Çevre Sorunlarına Karşı Verilen Tepkilere Dair Kültürel Bir İnceleme. *Dördüncü Kuvvet Uluslararası Hakemli Dergi, 2 (2)* , 40-74. DOI: 10.33464/dorduncukuvvet.636392

İnternet Kaynakları

https://medyascope.tv/2019/11/07/protestolarla-sarsilan-irak-hukumeti-ulkede-internete-erisimi-uc-gundur-engelliyor/ (Erişim Tarihi: 02.02.2020).

https://www.aa.com.tr/tr/dunya/irakta-internete-erisim-durduruldu/1635648 (Erişim Tarihi: 02.020.2020).

Eleştirel Medya Okuryazarlığında Yeni Boyut: Sosyal Medya Okuryazarlığı

*Hicabi Arslan**
*Aslıhan Topal***
*Gizem Gürel Dönük****

Giriş

Gelişen iletişim teknolojisiyle birlikte, hayatın her alanında kendini gösteren yenilikler bir iletişim aracı olarak sosyal medyanın gündelik yaşamın neredeyse odak noktası haline gelmesi gibi bir sonucu doğurmuştur. Bu iletişim hali sadece günlük yaşamın akışı içerisinde gelişen sohbet dışında, günlük toplumsal, siyasal, ekonomik, kültürel her alanda gelişmelerin takibini sağlayacak bir aktarım odağı olarak gelişme göstermektedir. Akıllı telefonlar sayesinde istenildiği an bilgiye, enformasyona erişimin kolaylığı zaman ve mekân kavramının yeniden değerlendirilmesini beraberinde getirmiştir. Yeni iletişim teknolojilerinin sağladığı avantajlar sadece zaman ve mekân kavramı değil içerik üretimi noktasında da bireylerin tüketen konumundan üreten-tüketen konumuna yerleşmesi ve sağladığı çift yönlü iletişim imkânıdır ki bu durum büyük dönüşümlerin yaşandığının göstergelerindendir. Yaşanan değişimler, geleneksel iletişim

---

* Doktor Öğretim Üyesi, Aydın Adnan Menderes Üniversitesi İletişim Fakültesi Gazetecilik Bölümü, harslan967@gmail.com
** Öğretim Görevlisi, Aydın Adnan Menderes Üniversitesi, Aydın Meslek Yüksekokulu, topal.aslihan@adu.edu.tr
*** Öğretim Görevlisi, Aydın Adnan Menderes Üniversitesi Aydın Meslek Yüksekokulu, gizem.gurel.donuk@adu.edu.tr

mecralarının değişimi ile birlikte mesajın içeriği ve iletişim ortamları üzerinde de etkide bulunmuştur. (Onat & Alikılıç, 2008, s. 1111) Bu değişimler sadece mesaj üzerinde değil, alıcı konumundaki birey üzerinde de etkili olmuştur. Yeni medya kavramı ile birlikte, kitle kavramı yerine birey kavramı ön plana çıkmıştır. Bireyler artık sadece tüketen konumunda değil aynı zamanda üreten konumuna da yerleşmiştir. (Akyol, 2015, s. 34)

Gelişen iletişim ve bilgi teknolojisinin olanaklarından faydalanmak kadar doğal bir şey yoktur. Ancak bu doğal durumun beraberinde getirdiği unsurların değerlendirilmeleri, üzerinde ayrıntılı çalışmalar yapılmasını gerekli kılmaktadır. Sahip olunan bilginin doğruluğu ya da güncelliği, güvenilirliği artık çok da emin olunamayan noktalar halindedir. Teknoloji sahipliğinin giderek kolaylaşması, bilgi akını ile karşı karşıya kalınması, medyanın insanları olumlu ve olumsuz etkileme gücü gibi pek çok unsuru barındıran sosyal medya, doğru okunması gereken bir mecradır.

İletişim teknolojilerinde yaşanan gelişmeler profesyonel yaşam içerisinde hayatı oldukça kolaylaştırmaktadır. Ürün tanıtımları, reklam, kültürel faaliyetlerin duyurulmasından sağlık konuları, eğitim öğretim noktasına kadar pek çok alan sosyal medyanın uzandığı noktalardandır. Bunların yanında özellikle vurgulanması gereken siyaset de, aktörleri tarafından sosyal medya aracılığıyla sesin sıklıkla duyurulduğu bir alan olarak karşımıza çıkmaktadır. Siyaset de dâhil hayatın her an ve her noktasında içerisinde bulunan bu yeni mecranın sundukları sadece iletişim uzmanları değil halkla ilişkiler çalışmaları açısından da önem taşımaktadır.

Geleneksel medya ve yeni medya arasında farklar bulunmaktadır. Ancak farklılıklara çalışmada girilmese de genel olarak bakıldığında; aktarılan içerik, içeriği aktaran ve alan arasındaki iletişim ortamının da değişikliğe uğramaya başladığı süreç belirtilmesi gereken bir ayrıntıdır. Çalışmada asıl üzerinde durulmak istenen nokta, medya okuryazarlığı kavramı içerisinden doğan ve üzerinde ağırlıklı olarak çalışılmasının gerekli olduğu düşünülen sosyal medya okuryazarlığıdır. Çalışmanın bundan sonraki araştırmalara öncül olacağı ve kaynaklık yapacağı varsayılmaktadır.

Kavramsal Çerçeve

Sosyal ağların sağladığı bir takım avantajlar bulunmaktadır. Bunlar anlık iletişimi sağlaması, insanların içerik üretimine imkân vermesi, sosyalleşme, sanat ve kültürel gelişimlerden haberdar olma, reklam ve ürün tanıtımı, uzakta bulunan bir yakından haber alabilme, insanların doğasında olan merak ihtiyaçlarına cevap verebilmesi, uzak ve yakın çevre hakkında bilgi sahibi olabilme, kendini psikolojik anlamda rahatlatmaya çalışma olarak sayılabilir.

Günümüzde, sadece bireyler bazında değil devletler, kurum, kuruluşlar da iletişim teknolojilerinin olanaklarından faydalanmaktadır. Burada dikkat edilmesi gereken veri güvenliğine azami oranda dikkat edilmesidir. Bu noktada medya okuryazarlığı kavramı karşımıza çıkarken bunun bir uzantısı olarak sosyal medya okuryazarlığı araştırılması ve üzerinde durulması gereken bir konu olarak giderek artan önemle seyrini sürdürmektedir.

Sosyal ağlarla bağlantılar sadece bireysel bazda değerlendirilmemelidir. Genel olarak bakıldığında kurumsal yapılarda da sıklıkla kullanılan sosyal ağlar artık neredeyse olmazsa olmazlar arasında bulunmaktadır. Özellikle instagram ve twitter uygulamaları bu kapsamda sıklıkla kullanılmaktadır. Kullanıcıların resmi hesapları yanında bir de bazen sosyal ağların tehlikeli yanlarından biri olan sahte hesaplarla karşılaşılabilmektedir. Bu sahte hesaplardan aktarılan içerikler kullanıcıları yanlış yönlendirebilmektedir. Bu sayfaları yönetmek oldukça önemlidir çünkü kurumsal kimliğin temsil mecralarıdır. Bu mecralar kimlik temsilinde ayna görevi görmektedir.

Siyasette sıklıkla kullanılan sosyal medya uygulamalarından twitter aracılığıyla Amerikan başkanının gündemi yönlendirmeye çalışması ya da başka bir ifade ile gündem ile ilgili açıklamalarını bu kanal vasıtasıyla yapması hayli dikkat çekici bir ayrıntıdır. Amerika ile İran arasında yaşanan gerginliğin en son yaşanan aşamasında İran'ın Irak'taki Amerikan üslerini hedef almasının ardından Amerikan başkanı Trump açıklamalarını twitter hesabı üzerinden yapmıştır. Siyasi liderlerin bu mecrayı bu kadar etkin kullanımına başka örnekler de verilebilirken özellikle ABD Başkanı'nın Aydoğmuş'un ifadesi ile sosyal medyayı basın sözcüsü olarak kullanması dikkat çekicidir. (Aydoğmuş, 2019)

(https://www.marketwatch.com/story/this-is-trump-unleashed-these-charts-show-that-the-president-is-tweeting-and-speaking-more-than-ever- Erişim tarihi:18-01-2020)

Eleştirel medya okuryazarlığı, medya içeriklerini doğru okumayı, doğru yönden bakmayı, eleştirel açıdan değerlendirmeyi sağlamaktadır. Ancak eleştirel açıdan bakabilmek sadece bir metni, görseli eleştirmek değildir. Eleştirebilmek için kapsamlı bilgi birikimine sahip olmak demektir ki tam anlamıyla bir değerlendirme yapılabilsin. Aksi takdirde yapılan eleştirmek değil sadece fikir yürütmek aşamasında kalacaktır. Eleştirmek farklı açılardan konuyla ilgili değerlendirme yapabilmektir. Medya okuryazarlığı dili, içeriği, görseli, eleştirel bakabilmeyi aşama

aşama gerçekleştirmeyi gerektirmektedir. Eleştirel medya okuryazarlığı da tüm sahip olunanların üzerine yapılan ana akım medya da yapılan temsilleri değerlendirebilme durumudur.

İletişim ve bilgi alanında yaşanan hızlı gelişimler kendini enformasyon akışında da göstermektedir. Haberlerin farklı yollarla dolaşımı kendi içerisinde derinlemesine değerlendirilmesi gereken bir noktadır. Artık haberin hem tüketicisi hem de üreticisi konumundaki bireylerin sosyal medyayı kullanımında yaşanan olumlu ve olumsuz unsurlar bazen ciddi sıkıntıları doğururken bazen erken uyarı sistemi şeklinde kendini göstermektedir. Yaşanan sosyal, siyasal, ekonomik, kültürel, sağlık tüm gelişmeler anlık olarak internete bağlı teknolojik aletlerin hepsine ulaşmaktadır. Bu durum bilginin anlık olarak öğrenilmesi yanında doğruluğunun saptanması noktasında sıkıntıya yol açabilmektedir. Nitekim buna örnek olacak bir olay Ali Babacan'ın kuracağı siyasi partinin ismi ile ilgili olarak sosyal medyada yayılan haberin asılsız olduğu, daha sonra sosyal medya hesabından duyurumda bulunan kişi tarafından iddianın kendisi tarafından ortaya atıldığı açıklanmıştır. Amacı internet kullanıcılarının doğru olarak bildikleri ancak aslında yanlış olan bilgilerin doğrularını aktarmaya çalışan teyit.org adlı bir sitede bu durum açıklığa kavuşturulmuştur.

Kemal ÖZKİRAZ
@avrasyaanket

Ali Babacan'in partisinin ismi belli olmuş partinin ismi AKIL VE BİLİM PARTİSİ olacakmış....

AB kısaltması ile Avrupa Birligine vurgu yapılacakmış...

Diyenlerin yalancisiyim...

Translate Tweet
4:10 PM · Nov 25, 2019 · Twitter for Android

140 Retweets   1.2K Likes

(https://teyit.org/ali-babacanin-partisinin-adinin-akil-ve-bilim-partisi-oldugu-iddiasi/ Erişim tarihi:18-01-2020)

https://www.timeturk.com/mesut-ozil-in-dogu-turkistan-paylasimi-sonrasinda-cin-den-ilk-adim/haber-1320543- Erişim tarihi:18-01-2020)

Mesut Özil'in sosyal medya hesabı üzerinden yaptığı Doğu Türkistan paylaşımı üzerine Çin devlet televizyonu tepkisini Arsenal-Manchester maçını yayınlamama kararı almaya kadar taşımıştır. İsimleri oldukça önemli kişilerin sosyal medya hesabı üzerinden yaptıkları paylaşımlarla seslerinin insanlar üzerinde oluşturacağı etkiden oluşan tedirginlik ülkeler boyutunda dahi kendini göstermektedir.

Oldukça önemli mecra olarak karşımızda duran sosyal medyanın derinlemesine incelemesi, uzun soluklu araştırmalar yapılması gerekmektedir. Genel olarak bakıldığında artık en küçük bireyden en büyüğüne kadar herkesin elinde yer alan akıllı telefonların, tabletlerin, bilgisayar, internetin biz uykudayken dahi hayatımızın içerisinde devamlılığını sürdürmesi teknoloji ile ne kadar iç içe olduğumuzun göstergesidir.

Disiplinlerarası Yaklaşımla Sosyal Medya

(Fotoğraf: Anonim)

Hızla gelişen büyük dönüşümler yaşanan bu teknoloji ortamında "elektronik oyuncaklarla kurgusal bir medya ortamında büyümek zorunda kalan" çocuklarımızın, sosyalleşmiş ve sorumluluk sahibi, toplumsal değerlerine sahip çıkan bireyler olarak var olabilmeleri için herkesin üzerine düşeni yapması artık bir zorunluluktur (Arslan, 2014, s. 76).

Sosyal medyanın özellikle çocuklar üzerinde ki etkisi de önemli bir noktadır. Bu noktada Çakır dikkati çocukların yeni medya mecralarını kullanmaları, yeni medyanın da çocukları kullanması noktasına çevirmiştir. Çakır, oluşturulan sanal gerçekliğin çocukların yaratıcılığı üzerindeki etkisine değinmiş, bu durumun bireyleri kendi gerçekliklerinden uzaklaştırdığını ifade etmiştir. (Çakır, 2016, s. 346)

Bu noktada sosyal medyanın doğru kullanımı, sosyal medya okumalarının doğru yapılması haber ve bilgiye en doğru şekilde ulaşma hakkı olan vatandaşların, yanlış bilgi içeriğine boğulmaları sonucunda toplumsal karmaşaya varacak kadar yanlış anlaşılmaları beraberinde getirebilmektedir. Sadece haber üretme değil, haber tüketme pratikleri açısından sosyal medyanın birlikte ele alınması gelinen noktada daha doğru değerlendirmelerin yapılmasını sağlayacaktır.

Sosyal medyanın hayatımızdaki yerini, değişen toplumsal yapı içerisinde dijital bakıcılar olarak nasıl hayatımızın içerisine dâhil ettiğimizi aslında hemen herkes bilmekte ve kabul de etmektedir. Ancak bu noktada yapılan kabullerin teoride tamam olarak kaldığı yaşam pratikleri içerisinde ise tamamen anı kurtarmak adına hareket edildiği gözlenmektedir. Semercioğlu, Her Şey Aile İle Başlar adlı kitabında anne ve babaların da sosyal medyayı bilinçli kullanarak, bu mecrayı doğru okumaları gerekliliğini özellikle vurgulamaktadır. Kitapta Mavi Balina oyununun yaşattığı sıkıntıları örnek bir olay üzerinden aktaran yazar, çok keskin bir ifadeyle elektronik emzik verme davranışı olarak nitelendirdiği aile davranışlarının ve bunların sonuçları üzerinde durmaktadır. (Semercioğlu, 2019, s. 48) Çocuk yetiştirme noktasında dikkat edilecek unsurlardan biri de çocuklara konulacak sınırlar konusunda dahi teknolojik aletler o kadar hayatın içerisinde yer almaktadır ki çocukların eğitiminde kurallar bu aletler üzerinden konulmaktadır. Tabletle oynamama cezası, cep telefonu yasağı, televizyon izlememe cezası ya da ceza olmasa dahi istenilen davranışın gerçekleştirilmesi için kullanılan ödül-ceza mekanizması bu şekilde işlemektedir. Çocukların, gençlerin ya da yetişkinlerin hayatının içerisinde çok etkili olarak bulunan bir unsuru artık eli, kolu gibi olmuş, nefes almak gibi bir durum iken, bu durumdan onları mahrum bırakmak can sıkıcı bir psikolojik durum oluşturmaktadır. Bu noktada sosyal medyadan uzak kalmak birey için neredeyse nefessiz kalmak gibi olacağından istenilen davranışı yerine getireceği düşünülüyor gibi görünmektedir. (Baloğlu, 2015)

Arzu Baloğlu'nun çalışmasında belirttiği gibi sosyal medya insanların hayatlarında tutku durumundadır ve önceden eğlence amaçlı kullanılırken artık gündemi takip etmek amacıyla sıklıkla kullanılmaktadır (Baloğlu, 2015). Özellikle kullanım verilerine bakılarak Türkiye'nin sosyal medya kullanımı değerlendirildiğinde hangi yönde, hangi amaçla kullanıldığının ortaya çıkarılması sosyal medya okuryazarlığı açsından önemli bir kaynak olacaktır. Sosyal medya okuryazarlığı; bizim sosyal medyayı hangi amaçla kullandığımızı, buradan gelen iletileri nasıl anlamlandırdığımızı, arka planda yatan örtük anlamları nasıl okumamız gerektiğini, bu mecralardan paylaşılan tüm yazılı ve görsel içeriklerin okunmasını kapsamaktadır. Tüm bunların değerlendirilmesi, kendi içeriklerinin oluşturulması, sosyal medyayı kendi yararı doğrultusunda kullanmak demektir. Paylaşılan bilgilerin, içeriklerin, görsel materyallerin, fotoğrafların zamanında kullanılması, doğru kullanılması kadar önemlidir. Anadolu Ajansı'nın paylaştığı bilgide Anadolu Üniversitesi SODİGEM Bilim Kurulunca yayınlanan raporun sonucu aktarılmıştır. Bu araştırmada Türkiye'de sosyal medyanın ne sıklıkla kullanıldığı belirtilmektedir. Buna göre; Türkiye'de günlük sosyal medya kullanımı ortalama 2 saat 46 dakika olarak ifade edilmektedir. (Anadolu Ajansı, 2019)

Sosyal Medya ve Dijital Güvenlik Eğitim, Uygulama ve Araştırma Merkezi (SODİGEM); sosyal medya ve dijital güvenlik alanlarında eğitim, araştırma ve uygulama faaliyetlerini gerçekleştirme amacı taşımaktadır. (Anadolu Üniversitesi) SODİGEM tarafından yapılan bu araştırma verilerinden yola çıkarak; yapılan paylaşımlar ve bunların aslında hangi amaçla kullanıldığı, sonuçlarının nasıl değerlendirilmesi gerektiği, kullanıcıların profesyonel anlamda içerik yönetimine hâkim olmaları sağlamaya yönelik çalışmaların gerçekleştirilmesiyle daha bilinçli, güvenli kullanım gibi çeşitli düzeyde kontroller gerçekleşebilecektir. Aynı anda pek çok sayıda kullanıcıya ulaşan içerikler ciddi sonuçlar doğurmaya açıktır. Paylaşılan verilerin kişisel bilgiler düzeyinde güvenliği tehlikeye düşürecek paylaşımlar olmaması gerekmektedir çünkü sosyal medya üzerinden de dolandırıcılıklar gerçekleştirilmektedir. Kişilerin sosyal medya hesaplarını ele geçiren dolandırıcılar, gerçek hesap sahibi gibi hareket ederek farklı paylaşımlarda bulunmakta, para isteyebilmektedir. Sosyal medya ya da genel olarak teknolojinin kontrollü kullanılmaması insanların toplumsal yaşam içerisindeki uyum durumlarını da zora sokabilmektedir. Ciddi anlamda ruhsal durum üzerine zarar verebilecek bu durum sosyal medya üzerinden takipçilere sahip olarak beğenilme isteğini giderme ya da kendini olduğundan farklı göstererek kimlik bunalımı içerisine tamamen hapsolma sorunlarına sebep olmaktadır.

Sosyal ağlarda oluşturulan sanal kimlikler; profil bilgileri, fotoğraflar ve yazılarla tasarlanırken aslında birey bir nevi kendi vitrinini tasarlamaktadır ki bununla başka bireyleri kendi sayfasına çekebilsin. (Uluç & Yarcı, 2017, s. 95) Bireylerin gerçek kişilikleri ile paylaştıkları kişilikleri çoğunlukla birbirinden farklı olmakta, kamusal alanda neyi açıklamayı, neyi gizlemeyi tercih ettiği; işin içinde herhangi bir çarpıtma olmasa bile kurgusallığın sınırları içine girebilmektedir. (Uyanık, 2013)

Sosyal medyada iletişimin yeni biçimi, görmek, göstermek, gözetlemek ve gözetlenmek olduğundan en fazla paylaşılan içerik türü fotoğraf ve video olarak karşımıza çıkmaktadır. (Dingil & Çam, 2019, s. 18) Sosyal medyada dönem dönem yaşanan tehlikeli bilgi paylaşımı ve sosyal medyanın kimi zaman manipülasyon için kullanılması, sadece ülke içinden kişilerce değil ülke dışından kişi, grup veya istihbarat birimlerince de söz konusu olabilir. (Eren & Aydın, 2014, s. 203) Fotoğraf da sosyal medyada manipülasyon aracı olarak kullanılabilmektedir. Oldukça güçlü bir propaganda aracı olan fotoğrafla sunulan gerçeklik, toplumları rahatlıkla manipüle edilebilmekte, ülkeleri savaşa sokabildiği gibi savaşlara da son verebilmektedir. (Demirel, 2015, s. 629) Fotoğraflar insanların duyduğundan çok gördüğüne inanma eğilimini destekleyen bir araçtır. (Korkmaz, 2014, s. 33) Yaşanan toplumsal olaylarda hükümetlerin, kitlelerin taleplerinin tespitinde ve toplumsal olayların gidişatının tespitinde sosyal medyayı da bir bilgi kaynağı olarak kabul edip dikkate almaları gerekliliği ifade edilmektedir. (Köseoğlu & Al, 2013, s. 114)

İNTERNET KULLANAN BİREYLERİN İNTERNET'İ KİŞİSEL KULLANMA AMAÇLARI

Amaçlar	Toplam	Erkek	Kadın
E-Posta gönderme / alma	46,2	52,5	38,8
İnternet üzerinden telefonla görüşme/ video görüşmesi	82,7	80,7	85,0
Sosyal medya üzerinde profil oluşturma, mesaj gönderme veya fotoğraf vb. içerik paylaşma	81,4	84,5	77,7
Mesajlaşma	93,9	93,3	94,6
Çevrimiçi haber okuma	69,8	74,5	64,3
Sağlıkla ilgili bilgi arama (yaralanma, hastalık, beslenme, vb.)	69,3	65,9	73,2
Mal ve hizmetler hakkında bilgi arama	65,0	68,5	60,9
Web siteleri aracılığıyla görüş paylaşma	23,6	25,8	20,9
Toplumsal veya siyasal bir konuda online bir oylamaya katılma	9,1	11,0	6,8
İş arama ya da iş başvurusu yapma	10,6	11,2	9,9
Kendi oluşturduğunuz metin, fotoğraf, müzik, video, yazılım vb. içerikleri herhangi bir web sitesine paylaşmak üzere yükleme	42,5	44,5	40,2
Müzik dinlemek (Web radyosu dahil)	71,5	72,6	70,2
İnternet bankacılığı	47,1	59,0	33,0

(https://dijilopedi.com/2019-tuik-hanehalki-bilisim-teknolojileri-kullanim-arastirmasi/ erişim tarihi. 16-01-2020) (Dijilopedi, 2019) Bu verilerden yola çıkarak derinlemesine yapılacak analizler daha sonraki çalışmalar için yol gösterici olacaktır.

Yeni medya ortamlarında genel olarak tartışılan etik sorunları şu başlıklar altında toplamak mümkün;

-Özel yaşamın gizliliğinin ihlali,

-Telif/patent haklarının ihlali,

-İçeriğin asıl kaynağının gösterilmemesi sorunu,

-Üretilen içeriklerin olgunlaşmadan ve doğruluğunun teyit edilmeden yayılması sorunu,

-Kişisel verilerin güvenliğinin sağlanmaması sorunu,

-Veri madenciliği olgusu,

-Dijital gözetim olgusu,

-Haber ve ticari enformasyonun sınırlarının belirsizleşmesi sorunu,

-İçeriklerin yanıltıcı bir biçimde etiketlenmesi ve başlıklandırılması sorunu,

-Nefret söyleminin varlığı,

-Bireyin yeni medya ortamında sadece tüketici olarak konumlandırılması sorunu,

-Diğer sorunlar. (Binark & Bayraktutan, Ayın Karanlık Yüzü;Yeni Medya ve Etik, 2013, s. 57-112)

Medya okuryazarlığını gerektiren koşulları genel olarak şu şekilde özetlemek mümkündür:

-Enformasyon seli,

-Bilgiye erişim olanakları,

-Teknolojinin giderek ucuzlaması,

-Medyanın insanları etkileme gücü,

-Medyanın insan davranışlarını şekillendirmesi,

-Dengesiz Medya tüketim alışkanlıkları,

-Taraflı veya yanlış içeriklere rastlanması,

-Medyanın ticari amacı,

-Çarpık inançlar. (Şahin, 2014, s. 47-69)

Baloğlu sosyal medyayı dört ana kategoriye ayırmaktadır: İlki sosyal topluluk; ikincisi sosyal yayıncılık; üçüncüsü sosyal eğlence, son olarak dördüncüsü de sosyal ticaret siteleridir. (Baloğlu, 2015, s. 3) Durak ve Seferoğlu, sosyal medya okuryazarlığı üzerine yaptıkları çalışmada inceledikleri raporlar sonucu Türkiye'de sosyal medya okuryazarlığıyla ilgili farklı değişkenlerin ve boyutların ortaya çıktığını ifade etmişler ve bu unsurları şekil 1'deki gibi şemalaştırmışlardır. (Durak & Seferoğlu, 2016, s. 534)

Şekil-1. Türkiye'de Sosyal Medya Okuryazarlığıyla İlgili Unsurlar

İngiltere'de 2011 yılında ülkede yaşanan karmaşa sırasında sosyal ağların kapatılıp kapatılmaması tartışılmıştır. Yağma ve kundaklama olaylarının yaşandığı 2011 yılında dönemin Başbakanı David Cameron tarafından, istihbarat servisleri ve polisin, şiddet planlayanların iletişimlerinin engellenmesinin "doğru ve mümkün" olup olmadığının araştırılması istenmiştir. Yapılan açıklamanın ardından bireylerin iletişim haklarının, özgürlüklerinin sınırlanması anlamına geleceği yönünde değerlendirmelerle engellemeye karşı çıkılmıştır.

"İngiltere Twitter ve Facebook'a yasağı tartışıyor"

(https://www.bbc.com/turkce/haberler/2011/08/110812_riots_social_media.s
html-erişim tarihi: 22-01-2020)

Toplumda yaşanan karmaşa dönemlerinde, kriz zamanlarında sosyal ağlar üzerinden yapılan paylaşımlar halkı kışkırtmaya ya da nefret söylemi oluşturmaya yönelik olabilmektedir. Basında yer almayan haberlerin, fotoğrafların, resim gibi içeriklerin sosyal medyadan halka daha kolay sunumuyla yaşanan örnek olaylarla aslında Baloğlu'nun ifadesiyle yeni kaynak, süreç ve tehditlerin oluşumuna etken olmaktadır. (Baloğlu, 2015) İnsanlar haberlerin gerçekliğini bilmeden, paylaşılan fotoğraflarla yeniden inşa edilen gerçekliğin peşinden gidebilmektedirler. Özellikle siyasi anlamda karmaşa yaşanan alanlara dikkat edilecek olunursa, buralarda oluşturulmak istenen algıya yönelik kurulan gerçeklikte insanların ne bilmesi isteniyorsa o yönde bir mesaj aktarımına gidilebilmektedir. Bu yönde yapılan paylaşımların ardından, görsellerin gerçekle hiçbir ilgisinin olmadığı açıklamalarının yapıldığı, pek çok karmaşa dönemi fotoğrafı ortaya çıkmıştır.

Masterman medya okuryazarlığını; basılı ve elektronik medya iletilerini okuma, çözümleme, değerlendirme ve kendi medya iletilerini üretebilme yetisi olarak tanımlamıştır. (Masterman,

Disiplinlerarası Yaklaşımla Sosyal Medya

1997) Medya okuryazarlığı; bireylere kullanılan içeriklere, gelen mesajlara farklı açılardan bakarak değerlendirme becerisini anlatmaya çabalarken, sosyal medya okuryazarlığı da benzer şekilde bireylere gelen tüm içerikleri okumayı öğrenme gerekliliği yanında bu mecraların kullanımına ilişkin kılavuz niteliği de taşımaktadır. Burada paylaşılan içeriklerin sadece haber içerikleri bağlamında değil kişisel verilere dayalı hususlar da olabileceği unutulmamalıdır.

Bilici, medyayı okumanın, bir metni düz olarak okumak olmadığını, burada kastedilenin analitik düşünme, sınıflandırma gibi farklı becerileri gerçekleştirmeyi gerekli kıldığını ifade etmiştir. Medyayı okuma becerisinin de zaman içerisinde gelişeceğini ve bu okumayı gerçekleştiren bir öğrencinin aslında bununla eleştirel okuma yapabileceğini de vurgulamıştır. (Bilici, 2017, s. 35) Bireylerin sadece akıllı işaretleri yorumlaması, bunları okuyor olmaları değildir medya okuryazarlığı ya da aynı durum sosyal medya okuryazarlığı, görsel okuryazarlık içinde geçerlidir. Sürekli akan bir hızla ilerleyen bir teknoloji denizinde boğulmamak, rahatça sörf yapabilmek gerekli teknikleri bilmekle mümkün olabilecek bir durumdur.

Genel olarak bakıldığında sosyal medya kullanımının aile ve aile kurma yapısı üzerine dahi etkisi bulunmaktadır. Sosyal yaşam içerisinde hiç tecrübe edilmesi düşünülmeyen bir durum olarak sosyal medya üzerinden tanışarak evlenen çiftler de bulunmaktadır. Bu durumun sıkıntılı süreçleri beraberinde getirdiği durumlarla da karşılaşılmış, örneklerine rastlanmıştır. Sadece aile hayatı değil pek çok alanda etkisini derin bir şekilde hissettiren sosyal medya her tür içeriğin paylaşıldığı bir alan durumundadır.

(https://www.ensonhaber.com/internette-tanisip-evlendiler.html erişim tarihi 24-01-2020).

Zonguldak'ta yaşayan Bilal Yavuz ile Endonezyalı Fatri Biahimo 2017 yılında internette tanışmışlar, iki yıl boyunca internet üzerinden görüşmelerini sürdürmüşler, 2019 yılında evlenme kararı alan çiftin düğünleri Kozlu ilçesinde gerçekleştirilmiştir. Sosyal medyanın geleneksel toplumsal yapı üzerindeki etkisini açıkça gösteren bu durum farklı örneklerle artırılabilir. Bu örnek her iki tarafın olumlu kararı ile sonuçlanmış olmasına karşın, birbirlerine kişisel bilgiler noktasında farklı mesajlar ileten, bu yüzden hayatları kabusa dönen yaşamlar da söz konusudur. Sosyal medyanın kullanımının yaşattığı Mavi Balina, Momo oyununa yönelik çıkan haberler aslında sosyal medyanın hayatın her anında kullanılan bir mecra olarak yer almasının, beraberinde ciddi anlamda arka plan okuma, içerik kontrolü, görsel okuma yapabilme yeteneği ya da çocuklar için ebeveyn desteği, kontrolü gerektirdiğini ortaya koymaktadır.

Disiplinlerarası Yaklaşımla Sosyal Medya

"Milli Eğitim Bakanlığı'ndan 'Mavi Balina' ve 'Momo' önlemi"

(https://www.sabah.com.tr/egitim/2019/04/17/milli-egitim-bakanligindan-mavi-balina-ve-momo-onlemi Erişim tarihi 24-01-2020).

Milli Eğitim Bakanlığı dijital yazılımlara, güvenli olmayan içeriklere, kötü niyetli kişilere karşı öğrencileri bilinçlendirmek amacıyla siber güvenlik portalı oluşturmuştur. http://www.eba.gov.tr / siber-guvenlik (erişim tarihi 24-01-2020) adresiyle ulaşılabilecek portal gençlerin bu yönde bilinçlendirilmesini sağlayacak çok yararlı bir içerik hizmeti sunmaktadır. Siber Güvenlik, Teknolojinin Doğru Kullanımı, Aile Eğitim Serisi, Oyunlar başlığı altında verilen eğitimler her bireyin aslında medya okuryazarı, sosyal medya okuryazarı, görsel okuryazar sahip olması gereken bilgiler ağı özelliğini taşımaktadır.

Özel hayata yönelik sosyal medyada yapılan paylaşımlar da aslında etik bakımdan derinlemesine değerlendirme yapılması gereken bir nokta olarak karşımıza çıkmaktadır. Üniversite öğrencisi Sibel Ünli'nin intiharının ardından, kendisinin intihar öncesi yaptığı paylaşımları ve ölümünün ardından yapılan paylaşımlar oldukça dikkat çekicidir. İnsanların ölümün ardından sosyal medya aracılığıyla üzüntülerinin paylaşımı yanında yaptıkları olumsuz paylaşımlar bu mecralarda yığın içerisinde anonim şekilde, yüz yüze kullanamayacakları ifadeleri başka bir ortamda çok rahat dile getirebilmeleri açısından değişen yapının açık bir göstergesi olarak karşımıza çıkmaktadır. Ayrıca bu tarz durumlar siyasi birer malzeme olarak da kullanılabilmektedir.

"Sibel Ünli: İstanbul Üniversitesi öğrencisi genç kadının ölümü hakkında neler biliniyor?"

(https://www.bbc.com/turkce/haberler-turkiye-51002638, Erişim tarihi 06-01-2020)

Sosyal medya hesabında Sibel Ünli hakkında "Komünistin biri kendine destek olacak kimse olmadığı için intihar etmiş, attığı twit 1 lira ile yemek yer miyim, attığı alet akıllı telefon. parasız kaldığı için intihar edeceğine kendisine yemek alacak arkadaşları da yok ailesi de, telefonu satıp karnını doyurabilirdi…" yorumunu yapan Umurcan Görür, işe başlamak üzere olduğu Bitaksi'den gelen haber ile işe alımının iptal edildiğini öğrendi. https://teknosafari.net/sibel-unlinin-intihari-hakkinda-sosyal-medyada-yorum-yapan-adam-bitakside-buldugu-ise-baslamadan-kovuldu/ Çok sayıda insanın, genç kızın yaptığı paylaşımın ardından intihar etmesiyle; parasızlık nedeniyle intihar ettiğini düşünerek yaptıkları paylaşımlara karşılık genç kızın ailesi tarafından bir açıklama yapılmıştır. Aslında durumun çok farklı olduğu, maddi anlamda herhangi bir sıkıntıları bulunmadığı ifade edilmiştir. Durumun bir siyasi malzeme olarak, devleti karalamaya yönelik olarak kullanıldığı şeklinde açıklama yapılmıştır.(http://www.hurriyet.com.tr/gundem/sibelin-babasiyla-abisi-parasizlik-iddiasini-yalanladi-paramiz-da-var-evlerimiz-de-41413898- erişim tarihi 07-01-2020).

Sosyal medya üzerinden bireyler birbirlerine yönelik karalayıcı ifadelerde bulunabilmekte, farklı adlarla, rumuz ya da nickler ile anonim olarak açtıkları hesaplarda rahatlıkla yorum yapabilmektedirler. Yargıtay, sosyal medya hesapları üzerinden hareket içerikli mesajlara yönelik, isim vermeden kendisine hakaret edildiğini öne süren bir vatandaşın öncelikle reddedilen davasını; hakaret içerikli ifadelerin davacıya yönelik olarak kast edildiğine dikkat çekerek bozdu. (http://www.milliyet.com.tr/gundem/yargitaydan-emsal-olacak-sosyal-medya-karari-2871557 Erişim tarihi: 07-01-2020) Bu sonuç, sosyal medya kullanıcıları açısından önemli bir gelişmedir. Bireylerin kişilik haklarına, özel yaşamlarına sosyal medya kanalıyla rahatlıkla erişim sağlayan ve gerçek kimliklerini açıklamayan kişilerce yapılan saldırıların ceza alması; sosyal medya mecrasının daha sağlıklı kullanılabilmesi adına önemli bir adımdır. Kullanıcıların da özellikle kişisel bilgilerini paylaşım noktasında dikkatli olmaları, güvenlik unsurlarına önemle uymaları kendi yararlarına olmaktadır.

Baban, sosyal medyanın etkisinden söz ettiği çalışmasında yaptığı değerlendirmede, yeni medya düzeninin özgürlük, şeffaflık, açıklık, güvenilirlik üzerine kurulması gerekliliğine vurgu yaparken bireylerin gerçek yaşam içerisinde kaybettikleri özgürlüklerini sosyal medyada farklı kimliklerle yeniden oluşturmaya çalıştıklarını fakat bu durumun yeni sakıncaları da beraberinde getirdiğini aktarmıştır. (Baban, 2012, s. 77)

Göneneli ve Hürmeriç, facebook üzerine yaptıkları çalışmada, konu üzerine gerçekleştirdikleri anket çalışmasından elde ettikleri veriler üzerinden yaptıkları değerlendirmede, bu alanın en büyük dezavantajının özel hayatın deşifre edilmesi olduğunu ve aslında normal koşullarda elde edilemeyecek kişisel bilgilerin sosyal medya vasıtasıyla kolaylıkla ulaşılabilir olduğunu ifade etmişlerdir. (Gönenli & Hürmeriç, 2012, s. 240) Yapılan çalışmalardan da yola çıkarak sonuçlar sosyal medya kullanımının ve okuryazarlığının, görsel okuryazarlığın önemine vurgu yapmaktadır. Bu çalışmalarda ifade edildiği gibi aslında normal koşullarda erişilip ulaşılamayacak veriler, hiç tanımadığınız bireylerin erişimine açık olabilmekte, tamamen özel olan bu bilgiler ya da içerikler özel yaşamınızın izini sürmek isteyen bireylerin kolaylıkla erişimine sunulabilmektedir.

Sosyal medya yoluyla ulaşılan içeriklerin, görsel ya da yazılı mesaj, her akan içeriğin tamamının doğru kabul edilmesi ya da olduğu gibi okunmasının ne kadar doğru bir durum olduğu tartışma konusudur. Medya iletilerinin birer üretim olduğunu bilmek, iletilerin gerçekliği noktasını irdelemek, medya okuryazarlığının önemli bir adımıdır. Hayat boyu devam edecek olan medya okuryazarlığı sürekli gelişen ve değişen enformasyon teknolojisi, iletişim alanının hızlı akan dönüşümleri takip etmeyi, dolayısıyla bireyin en anlamlı şekilde değerlendirmeyi sağlaması adına önemlidir. Bu noktada sadece medya okuryazarlığı olarak değil, içerisinden doğan ve giderek büyüyen ve farklı noktalara doğru kayan sosyal medyanın da doğru okunması gerekmektedir. Çok fazla bilgi sunulan, enformasyon bombardımanı ile karşı karşıya kalınan bu mecrada bireylerin içeriklere, görsellere dikkat etmesi gerekmektedir. Bu nedenle doğru okumayı sağlayacak anahtar kelime bilgisi ile başlayarak ilk adımların atılması, iletişim konusunda genel bilgilere sahip olunması, özellikle iletilerden etkilenmeye en çok açık olunduğu dönem olarak küçük yaş gruplarına yönelik olarak düzenlenecek içerik yönetimine dair bilgilendirmeler oldukça önemlidir.

Modern bakıcılar olarak kullanılan akıllı telefonlar, televizyon, tabletler giderek fazlasıyla tüketen, sınırlarını çizmekte zorlanan, kaygılı, agresif, içine kapanık, güvensiz nesillerin hızlıca çoğaldığı zamanlara gidilmektedir. Annelerin çocuklarına oyalansın diye verdikleri cep telefonlarıyla dişleri çıkmakta olan çocuğun dişini kaşımak için malzeme olarak kullanması, aslında yol gösterici olarak yer alması gereken ebeveynlerin öncelikle bilgilendirilmesinin gerekliliğini göz önüne koymaktadır. Aynı zamanda toplumun tüm kesimlerine yönelik medya okuryazarlığı, sosyal medya okuryazarlığı, görsel okuryazarlık eğitimlerinin zorunlu yayın kuşağı, seminerler veya farklı yöntemlerle verilmesi gerekmektedir. Çünkü alandaki gelişmeler akıl almaz bir hızla ilerlerken bu alanların faydalı kullanımlarına yönelik içerik kullanım bilgisine en alt düzeyde dahi olsa hâkim olmak mecburiyeti ile karşı karşıya olunan bir dönem içerisinde bulunmaktayız. Kullanım amacı hayatımızı kolaylaştırmak olan teknolojik aletlerin, aslında kontrolün bizden çıkmasına sebep olması yine bireylerin yetersiz bilgi sahibi olmaları ve sosyal medyayı dikkatsizce kullanmaları ile ilgili bir durumdur. Bu durum bireylerin hem beden sağlığı hem ruh sağlığını olumsuz etkilediği durumlara yönelik haberler sıklıkla karşımıza çıkmaktadır. Bireylerin medya deneyimleri ile gerçek yaşam arasındaki farkı kavrayarak buradaki iletilerin gerçekliğini sorgulayabilmeleri ve sosyal yarar sağlama unsurlarının farkında olmaları gerekmektedir. (Güner, Topaloğlu ve Genç, 2014, s. 71)

Suriyeli mültecilere yönelik sosyal medya üzerinden çok sayıda haber yapılmıştır. Bu haberlerin doğruluğu ya da doğru bilinen yanlışlar başlığı altında dönem dönem açıklamalar yapılmıştır. Ancak yine de insanlar üzerinde Suriyeli mültecilere yönelik farklı bir algı oluşturmak adına faturalarının ödenmesinden, maaş bağlanmasına, sağlık alanından eğitim, sosyal yaşam gibi pek çok alanda ayrıcalıklı yaşam sürdükleri yönünde aslı olmayan pek çok yanlış bilgi nedeniyle nefret söylemiyle karşı karşıya kalındığı zamanlar olmuştur. Sosyal medya üzerinden paylaşılan bu içeriklere çok sayıda örnek vermek mümkündür. Bunlardan bir tanesi sosyal medyada, Konya'da yaşayan Suriyelilerin su faturası ödemedikleri yönünde çıkan iddialardır. Bu iddiaların asılsız olduğu çeşitli platformlarda duyurulmuştur ancak buna benzer asılsız iddialar sosyal medyada sıklıkla yer almaktadır.

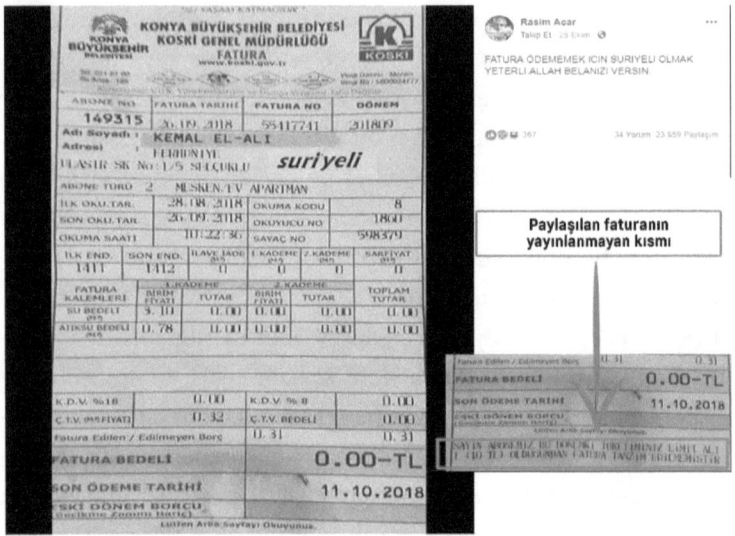

(https://multeciler.org.tr/suriyeliler-su-faturasi-oduyor-mu/
-erişim tarihi21-01-2020)

Mülteciler Derneği'nin internet sitesinde sosyal medyada yer alan gerçekliği bulunmayan paylaşımlar hakkında açıklamalar yer almaktadır. Sıklıkla karşılaşılan bu durumlarla mücadele, bu kadar geniş bir yelpazenin içerisinde anlık takipleri bireysel bazda mümkün kılmamaktadır. Fakat sosyal medya okuryazarı bireyler kontrolü kendileri sağlayacağından gelen her mesaja eleştirel yönden yaklaşacak, her bilgiyi doğru kabul etmeyip alternatif içeriklere ulaşma seçeneğini göz ardı etmeyecektir. Eleştirel medya okuryazarlığı bireyin çok yönlü değerlendirme yapmasına dayanmaktadır. Eleştiri bilgiyi gerektirmektedir. Eleştiri yapabilmek için konuya çok yönlü bakabilmek gerekliliği mevcuttur. Eğer birey Kurt ve Kürüm'ün ifade ettiği gibi eleştirel bakabiliyorsa okuduğu içerik, dinlediği ya da gördüğü içeriği ayrıntılı bir şekilde ele alır ve ulaşmak istediği bilgiye erişimin nasıl gerçekleşebileceği ve edindiği bilginin doğruluğunu kendisi değerlendirebilir (Kurt & Kürüm, 2010, s. 29).

Görsel okuryazarlık, sosyal medya okuryazarlığı da medya okuryazarlığı içerisinden doğmuş sürekli gelişim göstermekte olan alanlardır. Oldukça önemli olan bu alanlar aslında yeni gelişen alanlar olarak karşımızda durmasına karşılık medya okuryazarlığının gündeme geldiği dönemden itibaren varlığı ortadadır. Bir görsel içerik insanlar üzerinde iz bırakabileceğinden psikolojik olarak etkileme gücü daha kuvvetli görünmektedir. Görselde kullanılan açılar, renkler, perspektif insanları rahatlıkla yönlendirme de etkili birer araçtır. Artık teknolojiye yetişmek durumunda kalan belli yaş grubu bunun önemini kavramıştır. Neredeyse gün içerisinde atılan tüm adımlar sosyal medya ortamlarından paylaşılmaktadır. İnal, medya okuryazarlığının temel amacının medyaya yönelik eleştirel bir özerkliğin sağlanması olarak belirtmektedir. (İnal, 2009, s. 90)

Eleştirel medya okuryazarlığının amacı Binark ve Bek'in ifade ettiği gibi; yurttaşın toplumsal, kültürel, siyasal ve ekonomik alanlarda etkin aktör olarak karar mekanizması içerisinde yer almasını aldığı kararların sorumluluğunu taşıyabilmesini, sorumluluk bilincinin oluşmasını desteklemektedir. (Binark & Bek, Eleştirel Medya Okuryazarlığı Kurumsal Yaklaşımlar ve Uygulamalar , 2010, s. 10) Eleştirel medya okuryazarlığı bireyin yazılı, yazılı olmayan tüm içeriklere ulaşmanın kendi amaçları doğrultusunda sorgulama yaparak kullanması dolayısıyla kontrolünün de ifadesidir. Kurt ve Kurum'un ifadesiyle, eleştirel düşünen bir medya okuryazarı; "neden izlemeliyim/ dinlemeliyim/ okumalıyım?" türünden sorulara yanıt arayarak medyadaki bilgileri, okuduklarını, dinlediklerini, gördüklerini ayrıntılı bir biçimde ele alarak amacı doğrultusunda kullanabilecektir. (Kurt & Kürüm, 2010, s. 29)

Hicabi Arslan - Aslıhan Topal - Gizem Gürel Dönük

(http://www.dinibulten.com/guncel/nihat-hatipoglunun-fotografi-sosyal-medyada-olay-oldu/952- erişim tarihi: 21-01-2020)

Nihat Hatipoğlu'nun sosyal medyada bir hayranıyla çektirdiği bu fotoğraf farklı yorumlanmış, çok konuşulmuş bir görseldir. Buradan yola çıkılarak aktarılması gereken sosyal medya üzerinden görsellerin kullanılarak insanlar üzerinde farklı yönde algı oluşturulmaya çalışılıyor olması gerçeğidir. Sıklıkla başvurulan bu durum savaş fotoğrafları ve doğal afetler gibi insanlar üzerinde kolaylıkla yanlış yönlendirmelere açık durumlarda da kullanılabilmektedir. Görsel medya okuryazarlığı, iletişim teknolojisinin bu kadar ilerlediği bir dönemde oldukça önemli bir alan olarak karşımızda durmaktadır. Sürekli farklı içeriklere maruz kalan birey için özellikle bu içerikleri doğru okuyup yorumlamak ve kendi içeriklerini üretebilecek yeteneğe, asgari donanıma sahip olması gerekmektedir. Bu dönem için gereklilik olarak durmaktadır çünkü sürekli gelişen enformasyon teknolojisi karşısında bireyin bilgi seli karşısında kendine yarayacak, doğru kanallardan aktarılmış bilgiye ulaşabilmesi önemlidir.

Canan Karatay'ın da sosyal medya üzerinden yaptığı çeşitli paylaşımlar ara ara gündem oluşturmaktadır. Karatay yaptığı paylaşımlarda diyetlerden, faydalı ya da zararlı yiyeceklerden sıklıkla bahsetmektedir. Bu paylaşımlarda bazen Karatay'a yö-

Disiplinlerarası Yaklaşımla Sosyal Medya

nelik şikayet durumları, mahkemelik olma durumları basında yer almıştır. Bir dönem anne adaylarına yönelik olarak yapılan şeker yüklemesinin aslında bebekler için zararlı bir uygulama olduğunu söylemesi üzerine kendisine yönelik tepkiler oluşmuştur. Yine zaman zaman yaptığı açıklamalar nedeniyle sorunlar yaşamıştır. Bunlardan bir tanesi de dönerle ilgili yaptığı açıklamadır. Tüm Restoranlar ve Turizmciler Derneği, Karatay'ın yaptığı açılamaların ardından hakkında suç duyurusunda bulunmuştur.

"Canan Karatay'ın 'döner' çıkışı mahkemelik oldu!"

(https://www.aksam.com.tr/guncel/canan-karatayin-doner-cikisi-mahkemelik-oldu/haber-1029672- erişim tarihi 21-01-2020)

Manipüle edilmiş içerik, yanlış bilgi, kasıtlı olarak sunulan yanlış görsel, enformasyon, sosyal medyada sıklıkla karşılaşılan durumlardır. Bu noktada medya okuryazarlığı içerisindeki temel kavramların bilinmesi, eleştirel gözle bakıp, süzgeçten geçirerek bilgiye erişim, çözümleme ve değerlendirme yapma aşamasında önemlidir. Dezenformasyon, mezenformasyon kavramlarına, sansür, propaganda gibi temel kavramların tanımlarına hâkim olmak gerekmektedir. Taş ve Taş'ın belirttiği gibi sosyal medyada bireylerin aynı ya da benzer düşüncede olanların birbirlerini takip ettikleri görülebilmektedir. Bu durumun karşıt görüşlerden yalıtılmış "yankı odaları" ya da "filtre balonları" oluşturduğundan bahsetmektedirler. (Taş & Taş, 2018, s.

193) Sosyal medyanın yeni kamusal alan olarak, sessiz çoğunluğun düşüncelerini açıklayabileceği bir alan yaratarak suskunluk sarmalını kırılabileceği görüşünün tartışıldığı ifade edilmektedir. (Dingin, 2019, s. 178)

RTÜK ve Milli Eğitim Bakanlığı tarafından gerçekleştirilen Medya Okuryazarlığı Araştırmasında elde edilen bulgular çok önemli veriler sunmaktadır. Bu çalışma 2016 yılında 26 ilde toplam 37 ilçe ve il merkezinde medya okuryazarlığı dersini alan 13-16 yaş arası 1273 öğrenci ile gerçekleştirilmiştir. Bu verilerden cep telefonu ve internet kullanımına ilişkin olan veriler değerlendirildiğinde sonuç oldukça dikkat çekicidir. Bulgularda cep telefonu kullanım amaçlarında müzik dinlemek, sosyal medya ağlarına bağlanmak, internet sitelerinde gezinmenin ön plana çıktığı görülmektedir. İnternet kullanımına ilişkin bulgularda özellikle internetin kendileri için önemli olduğunu vurgulamaları önemlidir. Burada rahatsızlık duydukları nokta ise; siber zorbalık ve reklamlar olarak yer almaktadır. (RTÜK, 2016, s. 233-234).

İnsanların tanıdıkları veya tanımadıkları kişilerle iletişime geçebilmesi, eş zamanlı olarak binlerce insanla, binlerce mesaj paylaşımında bulunabilmesi çok çeşitli formatlarda paylaşımda (müzik, video, yazı, fotoğraf, konum bildirme) bulunması sosyal medya ortamının, etik ihlalleri ve bunun tartışmasını da beraberinde getirmiştir. (Öztürk, 2015, s. 288)

Sonuç

Gelişen enformasyon teknolojisiyle birlikte kitlesel düzeyde aktarılan mesajlar, görseller çeşitli formlardaki iletiler doğru kaynaktan beslenen iletiler olarak karşımıza çıkmayabiliyor. Medya okuryazarlığı bireylerin kendilerine bu mecralardan aktarılan iletilere ulaşabilme, çözümleme, değerlendirme ve kendi içeriklerini üretebilme yeteneği olarak tanımlanmaktadır. İnternet kullanımın yaygınlaşmasıyla birlikte, cep telefonlarının ne-

Disiplinlerarası Yaklaşımla Sosyal Medya

redeyse insanların bir organı haline gelmesi sosyal medya kullanımının yaygınlaşması bebeklik dönemindeki bireylerin cep telefonlarıyla tanışıklıklarının bu dönemden başlaması, çocuk, genç, çeşitli yaş gruplarındaki bireylerin artık teknolojiye bu kadar kolay erişebilmesi hem olumlu hem olumsuz değişimleri beraberinde getirmektedir.

Sanal gerçeklik üzerinden kurulan yaşamlar bireyleri kimlik bunalımlarına, sahte dünyanın içerisinde kendilerine yeni yaşamlar kurmaya çalışmalarına, sosyal medyada gördükleri beden ölçüsüne, vücut görüntüsüne sahip olmaya, orada gördükleri olmaya özendirmektedir. Siber güvenlik, kişisel verilerin gizliliği, etik kurallar noktası yeni medyada sıklıkla karşılaşılan dikkat edilmesi gereken unsurlardır. Sosyal medya okuryazarlığı; sosyal mecralardan gelen her türlü içeriğe ulaşma, değerlendirme, çözümleme ve bu mecralarda asgari içerik hazırlama yeteneğini kapsamaktadır. Görsel okuryazarlık da görsel içerik erişimi, üretimi, değerlendirme ve çözümleme sürecine asgari düzeyde yeterliliği kapsamaktadır. Medya okuryazarlığı, bütünler bir terim olarak içinde hepsini barındırmaktadır. Tüm bunlar sadece mevcut süreçte değil aslında tüm yaşamı kapsayacak donanımlardır. Özellikle enformasyon seliyle, bilgiye, teknolojiye sahipliğin bu kadar kolay olduğu bir dönemde sosyal medya okuryazarlığı giderek artan önemle ortada durmaktadır. Sadece sosyal medya okuryazarlığı değil aynı zamanda sosyal medya uzmanlığı da giderek önemli hale gelmektedir. Neredeyse tüm kurumsal yapılar sosyal medyanın ne kadar önemli bir mecra olduğunun farkında olarak resmi hesaplarından mesajlarını, görsellerini paylaşmaktadırlar. Sosyal medya kullanıcıları bu mecralardan bilgiye, enformasyona, görsel içeriklere kolaylıkla ulaşabilmektedirler ancak sadece bununla kalmayan durumda buradan gelebilecek zararların da farkında olmalıdırlar. Özellikle küçük yaş gruplarının en savunmasız konumda bulundukları unutulmamalı, içerik yönetimi konusunda tüm bireylerin bilinçli kullanıcılar olarak bu mecralarda yerlerini almaları gerekmektedir. Sosyal medyada sunulan içeriklerle insanlar üzerinde algı yönetimi sağlanmaya çalışılabilmekte, nefret söylemi ile karşılaşılabilmekte, siber zorbalık yaşanabilmektedir. Tüm bunların sağlıklı şekilde yönetilebilmesi için artık sosyal medya okuryazarlığı zorunluluk olarak karşımızda durmaktadır.

Sosyal medyanın küçük yaş grupları, gençler ya da yetişkinler üzerindeki etkilerinin olumlu, olumsuz taraflarının hangisinin daha yoğun olduğu noktasında yapılacak derinlemesine analizler gerekmektedir. Burada hangisinin ağırlık taşıdığını göstermek sosyal medya okuryazarlığının önemini bir kere daha açıkça ortaya koyacaktır. Çünkü erişilen, paylaşılan, değerlendirilip, çözümlenen bilginin, görselin, yazılı ya da yazısız tüm aktarımların eleştirel bakışla değerlendirilmesi gelişen dünya içerisinde doğru adımlarla kullanıldığında sorun teşkil etmeyecek, insanları depresyon çukuruna düşürecek bir bataklık gibi de görünmemektedir. Bu kadar korkunç gösterilmeye çalışılan sosyal ağlar doğru kullanımlarla bireylere ciddi faydalar da sağlayacaktır. Kontrolün eleştirel bakabilen, sorgulayan bireyin elinde olması, içerik kontrolünü yapabilmesi değişen ve gelişen dünyada kendini komutlarla yönetilen bir robot olmaktan çıkarıp komut vererek robot üreten bilim nesli olma yolunda ilerleteceketir. Ancak tüm bunlar medya okuryazarlığı, sosyal medya okuryazarlığı, görsel okuryazarlık kavramlarının tam anlamıyla kavranmasıyla mümkün olabilecek gibi görünmektedir.

Kaynakça

Akyol, O. (2015). Yeni İletişim Teknolojilerinin Ortak Özellikleri. M. G. Genel içinde, *Yeni Medya Araştırmaları 1* (s. 1-35). Bursa: Ekin Yayınevi.

Anadolu Ajansı. (2019, Aralık 30). *Türkiye'de günlük sosyal medya kullanımı ortalama 2 saat 46 dakika*. Ocak 16, 2020 tarihinde Anadolu Ajansı Web sitesi: https://www.aa.com.tr/tr/yasam/turkiyede-gunluk-sosyal-medya-kullanimi-ortalama-2-saat-46-dakika/1687548 adresinden alındı

Anadolu Üniversitesi. (tarih yok). *Sosyal Medya ve Dijital Güvenlik Eğitim, Uygulama ve Araştırma Merkezi (SODİGEM)*. Ocak 16, 2020 tarihinde Anadolu Üniversitesi: https://www.anadolu.edu.tr/universitemiz/merkezler/sosyal-medya-ve-dijital-guvenlik-egitim-uygulama-ve-arastirma-merkezi-sodigem adresinden alındı

Disiplinlerarası Yaklaşımla Sosyal Medya

Arslan, H. (2014). Eleştirel Medya Okuryazarlığı Kapsamında Çocuk Odaklı Haber ve Programlar Üzerine Bir Değerlendirme. *Adnan Menderes Üniversitesi, Sosyal Bilimler Enstitüsü Dergisi*, 70-79.

Arslan, H. (2019). Medya Okuryazarlığı Kapsamında Osmanlı Tarihini Konu Alan Televizyon Dizilerinin Takipçi Üzerindeki Tarihsel Yönlendirici Etksinin Analizi. S. Yetimova, ve M. Aslan içinde, *Tarihi Aydınlatan Sinema* (s. 53-81). Konya: Atlas Akademi.

Aydoğmuş, H. (2019, Ekim 8). *trthaber*. Ocak Çarşamba, 2020 tarihinde trthaber Web Sitesi: https://www.trthaber.com/haber/dunya/trumpin-vazgecemedigi-basin-sozcusu-twitter-434564.html adresinden alındı

Baban, E. (2012). Mc Luhan ve Baudrillard'ın Penceresinden Sosyal Medya Etkisi: İfadenin Esareti, Gözetlenen Toplum ve Kayıp Kimlik Sendromu. T. Kara, & E. Özgen içinde, *Sosyal Medya* (s. 57-79). İstanbul: Beta Yayım Dağıtım.

Baloğlu, A. (2015). Genel Tanımlamalar ve Değişen Devlet Modeli. A. Baloğlu içinde, *Sosyal Medya Madenciliği* (s. 1-12). İstanbul: Beta Yayınları.

Bilici, İ. E. (2017). *Medya Okuryazarlığı ve Eğitimi*. Ankara : Nobel Akademik Yayıncılık.

Binark, M., ve Bayraktutan, G. (2013). *Ayın Karanlık Yüzü;Yeni Medya ve Etik*. İstanbul: Kalkedon Yayıncılık.

Binark, M., ve Bek, M. G. (2010). *Eleştirel Medya Okuryazarlığı Kurumsal Yaklaşımlar ve Uygulamalar* . İstanbul: Kalkedon Yayınları.

Çakır, H. (2016). Yeni Medyanın Çocuk Ve Çocuk Tüketimi Üzerindeki Etkisi. M. G. Genel içinde, *Yeni Medya Araştırmaları 2* (s. 330-348). Bursa: Ekin Yayınevi.

Demirel, G. (2015). Fotoğrafın manipülasyon ve gündem saptama gücü. *International Journal of Social Sciences and Education Research*, 625-636.

Dijilopedi. (2019, Ağustos 29). *2019 TUİK Hanehalkı Bilişim Teknolojileri Kullanım Araştırması*. Ocak 16, 2020 tarihinde Dijilopedi: https://dijilopedi.com/2019-tuik-hanehalki-bilisim-teknolojileri-kullanim-arastirmasi/ adresinden alındı

Dingil, A. E., ve Çam, A. (2019). Yeni Medyada Panoptikon, Süperpanoptikon Ve Sinoptikon Tartışmaları. A. D. Topçu, & G. Topçu içinde, *İletişim Bilimleri Çalışmaları II* (s. 13-25). Ankara: Akademisyen Kitabevi.

Dingin, A. E. (2019). Sosyal Medyada Suskunluk Sarmalı ve Kamusal Alana Trol Müdahaleler. H. Arslan içinde, *Küreselleşen Dünyada İletişim Üzerine Disiplinlerarası Yaklaşımlar* (s. 171-186). Konya: Literatürk Academia.

Durak, H., ve Seferoğlu, S. S. (2016). Türkiye'de Sosyal Medya Okuryazarlığı Ve Sosyal Ağ Kullanım Örüntülerinin İncelenmesi. *Uluslararası Sosyal Araştırmalar Dergisi*, 526-535.

Eren, V., ve Aydın, A. (2014). Sosyal Medyanın Kamuoyu Olusturmadaki Rolü ve Muhtemel Riskler. *KMÜ Sosyal ve Ekonomik Arastırmalar Dergisi*, 197-205.

Gönenli, G., ve Hürmeriç, P. (2012). Sosyal Medya: Bir Alan Çalışması Olarak Facebook'un Kullanımı. T. Kara, & E. Özgen içinde, *Sosyal Medya* (s. 213-242). İstanbul: Beta Basım Yayım Dağıtım.

Güner, F., Topaloğlu, N., ve Genç, S. Z. (2014). Medya İletilerinin Gerçeği Yansıtma Düzeylerinin Öğrenci Görüşlerine Göre Tespiti. *Bilgisayar ve Eğitim Araştırmaları Dergisi*, 69-90.

İnal, K. (2009). *Medya Okuryazarlığı El Kitabı*. Ankara: Ütopya Yayınevi.

Korkmaz, A. (2014). Etik Bağlamda Haber Fotoğrafçılığının Manipülasyon Ve Propaganda Aracı Olarak Kullanılmasının Değerlendirilmesi. *Gümüşhane Üniversitesi İletişim Fakültesi Eletronik Dergisi*, 26-52.

Köseoğlu, Y., ve Al, H. (2013). Bir Siyasal Propaganda Aracı Olarak Sosyal Medya. *Akademik İncelemeler Dergisi*, 103-125.

Kurt, A. A., ve Kürüm, D. (2010). Medya Okuryazarlığı ve Eleştirel Düşünme Arasındaki İlişki:Kavramsal Bir Bakış. *Mehmet Akif Ersoy Üniversitesi Sosyal Bilimler Enstitüsü Dergisi*, 20-34.

Masterman, L. (1997). Media literacy in the information age: current perspectives. R. Kubey içinde, *A Rationale for Media Education* (s. 15-68). New Yersey: Transaction Publishers.

Onat, F., ve Alikılıç, Ö. A. (2008). Sosyal Ağ Sitelerinin Reklam Ve Halkla İlişkiler Ortamları Olarak Değerlendirilmesi. *Journal of Yasar University*, 1111-1143.

Öztürk, Ş. (2015). Sosyal Medyada Etik Sorunlar. *Selçuk İletişim*, 287-311.

RTÜK. (2016). *Medya Okuryazarlığı Araştırması*. Ankara: RTÜK.

Semercioğlu, S. (2019). *Her Şey Aile İle Başlar*. İstanbul: Sola Yayınları.

Şahin, A. (2014). *Eleştirel Medya Okuryazarlığı*. Ankara: Anı Yayıncılık.

Taş, O., ve Taş, T. (2018). Post-Hakikat Çağında Sosyal Medyada Yalan Haber ve Suriyeli Mülteciler Sorunu. *İleti-ş-im 29 • aralık/december/décembre 2018*, 183-207.

Uluç, G., ve Yarcı, A. (2017). Sosyal Medya Kültürü. *Dumlupınar Üniversitesi Sosyal Bilimler Dergisi*, 88-102.

Uyanık, F. (2013). Sosyal Medya: Kurgusallık ve Mahremiyet. *Yeni Medya Kongresi*. Kocaeli: Kocaeli Üniversitesi.

Sosyal Medya Devrimleri ve Siyasal İletişim Alanı Olarak Sinema

*Dilan Çiftçi**
*Pelin Agocuk***

Giriş

Sosyal medya tartışmaları günümüzde sadece sosyal bilimlerin değil fen bilimlerinin de hemen hemen her alanında yer almaya başlamıştır. Bununla birlikte teknolojik gelişmelerin neticesinde her olay, olgu ve kuram içerisinde sosyal medya öğesini bulunduran tartışmalara dönüşmüştür. Sosyal medyanın içerisinde bulunduğu tartışmalar onun sağladığı imkanlar ve erittiği değerler açısından sıklıkla farklı görüşlere yer verse dahi, var olan değişimin kaçınılmaz bazı sonuçlar doğurduğu konusunda bilim insanları ortak noktada buluşmaktadır. Bu bilgiler ışığında, bu çalışmada, *Twitter* özelinde vurgulanarak sosyal medyada, demokrasi ve kamusal alan tartışmalarına yer verilmiştir. Bu bağlamda 'Kamusal alan nedir ve demokrasi neresindedir?', '*Twitter*'in, bir kamusal alan yaratılmasında katkısı olduğunu söylemek doğru mudur?', '*Twitter*'e yöneltilen eleştiriler nelerdir, hangi temellere dayandırılmaktadır?', 'Twitter'in ekonomik-politik tartışmalarında sınır neresidir?', 'Özgürlükçü *Twitter*'de siyasal iletişimin sınırları nelerdir? 'Ya da *Twitter* gerçekten özgürlükçü müdür?' sorularına yanıt aramaktadır.

---

[*] Yardımcı Doçent Doktor, Yakın Doğu Üniversitesi İletişim Fakültesi, Gazetecilik Bölümü, dilan.ciftci@neu.edu.tr

[**] Yardımcı Doçent Doktor, Yakın Doğu Üniversitesi İletişim Fakültesi, Radyo-TV-Sinema Bölümü, pelin.agocuk@neu.edu.tr

Bu noktada, söz konusu tartışmaların kavramsal altyapısı ile birlikte çalışma, farklı ülkelerden örneklerle *Twitter* devrimleri ve protestolarına yönelik bir çerçeve sunmaktadır. Çalışmanın son kısmında ise sunulan çerçevede, sosyal medya devrimleri ve protestolarının *kurmaca ve belgesel sinemada* görünürlükleri örneklerle ortaya konmuştur. Bütün bu tartışmalar ışığında *Twitter*'in siyasetin ve demokrasinin yeni bir biçimine ve siyasal kamusal alanın yeniden canlanmasına yol açıp açmadığı çalışmanın sonunda ortaya konmuştur.

Kamusal Alan

Günümüzde toplumsal değişim ve gelişim ile ilgili çalışmalarda, sıklıkla göndermeler yapılan kavramların başında 'kamusal alan' kavramı gelmektedir. Söz konusu kavram kavramsallaşma aşamasında en hararetli sürecini 1980'lerin sonu ve 1990'ların başında yaşamıştır. Her ne kadar farklı şekillerde karşımıza çıksa da kavramın en etkili ve kabul gören şekli Jürgen Habermas'a ait olanıdır. Yeni çağ ideolojiler, Habermas'ın devlet yapısında, giderek artan bürokrasileşmeye yaptığı eleştirilerden ve kapitalizmin etkisi altına diğer toplumlardan daha geç giren toplumlardaki özel ve kamusal arasındaki ilişki ile yapmış olduğu betimlemelerden kendilerine destek bulmaktadırlar. Habermas kamusal alanın tarihsel olduğu kadar normatif bir kategori olarak da kurgulandığını belirtmektedir. Bu durum, geç kapitalist toplumlar için, demokratik sürece geçiş aşamasında karşılaşılan sıkıntıların ve yaşanan zorlukların daha kolay aşılabilmesi için topluma önderlik eden bir rehber konumundadır. Alternatif politikalar üretirken hale hazırda var olan neo-liberal anlayışı eleştiren bu kavram, devletin yüceltilmesi yerine, kamusal alanın öne çıkmasını savunan bir anlayıştadır. Siyasal kamusal alan kavramı devletin dışında kalmaktadır. Bu durum yeni demokratik mekanizmalar ve yeni demokratik kurumların yapılandırılmasına fayda sağlamaktadır. Bu bağlamda, söz konusu kavram, içinde bulunulan zamana uygun olan bir iletişim düzeninin kurulmasıyla temsili demokratik sistemin yeniden yapılandırılmak üzere gerek duyulan tüm siyasal analizlere zemin hazırlamaktadır.

'Kamusal' kelimesi, herkes tarafından erişilmesi ve gözlemleme olanağı olan olguları ve vatandaşlık kavramını ifade etmektedir. Bireyler iyi bir yaşam kurmak, devam ettirmek ve bu yaşamı korumak için bir toplumsal demokrasi düzeni içinde olmayı istemektedirler (Dewey, 1927). 20. yüzyılın sonlarında siber uzay da yeni bir kamusal alan olarak karşımıza çıkmaktadır (Jones, 1997, s.22). Tabi ki bu yeni yaratılan kamusal alanın geleneksel kamusal alan kavramıyla eşanlamlı olmadığı belirtilmelidir. Kamusal alan olduğu kabul gören internet sadece yeni bir siyasi tartışma alanı sunmaktadır. İnternet sayesinde fikirler daha kolay tartışılabilmektedir.

Habermas (1962/1989), yaptığı araştırmalarda 17. ve 18. yüzyıllarda kamunun yükselişini izlerken, 20. yüzyılda ise kamunun düşüşüne tanıklık etmiştir. Kamusal alan sosyal hayattaki kamusal tartışmaların gerçekleştiği (Habermas, 1991 [1973]) diğer taraftan da karar alma sürecine destek veren demokratik bir ortam (Habermas, 1989 [1962]) olarak algılansa da bu kavram idealize edilmiştir. Düşük sosyal sınıfın ve kadınların bu demokrasi sürecine dahil edilmemiş oldukları ironik yaklaşım aslında Habermas'ın kendisi tarafından da kabul edilmiş bir noktadır. Habermas gibi Lyotard (1984) de anlaşmazlık, anarşi ve bireyselliğin gerçek anlamda demokratik özgürleştirmeyi sağladığını savunmaktadır. Fraser (1992) Lyotard'a ait bu eleştirel yaklaşımı daha da genişleterek kamusal alanı yalnız ayrıcalık sahibi erkeklerin yönetim becerilerini uyguladıkları bir yer şeklinde kavramsallaştırmıştır. Kamusal alanların dışlanmalardan doğduğu fikrini savunmuş ve pek çok farkı kamusal alan olduğunu ileri sürmüştür. Tüm bu farklı kolektif kimliklere dikkat eden bir kamusal alan da bulunmamaktadır (Fraser, 1992). Gerçek bir ideal halk bulunmamaktadır. Kamusal alan çok ender eşitlikçi bir ortam olup demokrasi ile ilgili sorunlara da çözüm getirmemektedir (Schudson, 1997). Habermas'ı savunan Garnham (1992), ideal bir kamusal alana sahip olmanın imkansız olduğunu belirtmektedir. Kısaca özetlemek gerekirse, kamusal alan; kamuoyu oluşturmada rol oynayan, yurttaşların erişim şansı olan, kamu yararı için özgür ve sınırsız bir ortam sunan ve yönetim ilişkileri üzerinde tartışmaya açık olarak betimlenmektedir (Habermas, 1989, s.136). Habermas (1989, s.136) kamusal alanın boyutlarını betimlerken şu noktaların altını çizmektedir:

- Kamusal alanın kamuoyu oluşumundaki rolü,
- Kamusal alana yurttaşların erişimi,
- Kamu yararı noktasında sınırsızlık ve özgürlük (ifade, örgütlenme, toplanma vb.) ve
- Yönetim ilişkileri üzerine müzakere.

Kamusal alan olarak sosyal medya 'Twitter'

Medya gelişimindeki yenilik ve ilerlemeler, internet ve diğer ilgili teknolojiler, toplumda yurttaşların faaliyetlerini destekleyerek ve kişisel ifade yollarını artırarak daha geniş bir demokratikleşme sözü vermektedir (Bell, 1981; Kling, 1996; Negroponte, 1998; Rheingold, 1993). Toplumun politik, ayrıca sosyal alanlardaki rolünü yeni teknolojik araçlar artırmaktadır. İnternetin siyasi alanda sıklıkla kullanılan bir mecra olması siyasi farklı grupların ve aktivist haraketlerin artmasını desteklemiştir (Bowen, 1996; Browning, 1996).

Aktivizmde ve çevrimiçi siyasi gruplarda gözlemlenen artış, internetin siyasi amaçlar için kullanıldığının göstergesidir (Bowen, 1996; Browning, 1996). Siber uzay savunucuları siyasi katılımların çevrimiçi söylemlerle artacağını savunurken, demokratikleşmeyi de artıracağını savunmaktadırlar. Söz konusu kişiler, internet ve ona bağlı teknolojiler sayesinde politikacılar, akademisyenler ve halktan bazı kişilerin elinde olan kamusal alanın, daha demokratik bir boyut kazanacağı yönünde fikir birliğindedirler. Diğer taraftan şüpheciler, teknolojik ortamlara evrensel olarak erişilmedikçe, ayrıca sözü edilen ortamlarda gerçekleşen öfkeli ve saçma tartışmalarla kamusal alanın garanti altına alınmasının mümkün olmayacağını ifade etmektedirler (Cappella ve Jamieson, 1996, 1997; Fallows, 1996; Patterson, 1993, 1996).

Demokrasinin yeniden kavramsallaştırılmış olmasının odağında kamusal alan problemi bulunmaktadır. Geçmişte, siyasetin demokratik ortamları, belediye binaları, kahvehaneler, parklar, fabrika yemekhaneleri, sendika salonları gibi kamusal alanlardan oluşmaktaydı. Bu yüzden çağdaş sosyal ilişkilerde, geçmişe oranla temel etkileşim unsurlarının eksik olduğu gözlenmektedir. Eski siyasi mekanlar varlıklarını devam ettirse de siyaset alanı olmaktan çok uzaktadırlar. Medya, televizyon ve diğer elektronik iletişim araçları, bireyleri birbirlerinden uzaklaştırmakta ve siyaset ortamlarının yönünü değiştirmektedir. Clinton'un sağlık reformu kampanyası bu konu ile ilgili bir örnek teşkil etmektedir. Kampanya sırasında Kongre'nin önerilerinin genel nüfus için pek elverişli olmadığını fark ederek reformu gerçekleştirebilmek ve Kongre'yi ikna edebilmek için yurttaşlar yararına görüş bildiren konuşmacıların yer aldığı televizyon reklamları satın alınmıştır. John Hartley de medyanın; televizyon, dergiler, popüler gazeteler ve yeni modern popüler medya araçlarıyla artık bir kamusal alan olduğunu belirtmektedir (Virilio, 1994, s. 64).

Ağlaştırılmış kamusal alan

Siyasal söylemler ve siyasal iletişimi içerisinde barındıran hemen hemen her bilimsel çalışmanın uğrak noktalarının başında kamusal alan bulunmaktadır. Bununla birlikte kamusal alan tartışmalarının yalnız siyasal iletişim için değil iletişimin diğer tüm alt alanları için mihenk taşı olarak ağlar aracılığıyla iletişim daha özel olarak da sosyal medya öne çıkmaktadır. Maireder ve Ausserhofer (2016) bu durumu şöyle özetlemektedir: 'Siyasal söylemler *Twitter*'a girerler, kendilerine özgü bir yaşam geliştirirler ve #networkedpublicsphere'in [ağlaşmış kamusal alan] bir parçası olurlar' (s. 403). Yurttaşların siyasal iletişim anlamında siyasal söylemlere erişimi ve aynı zamanda katılımı açısından bakıldığında ise çağdaş demokrasi ve yeni iletişim teknolojilerinin oluşturduğu tartışmalar oldukça önemlidir (Loader & Mercea, 2011; Diamond & Plattner, 2012; Farell, 2012; Ellison & Hardey, 2014). Twitter'ın kamusal tartışma alanlarını genişletme vaadiyle birlikte açık, şeffaf ve düşük eşikli enformasyon siyasal söylemlerin yapısına yönelik bazı değişikler ön görülmektedir. Maireder ve Ausserrhofer (2016) bu söylemleri üç perspektifte ele almaktadır. Bunlar:

- Tartışmaya ve fikir alışverişine dâhil edilme noktasında ağlaştırma konuları,
- Hiperlinkleme pratikleriyle yönlendirilen ağlaştırma medya nesneleri ve
- @mentionlama pratikleriyle yönlendirilen yapısı değişime uğrayan kamusal alanın ağlaştırma aktörleri (s. 404).

Deuze (2006) dijitalleşen kültür içerisinde dolayımlanan gerçeklikler için bireysellik ön planda olmakla birlikte otonom bir biçimde birleştirilen ağlaştırma konularının, parçalanması ve yeniden birleştirilmesini yerine getiren internet kullanıcılarını 'bricoleurs' [brikola sanatçıları] olarak adlandırılmaktadır (s. 66). Burada ortaya konulmak istenen en önemli argümanlardan biri siyaset ve siyasi söylemin anlamının yeniden yapılandırılışı ve kitle medyası sisteminde ağlaşmış bir kamusal alan deneyimlenmesidir (Benkler, 2006). Bir başka deyişle, *Twitter* kullanıcılarının gerçekliği algılayış biçimleri ve deneyimlediği siyasal söylemler bakımından ağlaştırılmış medya nesnelerinin brikolajıyla biçimlendirilen ve ağlaşmış kamusal alan sürecini yöneten ağlaştırma aktörlerinin bir birleşimidir (Maireder & Ausserrhofer, 2016, s.416).

Bunların yanı sıra Morozov (2011) *Twitter* devrimi fikrinin siber ütopyacı bir inanca dayandığını savunurken, bu durumda özgür çevrimiçi iletişime duyulan inancın olumsuz yönlerin reddi ile birlikte algılanması anlamına geldiğini söylemektedir. Bu durum merkezinde internet olan tekno-determinist bir ideolojiyi biçimlendirmektedir. Diğer taraftan Shirky (2011) Morozov'a cevap olacak şekilde internet kullanımının belirlenmiş ve öngörülen tekil bir sonucu olmadığının altını çizmektedir. Buna ilaveten, sosyal medyanın dünyanın tüm siyasal hareketleri için koordinasyon aracı olduğunu vurgulamaktadır (Shirky, 2011, s.32).

Siyasal iletişim

Siyasal iletişim çalışmasının başlangıcı olarak kabul edilen kitle iletişimi, oy verme davranışı ve toplumsal hareketler iç içe geçmiştir. Bu iç içe ilgi, kitle iletişiminin etkilerine aynı zamanda entelektüel bir vurgu getirmiştir. Dolayısıyla, siyasal iletişimin kurucuları kitle iletişim araçlarından etkilenmiştir ve kitle iletişim araçlarının temel kaynakları yine siyasilerin kendisi olmuştur. Çoğu araştırmada, Walter Lippmann'ın (1922), *Kamuoyu {Public Opinion}* kitabı, Birinci Dünya Savaşı sırasında propaganda için kullanılmış ve siyasal iletişim için de önemli bir belge olarak kabul edilmiştir. Böylece, Lippmann *Kamuoyu* kitabında güçlü propaganda için bir örnek sunmuş ve bunun politik davranışta ne kadar tehlikeli olduğunun altını çizmiştir (Perloff, 2014; McNair 2012; Wolfsfeld, 2011; Tuman, 2009).

Bununla birlikte, Lippmann, gündem belirleme sürecinde yazdığı kamuoyu kavramsallaştırması ile de önemli bir referans noktasıdır. Kitle iletişim teorileri hem gündem belirlemeyi hem de gündem oluşturmayı siyasal iletişimi doğrudan etkileyen çok önemli bir süreç olarak ortaya koyarken, Lippmann, kamuoyu oluşumunda demokrasinin ne kadar önemli olduğunu ve bu iki sürecin kamu gündeminin biçimlendirilmesinde birbiriyle nasıl ilişkili olduğu üzerinde durmuştur (Perloff, 2014, s.47-49). Öte yandan, Horald Laswell de son zamanlarda siyasi mesajların içerik analizindeki en büyük sorun olan İkinci Dünya Savaşı sırasında propaganda mesajlarının etkilerine odaklandığı için önemlidir (Perloff, 2014; McNair 2012; Wolfsfeld, 2011; Tuman, 2009). Diğer bir taraftan, Paul F. Lazarsfeld ve Erie'nin *Ülke Çalışması {Country Study}*, kitle iletişiminin siyasal davranış üzerindeki etkilerini farklı seviyelere taşıyarak kitle iletişim araçlarının oy verme davranışlarındaki etkisi ve rolü ile ilgili önemli bir araç geliştirmiştir (Perloff, 2014; McNair 2012; Wolfsfeld, 2011; Kaid, 2008; Tuman, 2009).

Siyasal mesajlara olan ilginin başlaması, kamu kaynaklarının tahsisi, resmi otorite ve resmi yaptırım, politik retorik tartışmalarda önemli bir yer edinmiştir (Denton ve Woodward, 1990, s.14). Siyasal retorik tartışmaları, siyasal dil olarak da bilinen sembolik iletişim eylemlerini içeren sözlü ve yazılı iletişimin konusu olmuştur. Buna ek olarak, Graber ve Dunaway (2017), retorik ve paralellikten bahsederken siyasal dil çalışmalarına değinmektedir (Perloff, 2014; McNair 2012; Wolfsfeld, 2011; Tuman, 2009). Siyasal medya ya da medya ve siyasetin daha popüler terimlerden ziyade, iletişimin insanların ilettiği ve yorumladığı ve gücün kullanıldığı evrende anlam kazandığı daha geniş, [...] sembolik süreci yakaladığı [...] (Perloff, 2014, s.29) şeklinde siyasal iletişime yaklaşmak daha önemlidir. Diğer bir taraftan, siyasal iletişimi tanımlamak 5 (beş) farklı yönü içermektedir (Perloff, 2014, s. 30-33).

• Siyasal iletişim bir süreçtir.

- İnsanları semboller kullanarak eyleme geçmek için bir araya getirmek amacıyla dili kullanmada kullanılır.
- Siyasal iletişim üç ana aktöre bağlıdır. Bunlar: geniş liderler ve nüfuz grubu, siyasetin seçkinleri, medya, siyasal iletişimin karşı aktörü vatandaşlar.
- Siyasal iletişimin etkileri amaçlanabilir veya istenmeyebilir olabilir.
- Bu etkiler mikro veya makro düzeyde ortaya çıkabilir (Perloff, 2014; McNair 2012; Wolfsfeld, 2011; Tuman, 2009; Denton ve Kuypers, 2008).

Sosyal Medya Devrimleri: Aktörlerinin Gözünden Devrimleri Yazmak

• Tunus

Sghiri (2014)'ün anlatımıyla anılarında Tunus'tan ayaklanmanın seslerini ve sosyal medya kullanımını şu şekilde özetlemektedir (ss. 24-57):

- Arkadaşlarımla birlikte dijital bir bülten hazırlamak üzere örgütlendik.
- *Facebook*'ta *Tunus Sokak Protestosu Haber Ajansı*'nı oluşturduk.
- Sayfadan Arapça, Fransızca ve İngilizce bültenler yayınladık.
- İlk bülten 26 Aralık'ta *Direniş Günlükleri* adıyla yayınlandı.
- İlk baskıda *Dönen Baskı Çarkına Karşı Mücadelede Bir Hafta* başlıklı yazı kaleme alındı.
- Bülten genç öğrencilerden oluşan 10 (on) kişilik bir gruptan oluşuyordu.
- Akabinde öne çıkan bu bülten sayesinde *Hepimiz Muhammed Buazzi'yiz* erişime açık olan grup olarak bülteni izleyen diğer bir hareket oldu.

• **Mısır**

El Rashidi (2014)'ün anlatımıyla anılarında Mısır ayaklanmalarının seslerini ve sosyal medya kullanımını ile nasıl arşivlediğini şu şekilde özetlemektedir (ss. 58-74):

- Hareketin başlangıcı olarak *Kefaya* kabul edilebilir.
- 11 Ocak'ta web tabanlı İngilizce günlük yerel gazete *AhramOnline*'da isyanı anlattım.
- 2011 yılında bir gün *Google* yöneticisinin *Hepimiz Halid Said'iz* başlıklı *Facebook* sayfası başlangıç noktası için önemli bir dönüm noktasıydı.
- Esra Abdulfettah'ın *6 Nisan Facebook* sayfası ile büyük bir grev çağrısı oluşturdu ve yetmiş bin destekçi topladı.
- Tahrir Meydanı'nı işgal ettikleri sırada *Facebook* aktifti.

• **Libya**

Mesrati (2014)'ün anlatımıyla anılarında Libya ayaklanmalarının seslerini ve sosyal medya kullanımını ile yurt dışından Libyalıların desteklerini şu şekilde özetlemektedir (ss. 75-98):

- 15 Şubat gecesi yurt dışında yaşayan tüm Libyalılar gibi direnişe *Facebook* ve *Twitter* üzerinden destek verdim.
- İnsanlar *Twitter* paylaşımlarımı izlemeye başladı.
- Devrime destek için açtığım *Facebook* sayfamda video ve yazılar paylaştım.

• **Bahreyn**

Aldairy (2014)'ün anlatımıyla anılarında Bahreyn ayaklanmalarının seslerini ve sosyal medya kullanımını şu şekilde özetlemektedir (ss. 135-158):

- 15 Şubat günü Iphone ile bir fotoğraf çekip *WhatsApp*'tan gönderdim. 'Şu an İnci Meydanı'nın tam ortasındayız ve rejim güçlerinin vereceği karşılığı bekliyoruz'
- Aynı mesajı Twitter'den de gönderdim.

- Olayları *Twitter*'de yazıyor ve bir aydın olarak görevimi yapıyordum.
- *Twitter* beni olay yerine gitmeye teşvik etti.
- Haberin ayağıma gelmesini beklemektense ben ona gittim. Twitter benim için teşvik ediciydi.
- Ali Ahmed el-Mümin'in ölümü ile *Facebook* sayfasında yazdığı son not *Kanım Vatanıma Feda Olsun* ve *Facebook*'ta ışık saçan fotoğrafı unutulmazdı. Ölü olmasına rağmen arkadaş olarak ekledim ve kabul etmesini bekledim...
- Daha sonra onun hakkında araştırma yapmak için *YouTube*'de videolar buldum.

Sosyal medya devrimlerinin sinematografik temsili

Sinema, politik mücadelelerin yürütülmesi açısından özel önem taşıyan bir kültürel temsil arenası oluşturmaktadır (Ryan & Kellner, 1997, s. 37-38). Kurmaca veya belgesel filmlerdeki temsil biçimleri, toplumsal gerçekliğin kavranmasında ve belirlenmesinde etkin bir rol oynamaktadır. Dünyayı, yani içinde bulunulan toplumsal, siyasal ve kültürel gerçekliği kavrama konusunda bilinç kazanmada sinema, televizyon, radyo ve gazete gibi kitle iletişim araçlarının yanı sıra, günümüzde egemen sınıfın ideolojik hegemonyasına maruz kalmadan bilinç oluşumuna olanak sağlayan farklı ve çok önemli bir mecra da sosyal medya ve çeşitli sosyal ağlardır.

Bu sosyal ağların sinema ile ilişkisi hem hızlı bir şekilde yayılması bakımından, hem de ideolojik temsil biçimlerinin çeşitliliği bakımından yardımcı bir rol oynamaktadır. Filmlerde yansıtılan temsil biçimleri toplumsal ve siyasal anlamda yaşanan sorunlara dikkat çekerek çeşitli ideolojik amaçlara hizmet etmektedir.

Sinema bu anlamda bir bilinçlenme faaliyeti olarak da algılanabilmektedir. Günümüzde hızla yaygınlaşan sosyal medya ile sosyal ağlar da toplumsal ve siyasal alanda verilen mücadelelerde bilinçlenme faaliyeti olarak düşünüldüğünde, sosyal medya ve sinemanın ortak bir noktası olduğu söylenebilir. Bu bağlamda, sosyal medya devrimlerinin sinemada nasıl temsil edildiğine dair incelemeye değer görülen çeşitli belgesel ve kurmaca filmlerde sosyal medya devrimlerinin sinematografik temsillerinin çeşitli ideolojik bakış açılarıyla sunulduğu görülmektedir.

Özellikle Arap Baharı'nın konu alındığı kurmaca ve belgesel filmlerde sosyal medyanın devrimlerde ne kadar etkili olduğunu görmek mümkündür. Arap Baharı, 17 Aralık 2010'da Tunus'ta bir gencin kendini yakmasının ardından tüm Tunus halkının yapılan haksızlıklara karşı ayaklanması ve eylemler düzenlemesi ile başlamıştır. Bu hareketle birlikte birçok Arap ülkesi Tunus'tan etkilenerek uğradıkları haksızlıklara ve sömürüye karşı ayaklanıp özgürlükleri için mücadele etmişlerdir. Mısır, Libya, Suriye, Bahreyn, Ürdün ve Yemen gibi ülkelerde halk ayaklanmaları ve protestolar artmıştır.

Arap Baharı'nın yayılmasındaki en büyük etken sosyal ağlardır. Kamusal alan olarak sosyal medya, demokrasi mücadelesinde bilinçlenme faaliyetine katkıda bulunarak hızla yayılmasına olanak sağlamıştır. Haksızlıklar ve adaletsizliklere karşı halkın bir araya gelmesini sağlayan sosyal medya ve sosyal ağlar, Arap Baharı'nın hızla yayılmasında ve etkili olmasında önemli bir rol oynamıştır. Sosyal medya devrimleri olarak da adlandırabileceğimiz "Arap Baharı"nda yaşanan tarihsel süreci ele alan birçok kurmaca ve belgesel filmde, sosyal medyanın rolünün önemine vurgu yapılarak temsil biçimleriyle sunulduğu söylenebilir.

10 (on) yönetmenin Tahrir Meydanı'nda çektiği görüntülerin yer aldığı Mısır'daki devrimi konu alan *'18 Gün'* belgeseli, Mısır'da halkın özgürlük arayışı ile sokaklara dökülmesini anlatan

belgesel film *Al Midan* (Jehane Noujaim, 2013), Mısır'da diktatör rejimine karşı hakkını ararken birlik olmak yerine kutuplaşarak birbirleriyle anlamsız bir mücadelenin içinde çıkmaza sürüklenen halkın anlatıldığı Mohamed Diab'ın yönettiği *Çatışma* filmi, Tunus'ta yaşananların konu alındığı Nadia El Fani'nin yönettiği '*İnşallah Laik Olacağız*' filmi ile Arap dünyasında yaşanan haksızlıkların ve adaletsizliklerin diktatörlere odaklanılarak dar bir bakış açısıyla anlatıldığı '*Arap Baharı*' belgeseli sosyal medya devrimlerinin yansıtıldığı filmlerdir.

Bu filmler aracılığıyla 'Arap Baharı' özelinde sosyal medya devrimlerinin ele alındığı çeşitli temsil biçimleri filmlerde gerçekçi bir bakış açısıyla sunularak, bu ülkelerde yaşayan insanların özgürlük ve adalet arayışları tüm dünyaya duyurulmuştur.

**Tunus- Yasemin Devrimi / Laicite İnchallah
(İnşallah Laik Olacağız!, Nadia El Fani, 2011)**

Yasemin devrimi, Tunus'ta diktatör rejimin baskılarına karşı yapılan protestoları içermektedir. 2010 yılında bir üniversite mezunu gencin işsizlik yüzünden seyyar satıcılık yaparken iş arabasına el konulmasının ve kendini yakmasıyla sonuçlanan olayın ardından haksızlık ve adaletsizliklere karşı halk ayaklanarak protestolara başlamıştır. Protestoların amacı ve çıkış noktası işsizlik, yoksulluk, diktatör rejim ve ifade özgürlüğünün kısıtlanmasıdır. Tunus'taki ayaklanmalar ve protestolar, 23 (yirmi üç) yıl iktidarda kalan Zeynel Abidin Bin Ali'nin başkanlıktan ayrılıp ülkeden kaçmasıyla sonuçlanmıştır.

Görsel 1: Yasemin Devrimi   **Görsel 2:** Yasemin Devrimi Direnişçi
Kaynak: http://ankarasinemadernegi.org

Görsel 3: İnşallah Laik Olacağız Film Afişi
Kaynak: http://www.sinematurk.com

Yasemin devrimi, halkın 'ağlaştırılmış kamusal alan' yaratılarak protestoların hızla yayılması nedeniyle *"Twitter* devrimi veya *Wikileas* devrimi" olarak da adlandırılmaktadır. Eşitlik, özgürlük ve adalet arayan Tunus halkı, sosyal medya aracılığıyla bir araya gelerek, protestolarını hem dünyaya duyurmuş hem de kendi aralarında direnişlerini güçlendirerek yaymışlardır.

İnşallah Laik Olacağız! filminde, Zeynel Abidin Bin Ali rejiminin devam ettiği 2010 yılında Tunus'taki protestoların amacını ve çıkış noktası özetlenmektedir. Yasemin devrimi Arap Baharı'nın çıkış noktası olarak da ayrıca önem taşımaktadır. Dolayısıyla filmde, Arap dünyasını hakimiyeti altına alan baskıcı rejimlere karşı radikal bir değişim isteyen halkın direnişi yansıtılmaktadır. Yönetmen Nadia El Fani'nin gözünden Tunus'ta yaşanan protestoların kayıt altına alındığı filmde, özellikle dini baskılara karşı aynı görüşü taşıyan insanlar, liberal ilkeleri benimseyerek sekülarizm yanlısı bakış açılarıyla ilk defa Müslüman bir ülkede radikal bir değişimin yanlısı olarak mücadele etmektedirler. Kamusal alanda toplanan protesto yanlıları, ifade özgürlüğü, eşitlik ve adalet için direniş göstermekte, filmde de zaman zaman röportajlara, protestoların içeriğini kapsayan tartışmalara, sorgulamalara ve protesto görüntülerine yer verilerek devrimin amacının derinlemesine anlaşılması sağlanmaktadır.

Tunus'ta yaşanan protestolar farklı gruplardan bir sürü insanı ortak paydada toplayabilmesi nedeniyle Yasemin devrimi olarak adlandırılmıştır. Teknolojinin de yardımıyla bilgiye kolay ulaşabilme, kolay haberleşme vb. unsurların da etkisiyle, sosyal ağların yoğun kullanımı söz konusu olmuş ve devrim direnişçileri seslerini tüm dünyaya duyurabilmişlerdir. Bunun yanında sosyal ağlar protestocuların hızlı bir şekilde toplanmalarını ve haberleşmelerini sağlayarak kamusal alanda kendilerini ifade etmelerine olanak tanımıştır. Temsil biçimlerinin protestoların devam ettiği süreçte gerçek kişilerden oluşması ve yönetmenin serbest kamera kullanımı ile zaman zaman kullandığı simgesel öğeler filmin daha etkili olmasını sağlamıştır. Ayrıca bazı sahnelerde protestolar sırasında toplananların birçoğunun kendi cep telefonlarıyla veya dijital kameralarıyla kayıt yaptıkları görülmektedir. Bu da 21. yüzyılda hızla gelişen teknolojiyle birlikte ağlaştırılmış kamusal alana örnek teşkil etmekte ve siyasal iletişim açısından da farklı sonuçların elde edilmesini sağlamaktadır. Yoğun baskı ve sansüre rağmen insanların bir araya gelerek haklarını araması, bir anlamda internetin demokratik bir kamusal alan yaratmayı sağladığına işaret edilebilir.

Mısır Devrimi / *Al Midan (The Square, Jehane Noujaim, 2013)*

Mısır'daki halk ayaklanmaları, Mısır devrimi ve sonrasında gelişen olaylar devrimin öncüleri üzerinden kameraya yansıtılmaktadır. Direnişçilerin gözünden farklı bakış açılarıyla temsil edilen devrimin anlatıldığı film, özgürlükleri için mücadele eden farklı gruplara ve farklı siyasi görüşlere sahip direnişçilerin bakış açılarıyla sunulmaktadır.

Görsel 4: Mısır Devrimi

Görsel 5: Direnişçiler sosyal ağları Kullanıyor

Film, Tahrir Meydanı'nda toplanan ve haklarını arayan Mısırlıların farklı görüşlere sahip direnişçilerin kişisel hayatlarına da odaklanarak gerçekçi ve tarafsız bir biçimde aktarılmaktadır. Otoritenin direnişle ilgili görüşlerine röportajlarda yer verildiği görülen filmde, ağırlıklı olarak Tahrir Meydanı'nda toplanan ve direnen halkın hikayelerine odaklanılmıştır. Mübarek'in istifasından sonra direnişçiler arasında ayrışmaların da aktarıldığı görülen filmde, laikler ve Müslüman Kardeşler arasındaki çatışmanın devrimin amacından saptığına, grupların çıkarlarına göre hareket ettiğine vurgu yapılmıştır. Mısır'daki devrim ve devrim sonrası ortaya çıkan toplumsal ve siyasi ayrışma süreci kamera ile takip edilerek gerçekçi ve yansız bir şekilde yansıtılıyor gibi görünse de, Müslüman Kardeşler'in birlik olmaktan vazgeçip çıkarlarına yöneldiğine dair söylemlere yer verilmektedir.

Görsel 6: Müslüman Kardeşler Üyesi

Görsel 7: Devrim sonrası gelişmeler

Disiplinlerarası Yaklaşımla Sosyal Medya

Sosyal medya ve sosyal ağlar direnişçilerin bir araya toplanmasında ve devrimin tüm dünyaya duyurulmasına öncülük etmektedir. Birçok sahnede altı direnişçiden birinin özellikle meydanda kendi imkanlarıyla kaydettikleri görüntüleri internet aracılığıyla dünyaya duyurmaya çalıştığı görülmektedir. Devrim süresince dengelerin nasıl değiştiğini gözler önüne seren filmde, otoritenin internet erişimini engelleyerek direnişçilerin en büyük haberleşme araçlarını, direnişlerini dünyaya yaymaları ve ifade özgürlükleri engellenmeye çalışılmaktadır. Mısır devrimi sürecinin üç bölüme ayrılarak anlatıldığı filmin ilk bölümünde Tahrir Meydanı'nda toplanan direnişçilerin eşitlik, özgürlük ve adalet için bir araya gelmeleri ve kutuplaşmaların olmadığı bir ortamın var olduğu görülmektedir. Mübarek'in istifasından sonra ordunun yönetime el koymasıyla devrimin amacına ulaştığı var sayılarak, meydanda toplanan halkın askerlerle birlikte kutlamaları yansıtılmaktadır. Fakat otoritenin halkın isteklerini yerine getirmemesiyle birlikte laik gençler ve Müslüman Kardeşler arasında kutuplaşmaların meydana geldiği yansıtılan filmde, Müslüman Kardeşler yeni otorite ile anlaşma sağladıkları için devrimin amacından saptığına inanan laik gençlerin tepkilerine yer verilmiştir. Devrimin çıkış noktasından itibaren yaşanan sürecin ele alındığı filmde devrimi anlatan temsiller onu gerçekleştiren gerçek kişilerden oluşmaktadır.

Görsel 8: Tahrir Meydanı   Görsel 9: Laik görüşlü direnişçi

Direnişçilerin sosyal ağları kullanarak amaçlarını ve isteklerini tüm dünyaya duyurmayı başardıkları çoğu sahnede görülmektedir. 2012 yılında tarihinin ilk demokratik seçiminin yapılmasıyla birlikte Mursi, cumhurbaşkanlığı seçimlerini kazanmış fakat halkın isteklerinin yerine getirilmemesi nedeniyle bir yıl sonra 2013'te halk tekrar Tahrir Meydanı'nda toplanmıştır. Filmde devrimin tüm aşamaları neden ve sonuç ilişkisine dayandırılarak aktarılmaktadır. Devrimin kahramanlarının gözünden yani gerçek kişilerin bakış açısıyla aktarıldığı filmde sosyal ağların kullanımı da vurgulanmış ve tüm süreç farklı bakış açılarıyla ele alınmıştır. Ordunun Mursi yönetimine de ele koymasıyla birlikte ülkede çözüm yerine karışıklığın ve kutuplaşmaların arttığı da yansıtılmıştır.

Mısır Devrimi – *Çatışma, (Clash, Mohamed Diab, 2016)*

Mısır devriminden iki yıl sonra (2013) ordunun darbesi ile Mursi yönetiminin devrilmesinden sonraki iç karışıklığın ele alındığı film, mekânsal açıdan klostrofobik bir ortamda çekilmiştir. Mısır'ın içinde bulunduğu kaos durumu kamera açıları ve sallantılı kamera hareketleri ile etkili bir şekilde yansıtılmıştır. Ülkedeki iç karışıklık, halk arasındaki kutuplaşmalar, gözaltılar ve şiddet görüntülerinin yer verildiği film, belgesel niteliğinde sunulmuştur. Tarihi kurmaca filmde, birçok farklı kimliğe ve farklı görüşe sahip bir sürü insanın hak arayışıyla sokaklara döküldüğü ve otorite olarak ordu ile polisin baskıcı tutumları, gözaltılar, psikolojik ve fiziksel şiddet görüntüleri başarılı bir şekilde kurgulanmıştır.

Görsel 10: Gözaltı aracı

Görsel 11: Gazeteci akıllı saati ile olanları kaydediyor

Disiplinlerarası Yaklaşımla Sosyal Medya

Filmin neredeyse tamamı tek ve dar bir mekanda geçmesine rağmen, Mısır'da yaşanan iç karışıklık tüm detayları ile yansıtılmıştır. Gözaltı aracının içine hapsedilen farklı kimlikten ve farklı siyasi görüşten insanların işkence ile bir aracın içinde tutulmasının yanında, ortak isteklere rağmen aralarındaki kutuplaşmaların sonucu olarak birbirleriyle çatışmalarının konu alındığı film, asıl düşmanın kim olduğunu sorgulatmaktadır. Mısır devriminde özgürlük ve adalet için birlikte mücadele verenlerin devrimden sonra ayrışarak birbiriyle olan çatışmalarının yansıtıldığı filmde, devrimin amacına ulaşmadığı vurgulanmaktadır.

Görsel 12: Gözaltı aracı tutuklular   Görsel 13: Gözaltı aracı polis araca tazyikli su sıkıyor

Polisin kadın, çocuk, yaşlı demeden herkesin çeşitli sebeplerden gözaltına aldığı otobüslerde kimin düşman olduğu ve ne için mücadele edildiği söz konusu olmadan, fikirlerin tartışılamadığı bir ortamda, otoritenin şiddetinin yanında, özellikle halkın birbirine uyguladığı şiddet ele alınmaktadır. Otobüsün içinde alıkonulan insanlar çatışma halindeyken zaman zaman birbirleriyle dayanışmaktadırlar. Mısır asıllı ABD'li bir gazeteci ile fotoğrafçının tutuklanarak otobüste alıkonulmalarıyla başlayan filmde, otobüste alıkonulanların sayısı arttıkça çatışmanın şiddeti de artmaktadır. Bir yandan polis şiddeti diğer yandan birbirleriyle girdikleri anlamsız tartışma ve kavgaların bir sonuca ulaşmadığının yansıtıldığı filmde, tüm grupların düşmanı gazetecidir. Sosyal ağın ve teknolojinin kullanıldığı görülen sahnelerde, gazeteci tarafından akıllı saat aracılığıyla olup bitenlerin kayıt altına alındığı görülmektedir. Gazeteci temsilinde, Mısır'ın içinde bulunduğu durum dışardan bir gözle aktarılmaktadır. Hiçbir gruba dahil olmayan sadece köpeğinin öldürülmesi sonucu yaşananlardan sonra otobüste alıkonulan karakterin temsilinde ise, karakterin otobüste yaşananların ardından bir taraf seçmek zorunda kaldığı görülmektedir.

Görsel 14: İslami görüşlü kadın temsili   Görsel 15: Laik görüşlü kadın temsili

Özellikle iki farklı grubun kadın temsillerine de vurgu yapıldığı görülen filmde, İslami görüşlü kadın ile laik görüşe sahip kadının dayanışması ilgi çekicidir. Burada kadınların da belirleyici bir rol oynadığı görülmektedir. Otobüsün içinde alıkonulan karakter temsillerinde, insan olmanın önemini hatırlayarak dayanışmaya geçmek isteseler de içinde bulundukları kaos ortamı onları bilinmeze doğru sürüklemektedir.

 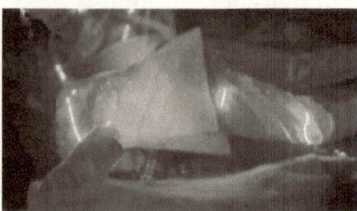

Görsel 16: Gözaltı aracı, çatışmanın simgesel temsili   Görsel 17: Kaos ve linç; yok etme

Film, Mısır devriminin ardından yaşanan tüm süreci tek bir mekanda özetlemeyi başarmış, ortaya çıkan kaosun kontrol edilemez durumda olduğu farklı gruplara ait karakter temsilleriyle yansıtılmıştır. Tek bir mekanda geçmesine rağmen film, Mısır'da yaşanan kaosun ve direnişin anlamsızlığını özetler niteliktedir. Artık fikirlerin bile öneminin kalmadığı ve insanların amaçsız bir şekilde birbirleriyle çatışmaya ve kaosa sürüklendiği görülmektedir. Filmde, otorite dahil, farklı kimliklere ve farklı fikirlere sahip insanların bir arada yaşamak yerine birbirlerini körü körüne yok ettikleri vurgulanmaktadır.

Arap Baharı: *Mutlak Güç (Al Jazeera Turk, 2014)*

Arap ülkelerinde yarım asırlık süreçte hüküm süren diktatörlerin iktidara gelişleri ile Tunus, Mısır, Libya ve Irak gibi ülkelerdeki diktatör rejimlerin sorgulandığı belgesel taraflı bir bakış açısıyla sunulmuştur. Belgesel filmde, Arap diktatörlerin verdiği kararları hangi etkilerle ve hangi bakış açılarıyla aldıklarının sorgulandığı görülmektedir. Arap dünyasındaki radikal değişikliğe neden olan Arap Baharı olarak adlandırılan ayaklanmalara sadece diktatör rejimlerin yanlış kararlarının yol açtığı vurgulanan belgesel dar bir bakış açısıyla sunulmuştur.

Belgesel film, devrimlerin nedenlerine ve sonuçlarına değil, diktatörlerin eğilimlerine odaklanmıştır. Bu nedenle Arap dünyasında yani Orta Doğu'da hüküm süren diktatör rejimlerin diğer nedenlerine, özellikle ülkelerin iç karışıklığa sürüklenmesinin nedenleri arasında dış etkenlerin yok sayılarak sadece diktatörlerin yanlış kararları olduğu yansıtılmıştır. Çeşitli uzmanlar ve bilim insanlarının röportajlarına da yer verildiği görülen film, yanlı bir bakış açısıyla sunularak, Arap dünyasının kaosa sürüklenmesinin nedeni sadece diktatörlerin iktidarda kalma hırslarına bağlanmıştır.

Tartışma ve Sonuç

Yeni iletişim teknolojilerinin gelişmesiyle birlikte siyasal söylemler ile toplumsal ve siyasal hareketler farklı bir alan olan 'ağlaşmış kamusal alan'a taşınmıştır. Sosyal ağlar aracılığıyla daha demokratik bir kamusal alanın oluşması sağlansa da, bazen bilgi kirliliği ve kaos ortamının da ortaya çıkmasına neden olduğu söylenebilir. Deuze'nin (2006) vurguladığı gibi, dijital kültür içinde dolayımlanan gerçekliklerde bireysellik ön plana çıkmakta ve insanların gerçekliği algılayış biçimleri, deneyimledikleri dijital kültürün etkisiyle ağlaştırılmış kamusal alan deneyimlerini içermektedir.

Sinemanın bir bilinçlenme faaliyeti olarak toplumsal, siyasal, tarihsel ve kültürel gelişmeler ile değişimleri yansıttığı düşünüldüğünde, sosyal medya ile bilinçlenme faaliyeti özelinde birleştiği görülmektedir. Sosyal medya devrimlerinin Arap Baharı özelinde filmlerdeki temsiller aracılığıyla incelendiği çalışmada ortaya çıkan bulgular aşağıdaki gibidir.

- Arap Baharı'nın yayılmasındaki en büyük etkenin sosyal medya olduğu görülmüştür. 17 Aralık 2010'da Tunus'ta üniversite öğrencisi bir gencin işsizlik yüzünden seyyar satılık yapması ve iş arabasına el konulması sonucu kendini yakmasıyla başlayan Arap Baharı, Yasemin Devrimi'nin (*Twitter* ve *Wikileas* devrimi olarak da adlandırılır) başlama noktasının sosyal medya olduğu söylenebilir.

- Araştırma kapsamında incelenen filmlerde, sosyal medya ve sosyal ağların aktif olarak kullanıldığı ve devrimlerin baş aktörleri olarak yer aldıkları görülmektedir.

- Arap Baharı özelinde seçilen ve analizi yapılan belgesel ve kurmaca filmlerde yer alan temsil biçimleri kamusal alanın dijital kültürün yaygınlaşması sonucu ağlaştırılmış kamusal alana dönüştüğü ifade edilebilir.

- İnsanların eşitlik, özgürlük, adalet ve hak arayışlarında sosyal medya önemli bir rol oynamaktadır ve incelenen filmlerde de söz konusu temsiller bulunmaktadır.

- Baskıcı rejimler ve haksızlıklara karşı demokrasi arayışı ile insanları bir araya getirme konusunda sosyal medya baş aktör olarak yer almaktadır.

- Sosyal medya devrimlerinin insanların seslerini tüm dünyaya duyurma siyasi hareketlerde ve baskıcı rejimlere karşı toplanmalarını kolaylaştırsa da, Arap Baharı özelinde incelenen filmlerde özellikle Mısır Devrimi temsillerinde kalıcı bir etkisinin olmadığı gözlemlenmiştir.
- Sosyal ağlar yardımıyla baskıcı rejimlere direniş gösteren halkın demokrasi arayışlarına ve fikirlerini özgürce yayabilmelerine olanak tanıdığı görülmektedir.
- Birçok Arap ülkesindeki diktatör rejimlerin devrilmesine neden olan sosyal medyanın tetiklediği halk ayaklanmaları bazı filmlerde görsel birer imge olarak temsil edilmiştir.

Sosyal medya devrimleri olarak da adlandırılan 'Arap Baharı' Orta Doğu'nun kaderini belirleyecek radikal değişimlere sebep olmuş ve birçok ülkede iç karışıklara hala çözüm bulunamamıştır. Sosyal medyanın demokrasi arayışında insanların fikirlerini özgürce paylaşabilecekleri ve haklarını aramalarında seslerini duyurabilecekleri bir alan olmasına rağmen, özellikle Mısır Devrimi'ni ele alan filmlerde de *(Clash, 2016, Al Midan, 2013)* görüldüğü gibi iç karışıklığa ve halkın kaosa sürüklenmesine de neden olduğu düşünülmektedir.

Kaynakça

Aldairy, A. (2014). Kuleden Aşağıya İnmek (Bahreyn). İç. *Devrimleri Yazmak: Tunus'tan Suriye'ye Arap İsyanından Sesler,* (Çev. S. Yazbek), Hazırlayanlar: L. Al-Zubaidi, M. Cassel ve N. C. Roderick, (ss. 135-158). İstanbul: Metis Yayınları.

Bell, D. (1981). The Social Framework of the Information Society, In. *The Microelectronics Revolution,* T. Forester (Ed.), (ss. 545-549). Cambridge, MA: MIT Press.

Benkler, Y. (2006). *The Wealth of Networks: How Social Production Transforms Markets and Freedom.* New Heaven/London:Yale University Press.

Bowen, C. (1996). *Modern Nation: The Handbook of Grassroots American Activism Online.* New York: Oxford University Press.

Browning, G. (1996). *Electronic Democracy: Using the Internet to Influence American Politics.* Wilton, CT: Pemberton Press.

Cappella, J. & Jamieson, K., H. (1996). News Frames, Political Cynicism, and Media Cynicism, *Annals of the American Academy of Political and Social Science*, 546, ss.71–85.

Cappella, J. & Jamieson, K., H. (1997). *Spiral of Cynicism: The Press and the Public Good*. New York: Oxford University Press.

Denton, R., E. & Woodward, G., C. (1990). *Political Communication in America*. New York: Praeger.

Denton, R., E. & Kuypers, J., A. (2008). *Politics and Communication in America: Campaigns, Media, and Governing in the 21st Century*. Long Grove, IL: Waveland Press.

Deuze, M. (2006). Participation, Remediation, Bricolage: Considering Principal Components of A Digital Culture. *The Information Society*, 22(2), ss. 63-75.

Dewey, J. (1927). *The Public and its Problems*. New York: Holt.

Diamond, L., & Plattner, M., F. (Eds.). (2012). *Liberation Technology: Social Media and the Struggle For Democracy*. Baltimore/Maryland: JHU Press.

Ellison, N., & Hardey, M. (2014). Social Media and Local Government: Citizenship, Consumption and Democracy. *Local Government Studies*, 40(1), ss. 21-40.

El-Rashidi, Y. (2014). Bekleyen Kent Kahire (Mısır). İç. *Devrimleri Yazmak: Tunus'tan Suriye'ye Arap İsyanından Sesler*, (Çev. S. Yazbek), Hazırlayanlar: L. Al-Zubaidi, M. Cassel ve N. C. Roderick, (ss. 58-74). İstanbul: Metis Yayınları.

Fallows, J. (1996). Why Americans Hate the Media, *The Atlantic Monthly*, 277(2), ss. 45–64.

Farrell, H. (2012). The Consequences of the Internet for Politics. *Annual Review of Political Science*, 15, ss.35-52.

Fraser, N. (1992). Rethinking the Public Sphere: A Contribution to the Critique of Actually Existing Democracy, In. *Habermas and the Public Sphere*, C. Calhoun (Ed.), ss. 109–42. Cambridge, MA: MIT Press.

Garnham, N. (1992). The Media and the Public Sphere, In. *Habermas and the Public Sphere*, C. Calhoun (Ed.), ss. 359–76. Cambridge, MA: MIT Press.

Graber, D., A. & Dunaway, J. (2017). *Mass Media and American Politics*. London: Sage.

Habermas, J. (1962/1989). *The Structural Transformation of the Public Sphere: An Inquiry into a Category of a Bourgeois Society*, (Çev.) T. Burger and F. Lawrence. Cambridge, MA:MIT Press.

Habermas, J. (1991). The Public Sphere, In. *Rethinking Popular Culture: Contemporary Perspectives in Cultural Studies*, C. Mukerji and M. Schudson (Eds.), ss. 398–404. Berkeley, CA: University of California Press.

Jones, S. G. (1997). The Internet and its Social Landscape, In. *Virtual Culture: Identity and Communication in Cybersociety*, S.G. Jones (Ed.), ss. 7–35. Thousand Oaks, CA:Sage.

Kling, R. (1996). Hopes and Horrors: Technological Utopianism and Anti-Utopianism in Narratives of Computerization, In. *Computerization and Controversy*, R. Kling (Ed.), ss. 40–58. Boston, MA: Academic Press.

Lazarsfeld, P., F. (1944). The Controversy over Detailed Interviews—an offer for negotiation. *Public Opinion Quarterly*, 8(1), 38-60.

Lippmann, W. (1965). *Public Opinion*. Retrieved from *http://infomotions.com/ etexts/gutenberg/dirs/etext04/pbpnn10.htm*.

Loader, B. D., & Mercea, D. (2011). Networking Democracy? Social Media Innovations and Participatory Politics. *Information, Communication & Society*, 14(6), ss. 757-769.

Lyotard, J. F. (1984). *The Postmodern Condition. Minneapolis*. Mineapolis: University of Minnesota Press.

Maireder, A.ve Ausserhorfer, J.(2016). Twitter'da Siyasal Söylemler: Ağlaştırma Konuları, Nesneleri ve İnsanlar, (Editörler), K. Weller, A. Burns, J. Burgess, M.Mahrt ve C.Puschman, (Çev: Emre Erbatur). *Twitter ve Toplum*, ss. 404-409. İstanbul: Kafka-Epsilon Yayıncılık.

McNair, B. (2012). *An Introduction to Political Communication*. Oxon: Routledge.

Mesrati, M. (2014). Bayu ve Leyla (Libya). İç. *Devrimleri Yazmak: Tunus'tan Suriye'ye Arap İsyanından Sesler*, (Çev. S. Yazbek), Hazırlayanlar: L. Al-Zubaidi, M. Cassel ve N. C. Roderick, (ss. 75-98). İstanbul: Metis Yayınları.

Morozov, E. (2011). *The Net Delusion: How not to Liberate the World*. UK: Penguin.

Negroponte, N. (1998). Beyond Digital, *Wired*, 6(12), ss.288.

Patterson, T. (1993). *Out of Order*. New York: Knopf.

Patterson, T. (1996). Bad News, Bad Governance, *Annals of the American Academy of Political and Social Science*, 546, ss. 97–108.

Perloff, R. M. (2014). *The Dynamics of Political Communication*. New York: Routledge.

Rheingold, H. (1993). *The Virtual Community*. Cambridge, MA: Addison-Wesley.

Ryan, M., ve Kellner, D. (1997). *Politik Kamera*. (Çev.) E. Özsayar. İstanbul: Ayrıntı.

Schudson, M. (1997). Why Conversation is Not the Soul of Democracy, *Critical Studies in Mass Communication*, 14(4), ss.1–13.

Sghiri, M. (2014). Şafağa Selam: Acısıyla Tatlısıyla Devrime Tanıklık Etmek (Tunus). İç. *Devrimleri Yazmak: Tunus'tan Suriye'ye Arap İsyanından Sesler*, (Çev. S. Yazbek), Hazırlayanlar: L. Al-Zubaidi, M. Cassel ve N. C. Roderick, (ss. 15-23). İstanbul: Metis Yayınları.

Shirky, C. (2011). The Political Power of Social Media: Technology, the Public Sphere, and Political Change. *Foreign Affairs*, ss. 28-41.

Tuman, J., P. (2009). The Political and Economic Determinants of Foreign Direct Investment in Latin America: A Brief Comment on" Macroeconomic

Deeds, Not Reform Words: The Determinants of Foreign Direct Investment in Latin America," *Latin American Research Review*, 44(1), 191-194.

Wolfsfeld, G. (2011). *Making Sense of Media and Politics: Five Principles in Political Communication*. New York: Routledge.

Virilio, P. (1994). *The Vision Machine*. Bloomington/Indiana: Indiana University Press.

Sinema Filmlerinin Tanıtım ve Pazarlanmasında Sosyal Medyanın Etkisi: 2019 Yılı Türkiye Örneği

*Mustafa Aslan**
*Serhat Yetimova***

Giriş

Sinema filmlerinin tanıtımında halkla ilişkiler faaliyetleri ve tutundurma çalışmalarında son yıllarda geleneksek medya yerini artık sosyal medya almaya başlamıştır. Her geçen gün dijitalleşirken yaşamla beraber sosyal medya gündelik hayatın vazgeçilmez bir parçasına dönüşmektedir. Geleneksel medya araçları ile kıyaslandığında sosyal medyanın; hedef kitle ile doğrudan temas kurabilme, video, metin ve resim gibi çeşitli görselleri aynı anda paylaşabilmesi gibi birçok güçlü yanı bulunmaktadır. Üstelik sosyal medya platformlarının dijital olması yapımcı firmalara hem zaman hem de bütçe tasarrufu sağlamaktadır. Çalışmada sinema filmlerinin tanıtılması ve kampanya sürecinde, filmlerin bilinirliği sağlamak, farkındalık yaratmak ve halkla ilişkiler faaliyetlerine katkı olarak Türkiye'de sosyal medya platformlarının nasıl kullanıldıklarına odaklanılmıştır. Bu kapsamda 2019 yılında en çok izlenen üç filmin (7. Koğuştaki Mucize, Recep İvedik 6 ve Organize İşler Sazan Sarmalı) Facebook, Instagram ve Twitter kullanımlarına bakılmıştır.

---

* Doçent Doktor, Aydın Adnan Menderes Üniversitesi İletişim Fakültesi Radyo Televizyon Sinema Bölümü, drmusatafaaslan@gmail.com.
** Doktor Öğretim Üyesi, Aydın Adnan Menderes Üniversitesi İletişim Fakültesi Gazetecilik Bölümü, serhat.yetimova@adu.edu.tr.

Araştırmanın amacı, gişe başarısı elde etmiş sinema filmlerinin tanıtılması sürecinde sosyal medya platformlarının nasıl kullanıldığı ve takipçilerle film arasındaki etkileşimin nasıl geliştiğini tespit etmektir. Çalışmada bu amaç çerçevesinde; sinema filmlerinin tanıtımında sosyal medyanın yerinin ne olduğu, sinema filmlerinin tanıtılması sürecinde bir halkla ilişkiler aracı olarak Facebook, Instagram ve Twitter nasıl kullanıldıkları, gişe başarısı elde etmiş filmlerin gişe başarılarıyla sosyal medya paylaşımları arasında bir bağ olup olmadığı gibi soruların yanıtları aranmıştır.

Günümüzde dijital teknolojiler artan bir hızda insanların gündelik pratiklerini, medya izleme alışkanlıklarını, sosyal ilişkilerini ve gündemlerini değiştirmektedir. Özellikle mobil teknolojiler, sosyal medya ve internet platformları kamusal alanın yapısını dönüştürdüğü gibi daha katılımcı, bağımsız, etkileşimli ve sürekli yenilik içinde olan bir yaşamsal ekosistem oluşturdu. Dingin'e göre (2019, s.182-13) 2009'daki İran olayları, 2010'da başlayan "Arap Baharı" ve 2013 yılında Türkiye'de başlayan "Gezi Parkı" gibi toplumsal hareketlerde sosyal medyanın oldukça etkin olduğu görülmüştür. Ayrıca bu gelişmelerde etkin roller üstlenen troller (dijital olarak anonim veya gerçek kişiler), sosyal medyaya dönüşen kamusal alanda gündemin belirlenmesinin temel aktörleri konumuna geldi. Bu kişilerin yaptığı gerçek veya asılsız haber, değerlendirme, yorum veya karalama kampanyaları toplumların gerçek yaşamlarını da etkiler hale geldi.

Geleneksel dönemde iletişim teknolojileri bir araç konumundayken bugün iletişimin kendisi halini almış görünmektedir. Bugünün toplumu, iletişim teolojilerinin şimdiye kadar görülmemiş biçimde yoğun olarak kullanıldığı bir çağda yaşamaktadır. Bu çağda iletişim teknolojilerindeki bu benzersiz değişim, film endüstrisini, izleyicilerle etkileşim içinde hareket etme noktasında zorlamaktadır. Filmin yapımcıları, sanatçıları, senaristleri ve dağıtımcıları prodüksiyonun tüm aşamalarında dijital dünyanın kendilerini doğrudan bağladığı izleyiciler veya tüketicilerle bir arada etkileşim içinde bulunarak hakaret etmek zorunda bırakmaktadır. Bu bakımdan hukuki olmasa da kültürel olarak izleyicilerin algısını, beğenisi veya tepkisini dikkate alır şekilde hareket etmek durumunda bulunan bir sinema endüstrisinden bahsetmek bu çağın temel meselesidir.

Telgraf, telefon, sinema ve televizyon merkezinde oluşan geleneksel medya döneminden farklı olarak artık bilgisayar ve internet teknolojisinde yeni medyadan söz etmek gerekmektedir. Yeni medyanın en belirgin özelliği hız ve etkileşimdir. İnsanlar geleneksel dönemde olmadığı kadar etkileşim içindedir. Zaman ve mekân kavramı artık tamamen dijital olarak algılanmaktadır. Medya, görsellik ve dijital dünya artık hayatın her yerindedir. İletişim alanında yaşanan gelişmeler akıllı telefonlarla çok ileri bir boyut kazanmış; e-posta, haber grupları, çevrimiçi kütüphanelere erişim imkânıyla başlayan süreçte akıllı telefonlar geliştirdikleri kamera teknolojisiyle film yapmaya kadar gelmişlerdir (Özoğlu, 2019, s.15). 20 ve 21. Yüzyıldaki teknolojik gelişmeleri bir bebeğin gelişim evreleri ile örneklendiren Akdağ (2019, s.67-68)'a göre bu yüzyıllardaki görsel işitsel merkezli teknolojik gelişimler diğer çağların tamamındaki gelişmelerden çapça daha büyük ve hızlı olmuştur.

İnternetle beraber gelen yeni iletişim teknolojileri insanlara düşünce ve eserlerini sınırsızca paylaşabilecekleri bir platform sunmaktadır. Bunun temeli akıllı telefonlar, oyun konsolları, tabletler ve dizüstü bilgisayarlar yeni medyanın önemli enstrümanları arasında yer alması gelmektedir. Yeni iletişim teknolojileri olarak adlandırılan bu araçlar insanların daha fazla etkileşim içine girmesine olanak sağlamaktadır (Bat ve Vural, 2010, s.3348-3350).

İçinde yaşadığımız enformasyon çağı, yukarıda belirtilen sınırsızlığı bilişim teknolojilerinin aracılığında bir kaosa da dönüştürmektedir. Görüntü, ses ve bilginin çok yoğun ve aralıksız şekilde insanların dikkatine sunulması insanların algısını hem dönüştürmekte hem de yormaktadır. Bu bakımdan insanlar yeni veya sosyal medyada en kısa sürede, en etkili bir biçimde medya içeriklerini görmek, bilmek, değerlendirmek ve tüketmek durumundadır. Bu sebeple sosyal medya içeriklerinde etkin olabilmek için hem kullanıcılar hem de medya sahipleri dijital teknolojileri çok yönlü bir şekilde hem mecra, hem içerik, hem estetik hem de tüketim noktasında kullanabilmeli ve piyasadaki rekabetçi koşullara adapte olabilmelidir. Nitekim Dingil (2015, s.257)'e göre Türkiye'de online haber sitelerinin önemli bir çoğunluğu görsel içerikleri yoğun bir şekilde kullanmaktadır. Dingil (2015, s.257)'e göre örneklemdeki haber siteleri görsel ağırlıklı olmasının sebebi "haber sitesi kullanıcısının görsel malzeme ile desteklenen haberi daha kolay ve hızlı algıladığından olabilir. Örneklemdeki haber siteleri bu nedenle haberi gerçek fotoğraf olmasa bile arşiv fotoğrafı ile desteklemektedir".

Prensky (2001a, 2001b)'ye günümüz toplumu göre dijital yerli ve dijital göçmen diye ikiye ayrılmaktadır. Hızla gelişen bu teknolojiler kuşaklar arasında uçurumlarla ifade edilebilecek farklılıkların oluşmasına neden olmuş bu çağın ortasında doğanlar ve bu çağa uzak kalanlar şeklinde toplumun ikiye bölünmesine bile neden olmuştur. Bütün günlük işlerini teknoloji ile yürüten kişilere "dijital yerli"; bu teknolojilerin kullanıldığı ortamlara uyum sağlamaya çalışan kişilere de "dijital göçmen" adı verilmektedir. Her iki grubun bilgiyi arama, kullanma ve yaratma süreçleri birbirinden tamamen farklıdır. Dijital yerliler sanal imkânları maksimum düzeyde kullanır ve bunu bir sosyalleşme aracı olarak görürken; dijital göçmenler görece daha çok fiziki imkânları/araçları kullanmayı tercih etmektedir (Sümer, 2017, s.169).

Günümüzde sinema endüstrisi artan bir rekabet içindedir. Bu rekabetin temel nedeni dijital teknolojilerle artan sayıda filmlerin çeşitlendirdiği piyasa koşullarıdır. Bu sebeple yapımcıların gişede başarı elde edebilmeleri için geleneksel ve sosyal medya faaliyetlerini yoğunlaştırdıkları görülmektedir. Bu bağlamda haber, röportaj, köşe yazısı, TV programı gibi etkinliklerle filmlerde yer alan kişilerin ve içeriklerin medyada dolaşımı sağlanmaktadır (Akar, 2018, s.98). Ayrıca basın bültenleri, basın materyalleri ve görsel basın içerikleri de filmlerin ön plana çıkmasına aracılık etmektedir. Dergi, gazete, sosyal ağ ile web sitelerindeki kaliteli, yüksek çözünürlüklü fotoğraf, afiş ve posterler filmlerin izleyiciler ile etkileşime girmesinde büyük bir öneme sahiptir (Kerrigan, 2010, s.128-129). Nitekim Dünyaca ünlü pazarlama teorisyeni Seth Godin'e göre bir şeyin satılabilmesi için dikkat çekici olması gerekir. Bu sebeple Word of Mouth (söylenti) viral reklamlardan dikkat çekiciliği arttıran yöntemlerden biridir.

Dünyayı değiştiren yeni medya ve onun teknik imkânları Richard Rogers'a göre üç ana başlık altında toplanmıştır. Bunlar; *etkileşim, kitlesizleştirme* ve *eşzamansızlık*'tır. Etkileşim, sayesinde hem alıcı hem de verici birbirinden etkilenmektedir. Kitlesizleştirme de geniş kitle içinde her bir kişiyle özel mesaj değişimi yapılabilmesini sağlayacak kadar özelleştirilmiş olabilmektedir. Bu durum herkese farklı mesajlar gönderilmesine olanak tanımaktadır. Eşzamansızlık ise yeni iletişim teknolojilerinin bireye istediği zamanda mesaj gönderme veya alma olanağı sunmasıdır (Özoğlu, 2019, s.13-14). Tüm bu imkânlar, insanların sosyal medya veya yeni medya üzerinden gündemi takip etmesini özendirmektedir.

Kerrigan'a (2010) sosyal medya araçlarının kolay kullanım ve erişebilirlik özelliklerinin film piyasasını geniş ölçüde etkilediğini belirtmektedir. Özellikle genel kültür ve teknoloji becerisi düşük sosyal çevrelerde bile artan bir ilginin varlığı sosyal medyanın kolay kullanımı ile ilişkilendirilmektedir. Sosyal medya yapısı itibariyle filme ilişkin içeriklerin ve filmle ilişkili her türlü DVD, maket, poster ya da oyuncaklar gibi endüstriyel ürünler ve tanıtımın geniş sosyal çevrelerce tüketilebilmesine olanak sağlayan bir teknik alt yapıya sahiptir. Böylelikle seyircinin ilgisi filmlere ilişkin sürekli canlı tutulmaktadır (Akyol ve Kuruca, 2015, s.90).

Kullanıcıların da içerik üretebilmesi bağlamından sosyal medya kullanıcılara zihnindekini sunma özgürlüğü vermektedir. Filme dair, replikler, röportajlar, capsler, gifler ve seslendirmeler filmlerle var olan etkileşimi arttırmaktadır. Kullanıcılar olumlu olumsuz yorum ve paylaşımlarıyla filmi gündemde tutabiliyor.

Sosyal medya içinde belirli beğeni, tarz ve amaçlarla bir araya gelen sanal topluluklar filmlerle geliştirilen etkileşimde etkili iletişim sunan bir zemin oluşturmaktadır. Bu durum filmlere özgü halkla ilişkiler kampanyaları yürüten yapımcı şirketler için bir fırsat niteliğindedir. Çünkü çok geniş bir düzlemde kapsamlı bir popülasyonun ilgisini sinema ile buluşturmak mümkün hale gelebilmektedir Benzer şekilde filmlerin yapım, yönetim ve lansman gibi tüm süreçlerde sosyal medyada etkin bir şekilde paylaşılması ve dolayısıyla aldığı etkileşimler yapımcılar tarafından takip edilebilir hale gelmektedir. Bu durum sosyal medyayı yapımcıların piyasa koşullarının nabzını tutmasında etkin bir araç haline getirmektedir (Akar, 2018, s.99).

Sosyal medya Amerikan filmleri bağlamında oldukça yoğun kullanılmaktadır. Örneğin Harry Potter filminin yapımcısı Warner Bros film adına açtığı web sitesini Twitter, Facebook ve Youtube Google Plus gibi sosyal medya kanalları ile bütünleşik hale getirerek kitlesel etkileşime sokmuştur. Harry Potter'ın Facebook'ta 76 milyon 500 beğenen sayısı ve Twitter'da 1.618.261 takipçisi bulunuyor. Film serisinin 2011 yılında bitmesine karşın, sosyal medya sayfalarında hala aktif olarak filme dair paylaşımlar yapılmaktadır. Filmin kendisinin dışında oyuncu haberleri ile etkinlik duyuruları da sitelerde paylaşılmaktadır (Akyol ve Kuruca, 2015, s.68).

Benzer şekilde 2007 yılında 15.000 dolar gibi düşük bir bütçeyle çekilmiş olan *Paranormal Activity* filminin, yapımcılarına gişede 150 milyon dolar kazandırmış olması sosyal medyanın etkileyici gücüne örnek olarak gösterilmektedir. Başarılı bir tanıtım stratejisi uygulamış olan yapımcı Paramount şirketi (Schoenberg, 2012, s.6), bir sinema salonunda filmi izleyen seyircileri amatör bir kamera ile kayıt edip bu izleyicilerin film sırasındaki gösterdiği tepkileri sosyal medya sitelerinde paylaşıma sokmuş geniş bir izleyici kitlesinin dikkatini çekmiştir. İlk filmde izlenilen bu tanıtım stratejisi, serinin devam filmlerini de olumlu yönde etkileyerek diğer filmlerin izlenme sayılarını da arttırmıştır (Akyol ve Kuruca, 2015, s.68).

Türk sinemasının yaygınlaşmasında da sosyal medyanın önemli bir etkisi olmuştur. Örneğin Ayla filminin Instagram hesabına yönelik yapılan bir incelemede İçerik, Kimlik, Farkındalık ve Etkileşim kategorilerinde önemli tanıtım kampanyalarının yürütüldüğü görülmüştür. Uluslararası bir film projesi özelliği gösteren *Ayla* filmi farklı ülkelerden izleyici ve takipçilere sahip olmasında Instagram'ın katkısı oldukça belirgindir. Instagram, afiş ve fragman paylaşımları ve #hashtag araçlarıyla filmin dünyanın farklı ülkelerindeki hedef kitlelere ulaşmasında ve filmle ilgili gelişmelerden potansiyel kitlelerin haberdar edilmesinde etkili bir araç konumundadır: *"Instagram hesabında takipçilerin ve hesap yöneticilerinin en çok etkileşime girdiği konular arasında filmin hangi ülkelerde gösterime gireceği ve hangi şehir ve üniversitelerde söyleşi gerçekleştireceği yer almaktadır. Instagram hesabı özellikle vizyon tarihleri ve yerleri konusunda takipçileri anlık şekilde bilgilendirmek üzere başarılı bir araç olarak kullanılmıştır"* (Akar, 2018, s.107).

Sosyal medyanın nimetlerinden etkin bir biçimde yararlan Türk film piyasasında birçok yerli yapım etkileşimli içerikler hazırlayarak izleyicilerin dikkatini taze tutmayı başarmaktadır. Örneğin *Eyvah Eyvah 3, Kocan Kadar Konuş, Mucize, Ali Baba ve Yedi Cüceler* (vb.) gibi filmlerde ise sahneleri gösteren fotoğraflar sadece fotoğraf olarak verilmekle kalmayıp, diyalogların fotoğrafların üzerine yazılması, mesajın görselleştirilmesi ve böylelikle daha kolay anlaşılabilir ve paylaşılabilir hale getirilmesi açısından etkili bir yol olarak sosyal mecralarda tercih edilmiştir. Bu ve benzeri birçok uygulamaya diğer Türk filmlerinde görmek mümkündür (Yolcu, 2016, s.218).

Sosyal medyanın sunduğu bu imkânlar tüketicileri, izleyicileri veya kullanıcıları bir üretici konumuna yükseltmektedir. Bu üretim kültürel içeriklerin medyatik üretimini ifade etmektedir. Tapscott ve Williams'a göre "bilgi, güç ve üretici kapasitenin tarihimizdeki herhangi bir zamandan çok daha dağınık" olduğu bir yaşamsal düzen içindeyiz (aktaran; Demirkol, 2017: 141). 21 yüzyılın toplumu medyatik içerikleri üreterek güçlenen ve kendini ispat eden bir toplumsal kültür üretmektedir. Nitekim John Kelly'nin, 2009 yılında Reuters Gazetecilik Çalışmaları Enstitüsü için hazırladığı bir raporda, gazetecilik sektöründe üretim düzeninin değiştiğini vurgulamıştır. Bu düzen artık yurttaşların bizzat haber ürettiği bir düzendir (Kelly, 2009, s.1-2).

Yöntem

Araştırmanın kuramsal çerçevesi oluşturulurken sinema filmlerinin tanıtım sürecinde sosyal medya platformlarının bir halkla ilişkiler aracı olarak kullanılmasına ilişkin veriler "literatür taraması" yöntemi ile toplanmıştır. Bu kapsamda konuya ilişkin kitaplar, tezler ve güncel makaleler incelenmiştir.

Araştırmanın uygulama kısmında ise, 2019 yılında en çok izlenen üç filmin (*7. Koğuştaki Mucize, Recep İvedik 6 ve Organize İşler Sazan Sarmalı*) resmi Facebook, Instagram ve Twitter hesap-

Disiplinlerarası Yaklaşımla Sosyal Medya

larındaki gönderilerin incelenmesi sonucu elde edilen veriler üzerinde betimsel analiz gerçekleştirilmiştir. Sosyal medya platformlarını ve bu platformların toplumsal etkilerini anlama ve anlamlandırmada betimsel analiz yöntemi araştırmacıya geniş okuma yapabilme imkânı sağlamaktadır. Sinema ve sosyal medya birbirinden farklı dinamikleri olan iki farklı disiplindir. Bu iki farklı mecranın birleşmesiyle orta çıkan etkinin gün yüzüne çıkarılmasında betimsel analiz yönteminin kullanılmasının çalışma için en uygun yöntem olduğuna karar verilmiştir.

2019 yılında sinema salonlarında vizyona giren filmler araştırmanın evrenini oluştururken, en çok izlenen üç film araştırmanın örneklemi olarak belirlenmiştir. Örneklem olarak en çok izlenen üç filmin seçilmesi; gişede en çok izlenen filmin, hem geleneksel medyada hem de sosyal medyada çok konuşulduğu ve filmlerle ilgili halkla ilişkiler çalışmalarının profesyonel ekiplerce yapıldığı ön kabulüdür. Bu çalışmanın temel amacı en çok izlenen filmlerin sosyal medya araçlarını nasıl kullandıklarını tespit etmektir. Araştırmada kullanılan veriler ve en çok izlenen filmler listesine ait bilgiler; Türkiye'de sinema salonlarında gösterime giren yerli ve yabancı filmlerin başta gişe ve hasılat bilgileri olmak üzere başka birçok verisinin tutulduğu *boxofficeturkiye.com* internet sitesinden elde edilmiştir. Buna göre 2019 yılında en çok izlenen ilk üç film sırasıyla; *7. Koğuştaki Muzice*, *Recep İvedik 6* ve *Organize İşler Sazan Sarmalı* olduğu görülmüştür.

Filmlerin sosyal medya adreslerinin tespit edilmesi aşamasında, filmlerle ilgili birden fazla hesabın olduğu ve bazı hesapların fan sayfası şeklinde topluluk hesapları oldukları görülmüştür. Buradaki karışıklığın önüne geçmek ve verileri doğru adresten alabilmek için söz konusu filmlerin resmi web sitelerinde ilan edilen sosyal medya hesapları tek ve geçerli adres olarak değerlendirilmiştir. Bunun haricinde filmin yönetmeninin, oyuncuların şahsi hesaplarıyla filmin adını taşımış olsalar bile resmî web sitesinde duyurulmayan diğer sosyal medya hesapları çalışmaya dâhil edilmemiştir. Örneklem olarak ele alınan filmlerden sadece *7. Koğuştaki Mucize* filmine ait bir web sitesi[1] bulunurken, *Recep İvedik 6*[2] ve *Organize İşler Sazan Sarmalı*[3] filmlerinin ise müstakil web siteleri olmadığı görülmüştür. Her ikisi de bir devam filmi olan *Recep İvedik 6* ve *Organize İşler Sazan Sarmalı* filmlerinin yapım şirketlerine ait web sitelerinden film için ayrı bir bağlantı verdikleri tespit edilmiş ve filmler ile ilgili bilgilere bu bağlantı sayfalarından ulaşılmıştır. Örneklem olarak seçilen her üç filmin web sitesi güncel bilgilerle aktif olarak hizmet vermektedir.

7. Koğuştaki Mucize, Recep İvedik ve Organize İşler Sazan Sarmalı filmlerinin Facebook, Instagram ve Twitter hesaplarına yönelik gerçekleştirilen incelemede, hesaplar üzerinden paylaşılan gönderilerin çalışmanın başında sosyal medyanın bir halkla ilişkiler aracı olarak kullanılmasına yönelik çizilen çerçeveye uygun olup olmadığına, film ile takipçiler arasında sosyal medya üzerinden bir etkileşimin olup olmadığına bakılmıştır.

Araştırma kapsamında 2019 yılında en çok izlenen üç filminin sosyal medya hesapları üzerinden yapılan gönderiler incelenmiştir. Filmlerin resmi sosyal medya hesaplarındaki paylaşımlar iki ana kategoride ele alınmıştır. Tüm paylaşımlar video ve fotoğraf/metin olarak sınıflandırılmış ve tablolar oluşturulmuştur. Filmlerin sosyal medya hesaplarında metin olarak paylaşılan birçok gönderinin fotoğraf üzerine metin ya da fotoğraf ile birlikte metin şeklinde düzenlenmesinden olayı, fotoğraf ve metin içeriklerinin birlikte değerlendirilmesine karar verilmiştir.

Sosyal medya hesaplarından yapılan ilk paylaşım tarihlerine bakıldığında her üç film ile ilgili halkla ilişkiler, tanıtım ve tu-

---

[1] https://www.kogustakimucize.com
[2] https://camasirhanefilm.com/portfolio/recep-ivedik-6
[3] https://www.bkmonline.net/tr/filmler/organize-isler-sazan-sarmali

tundurma faaliyetlerinin filmlerin vizyon tarihlerinden ortalama üç ay önce başladığı görülmüştür. Bu sebeple araştırmanın ele aldığı zaman aralığı filmlerin vizyona tarihlerinden önceki üç ay ile vizyona girdikten sonraki üç aylık zaman araştırmanın çerçevesini oluşturmaktadır. Her bir filmin toplam 6 aylık sosyal medya hareketliliğini ortaya koyan bu çalışmanın başka akademik çalışmalara ışık tutacağı, bu araştırmada çeşitli sınırlılıklarla eksik bırakılan kısımların ise başka çalışmalarla tamamlanmaya muhtaç olduğu düşünülmektedir.

7. Koğuştaki Mucize

Türkiye sinema salonlarında 2019 yılında gösterime filmler arasında 5.315.413 seyirci rakamı ile en çok izlenen film 11 Ekim 2019 tarihinde vizyona giren *7. Koğuştaki Mucize* oldu. Yönetmenliğini Mehmet Ada Öztekin yaptığı film, 7 yaşındaki kızı ile aynı zekâ yaşına sahip bir babanın adalet arayışını konu ediniyor. Ocak 2020'de halen vizyonda gösterimi devam eden filmin 2019 toplam gişe hasılatı ise 89.620.678 TL olarak gerçekleşti. Filminin konusu, künyesi, oyuncu kadrosu, kamera arkası görüntüler dâhil olmak üzere birçok bilgiye ulaşılan web adresinde[4] filme ait sosyal medya hesapları bulunmaktadır. Filmin aktif olarak kullandığı sosyal medya platformları arasında; Facebook, Instagram, Twitter ve Youtube yer almaktadır.

Sosyal Medya Hesabı	Takipçi Sayısı
Facebook	5.693
Instagram	45.582
Twitter	3.831

Tablo 1: 11 Ocak 2020 Tarihi İtibari ile *7. Koğuştaki Mucize* Filmi Facebook, Instagram ve Twitter Hesapları Takipçi Sayılarının Dağılımı

Sosyal medya hesaplarını gösterime girmeden üç ay önce açan *7. Koğuştaki Mucize*, Facebook'ta 5.593, Instagram'da 45.582 ve Twitter'da 3.831 takipçisi vardır. Filmin en çok takipçisi olan

---

[4] https://www.kogustakimucize.com/

sosyal medya platformu isntagram'dır. Filmin kısa zamanda 45 binin üzerinde takipçi sayısına ulaşması başarı olarak değerlendirilmektedir.

Anlattığı hikâye ile seyirciyi etkisi altına alan ve bunun karşılığını da gişe de gören filmin sosyal medya kullanımı konusunda yenilikçi olmadığı söylenebilir. 11 Ekim 2019 tarihinde vizyona giren *7. Koğuştaki Mucize* filmi için araştırma verilerinin toplandığı 6 aylık dönem; 11 Temmuz 2019 – 11 Ocak 2020 tarihleri olarak belirlenmiştir. Filme ait sosyal medya hesapları Facebook, Instagram ve Twitter'da yapılan incelemede; paylaşımların %28,8'i video, %70,78'inin ise fotoğraf/metin olduğu görülmüştür. Buna karşın her üç platformda da takipçilerin fotoğraf paylaşımlarına ilgisinin az, video paylaşımlarına ise ilgilin daha fazla olduğu görülmüştür. Gönderinin beğenilmesi, yorumlanması, paylaşılması ve görüntülenmesi oranlarına bakıldığında video paylaşımlarının fotoğraf paylaşımlarına oranla daha fazla etkileşim aldığı tespit edilmiştir.

Facebook *(7. Koğuştaki Mucize)*

7. Koğuştaki Mucize filminin resmi Facebook hesabından[5] yapılan ilk paylaşım 18 Haziran 2019 tarihinde yapılmıştır. 11 Ocak 2020 tarihi itibariyle 5.150 kişi/hesap tarafından beğenilen sayfa 5.692 kişi/hesap tarafından takip edilmektedir.

Gönderi Türü	Temmuz 2019	Ağustos 2019	Eylül 2019	Ekim 2019	Kasım 2019	Aralık 2019	Ocak 2020
Fotoğraf / Metin	1	5	9	22	16	4	0
Video	3	2	5	15	2	0	0
Toplam Paylaşım	4	7	14	37	18	4	0

Tablo 2: *7. Koğuştaki Mucize* Filminin **Facebook** Hesabı Üzerinden 11 Temmuz 2019 – 11 Ocak 2020 Tarihleri Arasında Yaptığı Paylaşımların Aylara Göre Dağılımı

---

[5] https://www.Facebook.com/yedincikogustakimucize/

11 Ekim 2019 tarihinde vizyona giren *7. Koğuştaki Mucize* filmi için araştırma verilerinin toplandığı 6 aylık dönem; 11 Temmuz 2019 – 11 Ocak 2020 tarihleri olarak belirlenmiştir. Belirtilen bu tarih aralığında filmin Facebook hesabından 57 fotoğraf/metin ve 27 video olmak üzere toplam 84 paylaşım yapılmıştır. Filmin Facebook hesabında fotoğraf/metin paylaşım oranı % 68 ilken video paylaşım oranı % 32 olarak tespit edilmiştir. Fotoğraf/metin paylaşım oranının video paylaşım oranından iki kat fazla olmasına rağmen; takipçilerin en çok etkileşime girdikleri paylaşım video olmuştur. 06 Eylül 2019 tarihinde yayınlanan filmin fragmanı; 626 beğeni, 123 yorum, 571 paylaşım ve 38 bin görüntüleme ile Facebook paylaşımları arasında en çok beğenilen, yorum alan, paylaşılan ve görüntülenen video olmuştur. Filmin paylaşım ağırlığı ile takipçilerin beğeni, yorum, görüntüleme vb hareketlerinde ters orantı olduğu görülmektedir.

Filmin Facebook hesabından yapılan paylaşımların aylara göre dağılımına bakıldığında en çok paylaşımın yapıldığı ayın filmin vizyona girdiği Ekim ayı olduğu görülmektedir. Ekim ayında Facebook hesabından toplam 37 paylaşımın 15'inin video, 22'sinin ise fotoğraf/metin olduğu tespit edilmiştir.

Instagram *(7. Koğuştaki Mucize)*

7. Koğuştaki Mucize filminin resmi Instagram hesabından[6] yapılan ilk paylaşım, Facebook hesabından yapılan paylaşımdan dört gün sonra 22 Haziran 2019'da yapılmıştır. 11 Ocak 2020 tarihi itibariyle 45.582 kişi/hesap tarafından takip edilmektedir. 11 Ekim 2019 tarihinde vizyona giren *7. Koğuştaki Mucize* filmi için araştırma verilerinin toplandığı 6 aylık dönem; 11 Temmuz 2019 – 11 Ocak 2020 tarihleri olarak belirlenmiştir. Belirtilen bu tarih aralığında filmin Instagram hesabından top-

---

[6] https://www.Instagram.com/7.kogustakimucizefilm/

lam 107 paylaşım yapıldığı, bu paylaşımların 77 tanesinin fotoğraf/metin, 29'inin ise video olduğu görülmektedir. Instagram hesabından yapılan fotoğraf/metin paylaşım oranı % 72 ilken video paylaşım oranı % 28 olarak tespit edilmiştir. Paylaşım yüzdeliklerine bakıldığında, Instagram paylaşımlarının da fotoğraf/metin ağırlıklı olduğu görülmüştür.

Gönderi Türü	Temmuz 2019	Ağustos 2019	Eylül 2019	Ekim 2019	Kasım 2019	Aralık 2019	Ocak 2020
Fotoğraf /Metin	14	12	12	23	16	0	0
Video	1	1	5	16	2	4	0
Toplam Paylaşım	15	13	17	39	18	4	0

Tablo 3: *7. Koğuştaki Mucize* Filminin **Instagram** Hesabı Üzerinden 11 Temmuz 2019 – 11 Ocak 2020 Tarihleri Arasında Yaptığı Paylaşımların Aylara Göre Dağılımı

Instagram hesabında en fazla paylaşım, filmin vizyona girdiği ay olan Ekim ayında yapılmıştır. Ekim ayında yapılan toplam 39 paylaşımlarım 23'ü filmin oyuncularına ait ve set fotoğraflarından oluştuğu, 16 paylaşımın ise video olarak yapıldığı ve bu videoların içeriğinde filmin fragmanı ve yine film içindeki sahnelerden kesitler olduğu görülmüştür.

Instagram hesabından vizyon günü paylaşılan filmin afişi 68 bin 952 kişi/hesap tarafından beğenilerek en çok beğenilen fotoğraf olurken, 3 Ekim 2019 tarihinde yayınlanan filmin fragmanı 1 milyon 306 bin yorum alarak hem en çok yorum alan paylaşım, hem de 3 milyon 257 bin 999 görüntüleme ile en çok izlenen video olmuştur. Elde edilen verilere göre video paylaşımları daha çok etkileşim almasına rağmen, Instagram hesabından ağırlıklı olarak fotoğraf/metin paylaşılmıştır. Filmin paylaşım ağırlığı ile takipçilerin beğeni, yorum, görüntüleme vb. hareketlerinde ters orantı olduğu görülmektedir.

Filmin Instagram hesabından yapılan paylaşımların aylara göre dağılımına bakıldığında en çok paylaşımın Ekim ayında yapıldığı görülmektedir. Ekim ayında Instagram hesabından toplam 39 paylaşımın 16'sının video, 23'ünün ise fotoğraf/metin olduğu tespit edilmiştir.

Twitter *(7. Koğuştaki Mucize)*

7. Koğuştaki Mucize filminin resmi Twitter hesabından[7] yapılan ilk paylaşım Instagram hesabından yapılan paylaşımla aynı gün yapılmış ve paylaşımda aynı görsel kullanılmıştır. Filmin Twitter hesabı 11 Ocak 2020 tarihi itibariyle 3,830 kişi/hesap tarafından takip edilmektedir. Araştırmaya dâhil edilen tarih aralığında filmin Twitter hesabından toplam 76 twit atılırken bu twitlerin 55 tanesinin fotoğraf/metin, 21 tanesinin ise video olduğu tespit edilmiştir. Filmin Twitter hesabından yapılan fotoğraf/metin paylaşım oranı % 72 ilken, video paylaşım oranı % 28'dir. Filmin Twitter hesabı da diğer sosyal medya hesaplarında olduğu gibi ağırlıklı olarak fotoğraf/metin paylaşımı için kullanılmıştır.

Gönderi Türü	Temmuz 2019	Ağustos 2019	Eylül 2019	Ekim 2019	Kasım 2019	Aralık 2019	Ocak 2020
Fotoğraf /Metin	2	4	8	26	11	4	0
Video	3	3	6	7	2	0	0
Toplam Paylaşım	5	7	14	33	13	4	0

Tablo 4: *7. Koğuştaki Mucize* Filminin **Twitter** Hesabı Üzerinden 11 Temmuz 2019-11 Ocak 2020 Tarihleri Arasında Yaptığı Paylaşımların Aylara Göre Dağılımı

Filmin Twitter hesabından 06 Eylül 2019'da yayınlanan video Twitter'daki paylaşımlar arasında en çok beğenilen, yorum alan, paylaşımla ve görüntülenen içerik olmuştur. Filmin tanıtım fragmanı olan bu paylaşım 13,8 bin kişi tarafından beğenilirken, 1,9 bin kişi görüntüyü kendi sosyal hesaplarında paylaşmış, aynı gönderiye 336 kişi de yorum yapmıştır. Aynı görüntü 2,9 milyon kişi tarafından da görüntülenerek Twitter paylaşımları arasında en çok görüntülenen video olmuştur.

---

[7] https://Twitter.com/kogustakimucize

Filmin Twitter hesabından yapılan paylaşımların aylara göre dağılımına bakıldığında, Facebook ve Instagram hesaplarında olduğu gibi en çok paylaşımın yapıldığı ayın filmin vizyona girdiği Ekim ayında yapıldığı görülmüştür. Ekim ayında toplam 33 paylaşımın 7'si video iken 26 paylaşımın ise fotoğraf/metin olduğu tespit edilmiştir.

Recep İvedik 6

Türkiye'de sinema salonlarında gösterime giren filmlerin istatistiklerinin tutulduğu *boxofficeturkiye*'nin verilerine göre Türk sinemasında 1989'dan beri "Türk Filmleri Seyirci Rekoru" ve Tüm Filmler Seyirci Rekor"larının sahibi *Recep İvedik 5*'ten sonra serinin altıncı filmi 2019 yılında gösterime girdi. 2019 yılında yerli ve yabancı yapımlar arasında 3.985.093 toplam seyirci rakamına ulaşan *Recep İvedik 6* yılının en çok izlenen ikinci film oldu. Filminin konusu, künyesi, oyuncu kadrosu, kamera arkası görüntüler dâhil olmak üzere birçok bilgiye filmin yapım şirketinin web adresi[8] aracılığıyla ulaşılmaktadır. Filmin aktif olarak kullandığı sosyal medya platformları arasında; Facebook, Instagram ve Youtube yer alırken, filmin Twitter adresinin olmadığı görülmüştür.

Recep İvedik 6 bir devam filmi olmasından dolayı filmin sosyal medya hesaplarının *Recep İvedik* adına açılmış tek bir hesaptan yönetildiği, her film için ayrı bir sosyal medya hesabı açılmadığı tespit edilmiştir. Filmin sosyal medya stratejisinin bu açıdan doğru belirlendiği söylenebilir. *Recep İvedik 6* filminin Facebook ve Instagram hesabı olmasına rağmen Twitter hesabının olmaması, sosyal medya kullanımı bakımından dezavantajlı bir durum olarak değerlendirilmektedir. *Recep İvedik*'in her geçen gün takipçi sayısı büyüyen ve kişisel blog şeklinde hizmet veren Twitter'da neden hesap açmadığı ile ilgili herhangi

---

[8] https://camasirhanefilm.com/portfolio/recep-ivedik-6/

bir veriye rastlanmamıştır. Twitter'da hesap açmamış olmasına rağmen sosyal medya takipçi sayıları bakımından araştırmaya dâhil edilen diğer filmlerle karşılaştırıldığında en çok takipçisi olan film *Recep İvedik*'tir.

Sosyal Medya Hesabı	Takipçi Sayısı
Facebook	1.531.885
Instagram	43.481
Twitter	-

Tablo 5: 09 Şubat 2020 Tarihi İtibari ile Recep İvedik 6 Filmi Facebook, Twitter, Instagram ve Youtube Hesapları Takipçi Sayılarının Dağılımı

Filmin sosyal medya hesaplarına bakıldığında en çok takipçisi olan hesabın 1.531.885 takipçiyle Facebook oluğu görülürken, Instagram hesabı ise 43,481 kişi/hesap tarafından takip edilmektedir. Filmin resmi bir Twitter hesabı bulunmamaktadır.

08 Kasım 2019 tarihinde vizyona giren filmin *Recep İvedik 6* filmi için araştırma verilerinin toplandığı 6 aylık dönem; 8 Ağustos 2019 – 08 Şubat 2020 tarihleri olarak belirlenmiştir. Filmin bu tarihler arasında sosyal medya hesaplarından yapılan paylaşımlar ve takipçilerin etkileşimlerine bakılmıştır. Gönderinin beğenilmesi, yorumlanması, paylaşılması ve görüntülenmesi oranlarına bakıldığında video paylaşımlarının fotoğraf paylaşımlarına oranla daha fazla etkileşim aldığı tespit edilmiştir.

Facebook *(Recep İvedik 6)*

Bir devam filmi olan *Recep İvedik 6* için Facebook'ta özel bir hesap açılmamıştır. *Recep İvedik* filmleri ile ilgili ilk Facebook hesabının 22 Şubat 2008 tarihinde açıldığı ve serinin tüm filmleri için aynı Facebook hesabının[9] kullanıldığı tespit edilmiştir. Facebook sayfasında *Recep İvedik 6* ile ilgili olarak ilk paylaşımın 11 Mayıs 2018 tarihinde yapıldığı görülmüş ve bu tarih *Recep*

---

[9] https://www.facebook.com/recepivedik/

İvedik 6 için Facebook üzerinden tanıtım faaliyetinin başladığı tarih olarak kabul edilmiştir. Facebook hesabı 08 Şubat 2020 tarihi itibariyle 1.531.885 kişi/hesap tarafından takip edilmektedir.

Araştırmada verilerin toplandığı 6 aylık dönemde filmin Facebook hesabından toplam 25 paylaşım yapmıştır. Bu paylaşımlardan sadece 1 tanesi fotoğraf/metin iken geriye kalan 24 paylaşım video olarak yapılmıştır. Filmin Facebook hesabında fotoğraf/metin paylaşım oranı % 4 ilken video paylaşım oranı % 96 olarak tespit edilmiştir. Filmin vizyona girdiği Kasım 2019, Facebook hesabında en çok paylaşımın yapıldığı ve en çok etkilemişin olduğu ay olarak ön plana çıkmaktadır. Filmin Facebook hesabından yapılan paylaşımların aylara göre dağılımına bakıldığında en çok paylaşımın yapıldığı ayın filmin vizyona girdiği Kasım ayında yapıldığı görülmektedir Kasım ayında sadece biri fotoğraf/metin olmak üzere toplam 13 paylaşım yapıldığı tespit edilmiştir. Elde edilen verilere göre *Recep İvedik 6*, Facebook hesabını ağırlıklı olarak video paylaşmak için kullanmıştır.

Gönderi Türü	Ağustos 2019	Eylül 2019	Ekim 2019	Kasım 2019	Aralık 2019	Ocak 2020	Şubat 2020
Metin / Fotoğraf	0	0	0	1	0	0	0
Video	0	0	1	12	5	6	0
Toplam Paylaşım	0	0	1	13	5	6	0

Tablo 6: *Recep İvedik 6* Filminin **Facebook** Hesabı Üzerinden 08 Ağustos 2019 – 08 Şubat 2020 Tarihleri Arasında Yaptığı Paylaşımların Aylara Göre Dağılımı

Facebook hesabından yapılan tüm paylaşımlar arasında en çok beğeni alan paylaşım 03 Ocak 2020 tarihinde serinin ilk filmi olan *Recep İvedik 1*'e ait bir sahnenin paylaşıldığı video olmuştur. Video 31 bin kişi/hesap tarafından beğenilirken; en çok yorum alan paylaşım ise 05 Ekim 2019 tarihinde yayınlanan *Recep İvedik 6* filminin fragmanı olmuştur. Facebook paylaşımları arasında en çok paylaşılan gönderi (2,8 bin) ve en çok görüntülenen (2,5 milyon) gönderi ise 03 Ocak 2020 tarihinde *Recep İvedik 1*'e ait bir video olmuştur. Filmin paylaşım ağırlığı ile takipçilerin beğeni, yorum, görüntüleme vb. hareketlerinde ters orantı olduğu görülmektedir.

Filmin Facebook hesabından yapılan paylaşımların aylara göre dağılımına bakıldığında en çok paylaşımın yapıldığı ayın filmin vizyona girdiği Kasım ayı olduğu görülmektedir. Kasım ayında Facebook hesabından toplam 13 paylaşım yapıldığı, bu paylaşımlardan 12'sinin video, sadece bir tanesinin fotoğraf/metin olduğu tespit edilmiştir. *Recep İvedik 6* her ne kadar Facebook hesabını aktif olarak kullanmasa da, seyirciden alınan geri bildirimlere bakıldığında, takipçilerin film ile olan etkileşimlerinin yüksek olduğu görülmektedir.

Instagram *(Recep İvedik 6)*

Recep İvedik 6 filminin resmi Instagram hesabından[10] ilk paylaşım filmin vizyon tarihinden iki sene önce yapılmıştır. Yapım şirketinin serinin önceki filmlerinde Instagram hesabı kullanmadığı, *Recep İvedik 6* ile birlikte Instagram hesabı açtığı görülmüştür. *Recep İvedik 6* filmine ilişkin ilk duyuru Facebook hesabı üzerinden 11 Mayıs 2018 tarihinde yapılırken, Instagram hesabından 31 Ekim 2018 tarihinde yapılmıştır. Recep İvedik serisinin Türk sinemasında en çok izlenen filmlerin başında gelmesi, filmler ile ilgili sosyal medyada birçok farklı hesabın açılmasını doğurmuştur. Birçoğunun filmin yapım şirketi ve yönetmeni ile bağlantısı olmayan hesaplar ilk bakışta karışıklığına sebep olmaktadır. Instagram'da yapılan araştırmada birçok hesaba ulaşılmasına rağmen filmin orijinal ve doğrulanmış hesaba, filmin yapım şirketinin web sitesinden ulaşılmaktadır. 08 Şubat 2020 tarihi itibariyle 36 gönderinin yapıldığı hesabın 43,481 bin kişi/hesap tarafından takip edildiği tespit edilmiştir.

---

[10] https://www.instagram.com/recepivedik/

Gönderi Türü	Ağustos 2019	Eylül 2019	Ekim 2019	Kasım 2019	Aralık 2019	Ocak 2019	Şubat 2019
Metin / Fotoğraf	0	0	1	5	1	0	0
Video	0	0	1	12	0	0	0
Toplam Paylaşım	0	0	2	17	1	0	0

Tablo 7: *Recep İvedik 6* Filminin **Instagram** Hesabı Üzerinden 08 Ağustos 2019 – 08 Şubat 2020 Tarihleri Arasında Yaptığı Paylaşımların Aylara Göre Dağılımı

08 Kasım 2019 tarihinde vizyona giren *Recep İvedik 6* filminin, araştırma verilerinin toplandığı 6 aylık döneme bakıldığında filmin tanıtım ve tutundurma faaliyetleri kapsamında Instagram'ın etkin kullanılmadığı söylenebilir. Belirtilen tarih aralığında filmin Instagram hesabından toplam 20 paylaşım yapıldığı, bu paylaşımların 7 tanesinin fotoğraf/metin, 13 paylaşımın ise video olduğu tespit edilmiştir. Instagram hesabından yapılan fotoğraf/metin paylaşım oranı % 35 ilken video paylaşım oranı % 65 olarak tespit edilmiştir. Paylaşım yüzdeliklerine bakıldığında, Instagram paylaşımlarında ağırlıklı olarak video paylaşıldığı görülmüştür. Paylaşım sıklığı oranı bakımından hesabın aktif kullanılmadığı görülse de, seyirciden alınan geri bildirimlere bakıldığında etkileşimin yüksek olduğu tespit edilmiştir. Etkileşimin yüksek çıkmasının en önemli nedeni, filmin sosyal medya paylaşımlarına fotoğraf/metin yerine video paylaşımlarını daha çok tercih etmesi gösterilebilir.

Instagram hesabında en fazla paylaşım, filmin vizyona girdiği ay olan Kasım ayında yapılmıştır. Kasım ayında yapılan toplam 17 paylaşımın 12'si video, 5 paylaşımın ise fotoğraf/metin olarak yapıldığı görülmüştür. Instagram paylaşımları arasına Recep İvedik karakterinin animasyon fotoğrafı 7.585 beğeni ile en çok beğenilen paylaşım olurken, Instagram hesabında hiçbir paylaşımın yorum almaması dikkati çekmektedir. 07 Ekim 2019 tarihinde paylaşılan bir aslan görüntüsü ise 75.165 görüntülenerek en çok görüntülenen paylaşım olmuştur. Filmin fotoğraf/metin ve video paylaşım dağılımlarında video paylaşımlarına ağırlık verdiği görülmüştür. Sosyal medya hesaplarından video paylaşımı etkileşim yönünden doğru bir strateji olmasına rağmen ve 03 Kasım 2019 tarihinde yapılan fotoğraf paylaşımı 7.585 beğeni ile en çok beğenilen paylaşımı olmuştur.

Organize İşler Sazan Sarmalı

Türkiye sinema salonlarında 2019 yılında gösterime filmler arasında 3.537.429 toplam seyirci rakamı ile yıl içinde en çok izlenen üçüncü film 01 Şubat 2019 tarihinde vizyona giren *Organize İşler Sazan Sarmalı* oldu. Yönetmenliğini Yılmaz Erdoğan'ın yaptığı film aslında bir devam filmi. *Organize İşler Sazan Sarmalı,* serinin ilk filminden bilinen Asım Noyan ve çetesinin maceralarını konu ediyor. Yıllardır söylediği yalanlar ve çevirdiği oyunlarla insanları dolandıran Asım Noyan ve çetesi, bu kez de "sazan sarmalı" olarak adlandırdıkları bir üçkâğıda bulaşır. Film Asım Noyan ce çetesinin başına gelenleri mizahi bir dille ele alıyor. Serinin ilk filmi *Organize işler* (Yılmaz Erdoğan, 2005)'de vizyona girdiği yıl en çok izlenen dördüncü film olmuştu. Filmin 2019 toplam gişe hasılatı ise 54.842.530 TL olarak gerçekleşti. Filminin konusu, künyesi, oyuncu kadrosu, kamera arkası görüntüler dâhil olmak üzere birçok bilgiye ulaşılan web adresinde filme ait sosyal medya hesapları bulunmaktadır. Filmin aktif olarak kullandığı sosyal medya platformları arasında; Facebook, Instagram, Twitter ve Youtube yer almaktadır.

Yılın ikinci ayında vizyona giren *Organize İşler Sazan Sarmalı,* vizyonda gösterimi devam ederken dijital platform olan Netflix'te aynı anda yayınlanmaya başlayınca sinema salon sahipleri, online platformlar, film yapımcıları, sinema yazarları ve sinema çevrelerinde çok boyutlu tartışmalar yapıldı. Tartışmalara Kültür Bakanlığı da dâhil olunca konu ile ilgili kanunda değişikliğe gidildi.[11] *Organize İşler Sazan Sarmalı* filmi ile başlayan tartışma ya-

---

[11] Sinema Filmlerinin Değerlendirilmesi, Sınıflandırılması ile Desteklenmesi Hakkında Kanunda Değişiklik Yapılmasına Dair Kanun 30 Ocak 2019'ta Resmi Gazete'de yayınlananarak yürürlüğe girdi.

sanın güncellenmesini ve dolayısıyla sektörün önünü açmıştır. Bu sebeple *Organize işler Sazan Sarmalı* Türk sinema tarihinde her daim hatırlanacak filmler arasında yerini almıştır.

Tartışmaların *Organize İşler Sazan Sarmalı* üzerinden yapılması, filmin tanıtımına olumlu katkısı olmuştur. Tartışmanın devam ettiği haftalar boyunca tüm ajanslarda, geleneksel ve yeni medya araçlarında film ile ilgili haberler çıkmış, filmin bilinirliği artmıştır. Fakat tüm bu tartışmalara rağmen serinin ilk filmi ile karşılaştırdığımızda *Organize İşler 1*, 6.15.673 seyirciye ulaşmışken *Organize İşler Sazan Sarmalı* 3.537.429 toplam seyirci sayısına ulaşmıştır. İlk film daha fazla izlenmiştir. Bunda tabii ki filmin vizyon öncesi Neftlix'te bir süre de olsa yayınlanması ve vizyondan sonra Neftlix'te yayınlanacak olmasının duyurulmasının etkisi vardır.

Sosyal medya hesaplarını gösterime girmeden üç ay önce açan *Organize işler Sazan Sarmalı* Facebook'ta 6.118, Instagram'da 5.960 ve Twitter'da 2.293 takipçisi vardır. Filmin en çok takipçisi olan sosyal medya platformu isntagram'dır.

Sosyal Medya Hesabı	Takipçi Sayısı
Facebook	6.118
Instagram	5.960
Twitter	2.293

Tablo 8: 11 Ocak 2020 Tarihi İtibari ile *Organize işler Sazan Sarmalı* Filmi Facebook, Instagram ve Twitter Hesapları Takipçi Sayılarının Dağılımı

02 Şubat 2019 tarihinde vizyona giren *Organize İşler Sazan Sarmalı* filmi için araştırma verilerinin toplandığı 6 aylık dönem; 02 Kasım 2018 – 02 Mayıs 2019 tarihleri olarak belirlenmiştir. Filminin tanıtımında sosyal medya araçlarının aktif ve doğru bir biçimde kullanıldığı değerlendirilmektedir. Filme ait sosyal medya hesapları Facebook, Instagram ve Twitter'da yapılan incelemede; Her üç sosyal medya hesabının ayrıntılı incelemesinde video paylaşımlarının daha fazla etkileşim aldığı, fotoğraf/metin

paylaşımlarının ise etkileşiminin düşük olduğu görülmüştür. Filmin sosyal medya stratejisi ile takipçilerin davranışları arasında paralellik olduğu anlaşılmaktadır. Filme ait sosyal medya hesapları Facebook, Instagram ve Twitter'da yapılan incelemede; paylaşımların % 12,7'sinin fotoğraf/metin % 87,2'sinin ise video olduğu görülmüştür. Bu veriler ışığında *Organize İşler Sazan Sarmalı*'nın sosyal medya kullanımı konusunda daha isabetli kararlar verdiği söylenebilir.

Filmin vizyona girdikten iki ay sonra sosyal medya paylaşımlarının durduğu tespit edilmiştir. Sosyal medya hesaplarından uzun süre paylaşım yapılmaması, takipçilerin erimesine neden olabilir. Özellikle serinin devam etmesi düşünülüyorsa, belirli aralıklarla birinci ve ikinci filmden bazı kesitlerin sosyal medya hesaplarından paylaşılması önerilmektedir. 02 Mayıs 2019 tarihinden sonra hiçbir sosyal medya hesabından paylaşım yapılmaması dezavantaj olarak değerlendirilmektedir.

Filmin gösterime girmesinden önce yapılan sosyal medya paylaşımlarının takipçilere film hakkında bilgi vererek takipçilerin ilgisini çekerek filmin tanıtımı amaçlanmıştır. Sinema filmlerinin tanıtımında en önemli unsur, filmde rol alan oyuncularının tanıtımıdır. Filmde oynayan oyuncuların hemen her mecrada tanıtılması, oyuncuların kendi kişisel fanlarının da filme çekilmesi açısından büyük öneme taşımaktadır. Bu kapsamda *Organize İşler Sazan Sarmalı*, filmde rol alan oyuncuları vizyon tarihinden önce sosyal medya hesaplarından duyurmaya başlamıştır. Filmde rol alan oyuncularını tanıtımında alışıla gelen tarzın dışında çıkılarak, fotoğraf yerine oyuncuların kısa videolarının paylaşılması tercih edilmiştir. Sabit bir arka fon önünde yavaşlatılmış bir çekimde önce boş olan kadraja giren oyuncunun yüzünü kameraya dönerek gülümsemesini içeren ve her biri 13 saniye olan bu kısa videolar takipçilerin ilgisini çekmiştir. Diğer iki filmde kullanılmayan bir yöntem olarak öne çıkan bu uygulamanın kısmen yenilikçi olduğu ve takipçilerin ilgisini çekmesi bakımından da başarılı olduğu söylenebilir. Oyuncu tanıtım videoları arasında filmde Sarı Saruhan karakterini canlandıran ünlü oyuncu Kıvanç Tatlıtuğ'un 29 Ocak 2019'da paylaşılan videosu en çok görüntülenen video olmuştur. Video Facebook'ta 3.5 bin, Instagram'da 35.922 ve Twitter da 10.8 bin görüntülenerek toplamda 50.222 görüntüleme sayısına ulaşmıştır. Vizyon tarihine kadar hemen her gün bir ya da iki oyuncusunun görsel videosunu paylaşan *Organize İşler Sazan Sarmalı* merak duygusunu iyi kullanmıştır. Vizyona gününe kadar oyuncular üzerinden takipçilerinin merakını başarılı bir şekilde yönetmiştir.

Sosyal medyanın yenilikçi yöntemlerle kullanımı konusuna bir diğer örnek; filmin vizyona girmesinden sonra takipçilerinden gelen olumlu mesajların kolajlanması ve video olarak paylaşılması gösterilebilir. Sosyal medyadan gelen olumlu mesajları doğrudan filmin hesaplarından paylaşmak yerine, beğenilen mesajlardan video üretmek yenilikçi bir yöntem olarak öne çıkmaktadır. Repost, retwit ve paylaşım gibi içeriği olduğu gibi aktarmak yerine yenilikçi bir tutumla videonun görüntülenme özelliğinden faydalanılmak istenmesi etkileşimi artırmıştır.

Film gösterime girdikten iki gün sonra, 03 Şubat 2019 tarihinde filmin başrol oyuncusu ve Sarı Saruhan karakterini canlandıran Kıvanç Tatlıtuğ'un 4 saniyelik bir görüntüsünün sosyal medya hesaplarından paylaşılması başa bir yenilikçi bir uygulama olarak öne çıkmaktadır. Film henüz vizyonda iken servis edilen bu görüntü Facebook'ta 1.4 bin, Instagram'da 37.623 ve Twitter'da 5.7 bin görüntüleme almıştır. Filmin fragmanı dışında yayınlanan bu 4 saniyelik kısa video toplam 44.723 görüntüleme sayısına ulaşmıştır. Filmin fragmanı dışında film içinden bazı sahnelerin kısa görüntülerinin paylaşılması da etkileşimi artırmaktadır.

Gösterime girdikten hemen sonra, 1 milyon gişe rakamına ulaşan *Organize İşler Sazan Sarmalı*, seyircisine sosyal medya hesaplarından teşekkürü de video olarak yapmıştır. İlk defa 04 Şubat 2019'da yayınlanan teşekkür videosunun film içinde bir sahne ile birlikte verilmesi dikkat çekmektedir. Bu paylaşım; bir yandan filmi izleyen 1 milyon seyirciye teşekkür ederken, diğer yandan filmi izlemeyenler için yeni bir merak unsuruna dönüşmektedir.

Filmin orijinal müziğinin sosyal medya hesaplarından takipçilerle paylaşılması dikkat çeken paylaşımlar arasında gösterilebilir. Film vizyonda iken orijinal müziğe ait 30 saniyelik kısa bir bölümün sosyal medyadan paylaşılması yenilikçi bir uygulama olarak öne çıkmaktadır.

Facebook'ta *"Nil Karaibrahimgil'den Organize İşler Sazan Sarmalı şarkısı "Burası İstanbul" tüm dijital platformlarda. Klip çok yakında yayında!"* metni ile paylaşılan filmin müziği, sosyal medya aracılığıyla filmin müziğinin pazarlanmasına iyi bir örnek olarak gösterilebilir. Film müziği ile ilgili diğer paylaşımların 09 ve 10 ve 11 Şubat 2019 tarihinde ard arda yapılması bir tutundurma faaliyeti olarak da değerlendirilmektedir. Özellikle 11 Şubat'ta yapılan paylaşım Instagram'da 244.821 görüntülenirken; Facebook üzerinden yapılan paylaşımın takipçileri Youtube linkine yönlendirdiği görülmektedir. Verilen link tıklandığında Beşiktaş Kültür Merkezi (BKM)'nin resmi Youtube hesabının açıldığı ve bu hesap üzerinden film müziğine ait videonun izlenebildiği görülmektedir. Film sahneleri ile birlikte klip olarak hazırlanan film müziği bu link üzerinden 1 milyon 691 bin 604 kişi tarafından izlenmiştir.

Filmin vizyona girdiği gün 02 Şubat 2019'da Facebook hesabından yapılan bir diğer dikkat çeken paylaşım, *"Organize İşler Sazan Sarmalı sayfasına bir şimdi alışveriş yap sayfası eklendi"* mesajını içermektedir. Bu paylaşım Facebook hesabı üzerinden alışveriş yapmaya imkân vermekte ve takipçileri bu amaca yönlendirmektedir. Takipçiler mesajda bahsedilen "Alışveriş yap" düğmesine bastıklarında filme ait sinema biletinin online olarak satın alınabileceği bir siteye yönlendirilmektedir. Takipçilerin filmin online bileti dışında, muhtemel filmin DVD ve diğer ürünlerinin satın alınabilmesine imkan veren bir sisteme yönlendirilmesi, sosyal medya mecralarının bir reklam, pazarlama mecrası olarak kullanılmasına örnek olarak gösterilebilir.

Sosyal medya platformlarından 28 Nisan 2019 tarihinde yapılan bir diğer paylaşım filmle doğrudan ilgisi olamayan BKM'nin mobil uygulama paketi ile ilgili bilgi veren bir paylaşımdır. Filmin sosyal medya hesaplarından yapılan paylaşımların filmin vizyondan kalktıktan sonra da devam ettiği görülmektedir. Bunun en önemli sebebi süreç içerisinde toplanan takipçilerin erimesini engellemektir. Yapımcı şirketin film vizyondan kalkmış olsa bile sosyal medya paylaşımlarına devam etmesi, takipçileri başka bir projeye yönlendirmek için stratejik bir hamle olarak değerlendirilmektedir. Söz konusu bu paylaşım BKM mobil uygulamasının reklamı olması ötesinde, mevcut takipçileri zinde tutarak bu potansiyel takipçiyi başka projeler için hazırlamak anlamına da gelmektedir.

Facebook *(Organize İşler Sazan Sarmalı)*

Organize İşler Sazan Sarmalı filminin resmi Facebook hesabı[12] ilk paylaşımını 28 Haziran 2018 tarihinde yapmıştır. 01 Ocak 2020 tarihi itibariyle 5.875 kişi/hesap tarafından beğenilen sayfayı 6.121 kişi/hesap tarafından takip edilmektedir.

Gönderi Türü	Kasım 2018	Aralık 2018	Ocak 2019	Şubat 2019	Mart 2019	Nisan 2019	Mayıs 2019
Metin / Fotoğraf	1	2	2	4	0	1	0
Video	3	0	14	62	17	1	0
Toplam Paylaşım	4	2	16	66	17	2	0

Tablo 9: *Organize İşler Sazan Sarmalı* Filminin **Facebook** Hesabı Üzerinden 02 Kasım 2018 – 02 Mayıs 2019 Tarihleri Arasında Yaptığı Paylaşımların Aylara Göre Dağılımı

---

[12] https://www.Facebook.com/organizeisler.film/

02 Şubat 2019 tarihinde vizyona giren *Organize İşler Sazan Sarmalı* filmi için araştırma verilerinin toplandığı 6 aylık dönemde filmin Facebook hesabından 10 fotoğraf/metin ve 97 video olmak üzere toplam 107 paylaşım yapmıştır. Filmin Facebook hesabında fotoğraf/metin paylaşım oranı % 9,3 ilken video paylaşım oranı % 97 olarak tespit edilmiştir. 11 Şubat 2019 tarihinde yayınlanan bilgilendirme mesajı; 3 bin beğeni ve 69 paylaşım alırken; filmin 05 Şubat'ta yayınlanan fragmanı 122 yorum almıştır. Filmin 12 Şubat 2019'da yayınlanan fragmanı ise 354 bin görüntülenme ile Facebook'ta en çok görüntülenen video olmuştur. *Organize İşler Sazan Sarmalı*, Facebook hesabını ağırlıklı olarak video paylaşmak için kullandığı görülmektedir.

Filmin Facebook hesabından yapılan paylaşımların aylara göre dağılımına bakıldığında en çok paylaşımın yapıldığı ayın filmin vizyona girdiği Şubat ayı olduğu görülmektedir. Şubat ayında Facebook hesabından toplam 66 paylaşımın 62'sinin video, 4'ünün ise fotoğraf/metin olduğu tespit edilmiştir.

Instagram *(Organize İşler Sazan Sarmalı)*

Organize İşler Sazan Sarmalı filminin resmi Instagram hesabından[13] yapılan ilk paylaşımın filmin Facebook hesabından yapılan paylaşımdan iki gün önce 26 Haziran 2018'de yapılmıştır. 11 Ocak 2020 tarihi itibariyle 5.967 kişi/hesap tarafından takip edildiği görülmektedir.

Gönderi Türü	Kasım 2018	Aralık 2018	Ocak 2019	Şubat 2019	Mart 2019	Nisan 2019	Mayıs 2019
Metin / Fotoğraf	9	1	9	2	0	0	0
Video	2	1	1	67	17	1	0
Toplam Paylaşım	11	2	10	69	17	1	0

Tablo 10: *Organize İşler Sazan Sarmalı* Filminin Instagram Hesabı Üzerinden 02 Kasım 2018 – 02 Mayıs 2019 Arasında Yaptığı Paylaşımların Aylara Göre Dağılımı

---

[13] https://www.instagram.com/organizeisler.film/

02 Şubat 2019 tarihinde vizyona giren *Organize İşler Sazan Sarmalı* filmi için araştırma verilerinin toplandığı 6 aylık dönemde filmin Instagram hesabından toplam 107 paylaşım yapıldığı, bu paylaşımların 21 tanesinin fotoğraf/metin, 89 paylaşımın ise video olduğu tespit edilmiştir. Instagram hesabından yapılan fotoğraf/metin paylaşım oranı % 17 ilken video paylaşım oranı % 83 olarak tespit edilmiştir. Paylaşım yüzdeliklerine bakıldığında, Instagram paylaşımlarının da fotoğraf/metin ağırlıklı olduğu görülmektedir.

Filmin Instagram hesabında en fazla paylaşım filmin vizyona girdiği ay olan Şubat ayında yapılmıştır. Şubat ayında yapılan toplam paylaşım 69'dur. Bu paylaşımların sadece iki tanesi fotoğraf/metin paylaşımı iken geriye kalan 67 paylaşımın tamamı video paylaşımı olduğu görülmektedir.

Instagram hesabından yapılan paylaşımlar arasına en çok beğeni 1.274 beğeni ile 28 Aralık 2018'de film oyuncularının toplu çekildiği fotoğraf olurken; en çok yorum alan paylaşım 235 yorumla 8 Şubat 2019 tarihinde filmden bir sahnenin paylaşıldığı video almıştır. Ünlü oyuncu Kıvanç Tatlıtuğ'a ait bir sahnenin sosyal medyadan paylaşılmasını içeren bu paylaşım Instagram hesabından en çok yorum alan paylaşım olmasının yanında 491.184 görüntüleme sayısıyla en çok görüntülenen video olarak da dikkat çekmektedir.

Twitter *(Organize İşler Sazan Sarmalı)*

Organize İşler Sazan Sarmalı filminin resmi Twitter hesabından yapılan ilk paylaşım Instagram hesabından yapılan paylaşımla aynı gün yapılmış ve aynı görsel kullanılmıştır. Filmin Twitter hesabı[14] 11 Ocak 2020 tarihi itibariyle 2.297 takipçisi vardır. Filmin araştırmaya dâhil edilen altı aylık döneminde toplam 104 paylaşım yapıldığı, bu paylaşımlardan 10 tanesinin

---

[14] https://Twitter.com/organizeisler_

fotoğraf/metin, geriye kalan 94 paylaşımın ise video olarak yapıldığı görülmüştür. Filmin Twitter hesabından yapılan fotoğraf/metin paylaşım oranı % 10 ilken, video paylaşım oranı % 90'dır. Filmin Twitter hesabından da diğer sosyal medya hesaplarında olduğu gibi ağırlıklı olarak video paylaşılmıştır.

Gönderi Türü	Kasım 2018	Aralık 2018	Ocak 2019	Şubat 2019	Mart 2019	Nisan 2019	Mayıs 2019
Metin / Fotoğraf	4	1	1	3	0	1	0
Video	0	0	14	62	17	1	0
Toplam Paylaşım	4	1	15	65	17	2	0

Tablo 11: *Organize İşler Sazan Sarmalı* Filminin Twitter Hesabı Üzerinden 02 Kasım 2018 – 02 Mayıs 2019 Arasında Yaptığı Paylaşımların Aylara Göre Dağılımı

Twitter hesabından yapılan paylaşımlar arasında en çok beğeni alan paylaşım filmin vizyona girmesinden 6 gün önce yapılan paylaşımdır. 25 Ocak 2016'da paylaşılan filmin afişi 606 kişi/hesap tarafından beğenirken aynı paylaşıma 29 kişi/hesap yorum yapmıştır. Bu paylaşım Twitter hesabındaki paylaşımlar arasında en fazla yorum alan paylaşım olmuştur.

Filmin gösterime girmesinden birkaç gün sonra 06 Şubat 2019 tarihinde filmin başrol oyucuları Yılmaz Erdoğan ve Kıvanç Tatlıtuğ'un karşılıklı konuştukları 18 saniyelik filmden kısa bir kesit, Twitter hesabından yapılan paylaşımlar arasında en fazla retwit alan paylaşım olarak öne çıkarken; yine filmin başrol oyuncusu Yılmaz Erdoğan'ın görüntülerinin olduğu filmden 9 saniyelik kısa video ise 140 bin kişi tarafından görüntülenerek Twitter paylaşımları arasında en fazla görüntülenen paylaşım olarak dikkat çekmektedir.

Filmin Twitter hesabından yapılan paylaşımların aylara göre dağılımına bakıldığında, Facebook ve Instagram hesaplarında olduğu gibi en çok paylaşımın yapıldığı ayın filmin vizyona girdiği Şubat ayında yapıldığı görülmüştür. Şubat ayında 65 paylaşımın üç tanesi fotoğraf/metin olurken geriye kalan 62 paylaşımın video olduğu tespit edilmiştir.

Sonuç

Araştırmada verilerin toplanması her filmin vizyona girdiği tarih temel alınarak, filmin vizyon tarihinden üç ay öncesinden başlatılmış ve filmin vizyon tarihinden üç ay sonrasını kapsamaktadır. Her film için farklı tarihlere denk gelen bu altı aylık zaman aralığında filmlerin sosyal medya hesaplarından yapılan paylaşımlara bakılmıştır. 11 Temmuz 2019 - 01 Ocak 2020 tarihleri arasında *7. Koğuştaki Mucize* filminin; Facebook hesabı üzerinden toplam 84, Instagram hesabı üzerinden 109 ve Twitter hesabı üzerinden 76 gönderi paylaşıldığı görülmüştür. 08 Ağustos 2019 - 08 Şubat 2020 tarihleri arasında *Recep İvedik 6* filminin; Facebook hesabı üzerinden toplam 25, Instagram hesabı üzerinden ise toplam 22 gönderi paylaşıldığı, filmin Twitter hesabının ise bulunmadığı tespit edilmiştir. 01 Kasım 2018 – 01 Mayıs 2019 tarihleri arasında *Organize İşler Sazan Sarmalı* filminin; Facebook hesabı üzerinden toplam 107, Instagram hesabı üzerinden 110 ve Twitter hesabı üzerinden 104 gönderi paylaşıldığı tespit edilmiştir. Bu verilere bakıldığında *Organze İşler Sazan Sarmalı* filminin sosyal medya hesaplarını diğer iki filme oranla daha aktif ve sistematik kullandığı söylenebilir.

Film	Seyirci Sayısı	Facebook Takipçi Sayısı	Instagram Takipçi Sayısı	Twitter Takipçi Sayısı
7. Koğuştaki Mucize	5.315.413	5.693	45.582	3.831
Recep İvedik 6	3.985.093	1.531.885	43.481	-
Organize İşler Sazan Sarmalı	3.537.429	6.118	5.960	2.293

Tablo 12: Filmlerin Gişe sayıları ile sosyal medya hesaplarındaki takipçi sayıları

Facebook'ta en çok takipçisi olan film 1 milyon 531 bin 885 kişi/hesap ile *Recep İvedik 6* filmi olurken onu 6 bin118 takipçi sayısıyla *Organize İşler Sazan Sarmalı* filmi takip etmektedir. 2019 yılında en çok izlenen filmi *7. Koğuştaki Mucize*, 5.693 takipçisiyle Facebook'ta en az takip edilen film olmuştur. *Recep*

İvedik 6 ve *Organize İşler Sazan Sarmalı* filmlerinin Facebook takipçi sayılarını değerlendirirken her iki filmin de devam filmi oldukları unutulmamalıdır. Özellikle *Recep İvedik 6* filmin milyonu aşan takipçi sayısı; sadece Türk sinema seyircisinin Recep İvedik filmlerini sevmesi ile açıklanamaz. İlk Facebook hesabını 22 Şubat 2008 tarihinde açan Recep İvedik, o tarihten günümüze hem film yapmaya devam etmiş hem de takipçileriyle etkileşimini sürdürmüştür. Türk sinema seyircisinin kendisinden bir şeyler bulduğu Recep İvedik karakterinin başına gelen ilginç olayların anlatıldığı Recep İvedik filmlerinin, vizyona girdiği her yıl en çok izlenen filmler arasında yerini aldığı görülmektedir.

2019 yılının en çok izlenen filmi olan *7. Koğuştaki Mucize*'nin her üç sosyal medya platformunda da hesabı bulunmaktadır. Sosyal medya hesaplarını filmin vizyon tarihinden beş ay önce açan *7. Koğuştaki Mucize*, filmin vizyon gösteriminden sonra sosyal medya paylaşımlarını azalttığı ve Ocak 20202'de hiç paylaşım yapmadığı tespit edilmiştir. Araştırmaya dâhil edilen tarihler arasında filmin sosyal medya kullanımının planlı ve sistematik olmadığı görülmüştür. Özellikle gişe başarısıyla beraber filmin sosyal medya paylaşımlarını ikinci plana aldığı, takipçileriyle olan etkileşimin düştüğü söylenebilir.

Facebook hesabından 06 Eylül 2019 tarihinde yayınlanan filmin fragmanı; 626 beğeni, 123 yorum, 571 paylaşım ve 38 bin görüntüleme en çok beğenilen, yorum alan, paylaşılan ve görüntülenen video olmuştur. Aynı paylaşım Twitter'da da 13.8 bin kişi/hesap ile en çok beğenilen, 1.9 bin kişi/hesap ile en çok yorum alan, 336 kişi/hesap ile en çok paylaşılan ve 2.9 milyon görüntüleme ile de en çok görüntülenen paylaşım olmuştur. Instagram hesabında en çok beğenilen paylaşım 68 bin 952 beğeni alırken; 03 Ekim 2019 tarihinde yayınlanan fragman hem 1 milyon 306 bin yorum ile en çok yorum alan paylaşım, hem de 3 milyon 257 bin 999 görüntüleme ile en çok izlenen video olmuştur. Değerlendirmeye katılmamış olmasına rağmen filmin Youtube hesabındaki bir paylaşımın 4 milyonu aşan görüntülenmesi ve 53 bin yorum alması dikkati çekmektedir. Diğer iki filmde olduğu gibi bir devam filmi olmayan 7. *Koğuştaki Mucize*, kısa zamanda elde ettiği takipçi sayısını korumak için yeni stratejiler geliştirmelidir.

Sosyal medyayı etkin kullanma konusunda diğer iki filmin gerisinde kalan *Recep İvedik 6* filminin sosyal medya stratejisinin olmadığı düşünülmektedir. Özellikle Facebook'ta en çok takipçisi olan *Recep İvedik 6*'nın Twitter'da hiç hesap açmaması film için bir dezavantaj olarak değerlendirilmektedir. *Recep İvedik 6*'nın Facebook'ta 1 milyonu aşkın takipçiyi aynı yıl elde etmediği, 2008'de açtığı hesabın üzerinden 12 yıl geçtiği unutulmamalıdır. Recep İvedik devam filmleri; 2008 yılında 4.301.693, 2009 yılında 4.333.144, 2014 yılında 7.369.098 ve 2017 yılında 7.437.050 seyirci rakamı ile vizyona girdikleri yılda en çok izlenen film olurken; 2010 yılında 3.326.084 ve 2019 yılında 3.985.831 seyirci rakamı ile yılın çok izlenen ikinci filmi olmuştur. Filmin sosyal medya hesaplarındaki takipçi sayıları bu istatistiklerle birlikte değerlendirilmelidir.

Facebook hesabından 03 Ocak 2020 serinin ilk filmi *Recep İvedik 1*'den bir sahne 31 bin kişi/hesap tarafından beğenilirken; 05 Ekim 2019 tarihinde yayınlanan *Recep İvedik 6* filminin fragmanı 11 bin yorum alarak gönderiler arasında en çok yorum alan paylaşım olmuştur. 03 Ocak 2020 tarihinde yayınlanan bir video 2.8 bin kişi/hesap ile en çok paylaşılan ve 2.5 milyon görüntülenme ile en çok görüntülenen paylaşım olmuştur. Instagram paylaşımları arasına Recep İvedik karakterinin animasyon fotoğrafı 7.585 beğeni ile en çok beğenilen paylaşım olurken, hiçbir paylaşımın yorum almadığı dikkati çekmektedir. 07 Ekim 2019 tarihinde paylaşılan bir aslan görüntüsü ise 75.165 görüntülenerek en çok görüntülenen paylaşım olmuştur.

Disiplinlerarası Yaklaşımla Sosyal Medya

Araştırmaya dâhil edilen filmler arasından Facebook, Instagram ve Twitter'ın sunduğu teknik imkânlardan maksimum derecede faydalanan *Organize İşler Sazan Sarmalı* filminin sosyal medya paylaşımlarının planlı olduğu ve bir sistematik içinde hareket etmektedir. *Organize İşler Sazan Sarmalı*'nın oyuncu tanıtımları sırasında kullandığı slow motion videolu gönderilerin etkili olduğu ve takipçilerden yüksek etkileşim aldığı görülmüştür. Diğer iki filmde kullanılmayan bir yöntem olarak öne çıkan bu uygulamanın kısmen yenilikçi olduğu düşünülmektedir. Vizyon tarihine kadar her gün bir ya da birkaç oyuncusunun videosunu paylaşan film merak duygusunu iyi kullanarak filmin vizyona gireceği tarihe kadar takipçilerinin sosyal medya hesaplarını sürekli kontrol etmesini sağlamıştır.

Facebook hesabında 11 Şubat 2019 tarihinde yayınlanan filmin müziği konusunda bilgilendirmenin yapıldığı "metin" içerikli paylaşım; 3 bin beğeni ve 69 paylaşım ile en çok beğenilen ve en çok paylaşılan gönderi olmuştur. Filmin Facebook hesabında 05 Şubat 2019 tarihindeki gönderi, 122 yorum ile en çok yorum alan paylaşım olurken aynı gönderi 220 bin görüntüleme ile Facebook'ta en çok görüntülenen paylaşım olmuştur. Filmin Instagram hesabında 28 Aralık 2018 tarihinde paylaşılan fotoğraf 1.274 beğeni alarak en çok beğenilen paylaşım olmuştur. Instagram'da en çok yorum alan paylaşım 235 yorumla 8 Şubat 2019 tarihinde paylaşılmışken aynı paylaşım aynı zamanda 491.184 görüntülenme ile en çok görüntülenen video olmuştur. Filmin Twitter hesabından yapılan paylaşımlar arasında 25 Ocak 2016 tarihinde filmin afişinin 606 beğeni ile en çok beğenilen ve 29 yorumla da en çok yorum alan gönderi olmuştur. 08 Şubat tarihindeki gönderi de 140 bin izlenme rakamı ile en fazla izlenen paylaşım olmuştur.

Özgün müzikleriyle de hatırlanmak isteyen *Organize İşler Sazan Sarmalı* film müzikleri için ayrı bir hakla ilişkiler çalışması yürüterek, film müziği ve klipini sosyal medya hesaplarından paylaşmıştır. Youtube linki üzerinden dinlenen film müziği videosu 1 milyon 691 bin 404 izleme rakamına ulaşmıştır. Filmin sosyal medya hesaplarına eklenen "alışveriş yap" düğmesi, sosyal medyanın bir halkla ilişkiler aracı yanında bir reklam aracı olarak kullanılmasına örnek olarak gösterilebilir. Bunun yanında filmin yapım şirketi olan BKM'nin mobil uygulamasına ilişkin tanıtım videosunun paylaşılması, *Organize İşler Sazan Sarmalı* filminin sosyal medya araçlarını etkin ve stratejik kullandığı ve kullanımında başarılı olduğu düşünülmektedir.

Vizyona girdikten iki ay sonra sosyal medya paylaşımlarını durdurması, bir devam filmi olan *Organize İşler Sazan Sarmalı* için bir dezavantaj olarak değerlendirilmektedir. Sosyal medya yönetimi açısından uzun süre paylaşım yapmamak, takipçilerin erimesine neden olmaktadır. Özellikle serinin devam etmesi düşünülüyorsa, belirli aralıklarla birinci ve ikinci filmden sahnelerin sosyal medya hesaplarından paylaşılması önerilmektedir.

Film	Fotoğraf/metin	Video	Toplam
7. Koğuştaki Mucize	193	76	269
Recep İvedik 6	8	35	43
Organize İşler Sazan Sarmalı	41	280	321
TOPLAM Paylaşımlar	242 / % 38,2	391 / %61,7	633

Tablo 13: Filmlerin fotoğraf/metin ve Video paylaşım yüzdelikleri

2019 yılında en çok izlenen filmlerin sosyal medya kullanımları karşılaştırıldığında, filmlerin sosyal medya hesaplarından daha çok video paylaşımı yaptıkları, fotoğraf paylaşım oranın düşük olduğu görülmüştür. Üç filmin toplam fotoğraf paylaşımının toplam paylaşımlara oranı % 38,2 olurken, video paylaşımlarının toplam paylaşımlara oranı % 61,7 olduğu tespit edilmiştir. Sosyal medya takipçilerinin fotoğraf paylaşımları yerine video paylaşımlarını tercih ettiği, video paylaşımlarının görüntüleme ve etkileşim oranlarının daha yüksek olduğu görülmüştür.

Her üç film dikkate alındığında en çok takipçinin iki filmde Instagram'da olduğu görülüyorken Recep İvedik filminde de

Instagram'daki takipçi oranlarının ikinci sırada olduğu görülüyor. Bu durum video ve görsel ağırlıklı konsepte sahip ve yenilikçi-sanatsal potansiyeli daha yüksek olan Instagram mecrasının izleyici takibi bakımından görece daha popüler olduğu görülmektedir. Twitter açısından bakıldığında ise Recep İvedik filminin bu mecrada hesabının olmaması Türkiye'deki dijital medya kullanım kültürü bakımından önemli bir gösterge durumundadır. Twitter takipçilerinin nicel oranı diğer iki filmde de son sırada yer almaktadır. Bu durum, filmlere yönelik paylaşımlarda Twitter gibi haber ağırlıklı mecralardan daha çok başta video olmak üzere görsel veya metinli görsellerin ön plana çıktığını mecraların daha fazla takip edildiğini göstermektedir. Türkiye'de tercih edilen sosyal mecraların başat özelliği haberden çok video ve görsellerin daha fazla beğeni toplaması ve etkileşime girmesidir. Çünkü insanlar hem eğlenmek hem de görsel veya video içeriklerle daha çabuk ve pratik (işlevsel-etkili) paylaşımlar yapmak istemektedir. Giriş kısmında belirtildiği gibi sosyal medyanın teknolojik imkânları insanların beğeni ve paylaşım alışkanlıklarını metinden (Twitter) görsele (Instagram, Facebook) doğru evirmiş durumdadır. Benzer şekilde filmin vizyona girmesinden sonra takipçilerinden gelen olumlu mesajların kolajlanması ve video olarak paylaşılması da bu kültürel eğilimi veya değişimi gösterir bir diğer örnek olarak karşımıza çıkmaktadır.

Recep İvedik gibi seri filmlerin tüm versiyonlarının tek bir mecrada toplanması, filmlere ilişkin haber, video ve görsellerle birlikte bilet satışlarının tek bir sayfada ulaşımı filmlere yönelik takiplerin sosyal medya mecralarına kaymasına neden olmuştur. İnsanlar filmlere ilişkin tüm haber, bilgi, etkinlik ve duyurularla birlikte satış olanaklarını hızlı ve kolay erişebilir şekilde takip etmek istemektedir. Bu sebeple filmlere ilişkin sosyal medya mecraları takipçilerin bu eğilimini destekler nitelikte tüm paylaşımlarını bütün sosyal medya mecralarında eş zamanlı güncellemek veya bunları tek merkezde toplamak durumundadır.

Kaynakça

Akar, D. (2018) Filmlerin Tanıtımında Halkla İlişkiler Aracı Olarak Instagram Kullanımı: Ayla Filmi Örneği. *Akdeniz Üniversitesi İletişim Fakültesi Dergisi*, (AKİL) Haziran (29) ss. 95-109.

Akdağ, M. (2019). *Kitleleri Harekete Geçirme Silahı: İletişim Sosyolojisi.* Ankara: Dorlion Yayınları

Akyol, M. ve Kuruca, Y. (2015). Sinema Filmlerinin Pazarlanmasında Sosyal Medyanın Kullanımı. *Akademik Yaklaşımlar Dergisi*, 6(1) ss. 64-92.

Bat, M., ve Vural, B. A. (2010). Yeni Bir İletişim Ortamı Olarak Sosya Medya: Ege Üniversitesi İletişim Fakültesine Yönelik Bir Araştırma. *Yaşar Üniversitesi Dergisi*, ss.3349-3351.

Dingil, A. E. (2015). Türkçe Haber Siteleri Tasarımları ve Görsel Kullanımı. *International Journal Of Social Sciences And Education Research*.1(1). ss.250-261. Doı: 10.24289/İjsser.106422

Dingin, A. E. (2019). Sosyal Medyada Suskunluk Sarmalı ve Kamusal Alana Trol Müdahaleler. *Küreselleşen Dünyada İletişim Üzerine Disiplinlerarası Yaklaşımlar içinde 171-186.* (Ed. Hicabi Arslan). Konya: Literatürk Academia.

Kelly, J. (2009). Red kayaks and hidden gold: The rise, challange and value of citizen journalism. University of Oxford Reuters Institute for the Study of Journalism.

Kerrigan, Finola (2010). Film Marketing. Great Britain: Elsevier. Erişim tarihi: 20.02.2020, https://epdf.pub/film-marketing.html

Özoğlu, N. (2019). *Yeni İletişim Teknolojilerinin Sinema Filmlerine Etkisi: "Mobil Cep Telefonlarıyla Çekilen Kısa Filmlerin Analizi".* Ordu Üniversitesi Sosyal Bilimler Enstitüsü. Yüksek Lisans Tezi.

Prensky, M. (2001a). Digital natives, digital immigrants. https://www.marcprensky.com/writing/Prensky%20%20Digital%20Natives,%20Digital%20 Immigrants%20-%20Part1.pdf Erişim tarihi: 20.02.2020,

Prensky, M. (2001b). Digital natives, digital immigrants, part 2: Do They really think differently? Erişim tarihi: 02.02.2020, https://www.marcprensky.com /writing/Prensky%20-%20Digital%20Natives,%20Digital%20Immigrants-%20-%20Part2.pdf

Schoenberg, Hannah (2012). #Socialmedia @Thefilmindustry, UW-L Journal of Undergraduate Research, XV, 1-14, https://www.uwlax.edu/globalassets/offices-services/urc/jur-online/pdf/2012/schoenberg.hannah.pdf Erişim tarihi: 20.02.2020,

Sümer, E., F. (2017). Sosyal Medya Kullanım Pratikleri Üzerine Ampirik Bir Araştırma. *Global Media Journal*, 8(15), s. 166-181.

Yolcu, Ö. (2016). *Sosyal Medya Ve Sinema: Türk Filmlerinin Sosyal Medya Kullanımı.* İstanbul.

Sosyal Medya ve Yeni Yayıncılık Formları: Türkiye'de Podcast Yayıncılığının Gelişimi

*Tezcan Özkan Kutlu**

Giriş

Castells (2009), yaşadığımız dijital çağda internetin yaygınlaşmasıyla birlikte yeni bir etkileşimli iletişim formunun ortaya çıktığını söylemektedir. Bu yeni iletişim formunu *"mass self-communication (kitlesel öz-iletişim)"* olarak adlandıran Castells'e göre, bu iletişim biçimi küresel izleyici kitlesine ulaşma potansiyeline sahip olduğu için kitleseldir, aynı zamanda bireysel mesaj (ileti) üretimini olanaklı kıldığı için de bireyseldir. Öncelikle Web 2.0 ve ardından Web 3.0 teknolojisindeki gelişmelerle ortaya çıkan kitlesel öz-iletişim, internet ortamındaki sosyal ağların yaygınlaşmasını destekleyen yeni teknolojiler, araçlar ve uygulamaların bir sonucudur. Özellikle, internetin yaygınlığı, kablosuz iletişim, dijital medya ve sosyal yazılım araçlarının çeşitliliği yatay iletişim ağlarındaki gelişmeleri tetiklemiştir (Castells, 2009, s.65). Böylece yeni iletişim formlarına uyum sağlayan bireyler de (internet kullanıcıları) -kısa mesaj (SMS), bloglar, wikiler, podcastler vb.- aracılığıyla kendi kitlesel iletişim sistemlerini yaratmışlardır.

Castells'in de işaret ettiği üzere dijital medya uygulamaları olarak her geçen gün hayatımıza giren teknolojik yenilikler, iletişimsel etkinliklerimizi ve alışkanlıklarımızı hem bireysel hem

---

* Doktor Öğretim Üyesi, Anadolu Üniversitesi İletişim Bilimleri Fakültesi Basın ve Yayın Bölümü, tozkan@anadolu.edu.tr

de toplumsal bağlamda dönüştürmektedir. Bloglar, forumlar, sosyal paylaşım ağları, sözlükler gibi sosyal medya femonenine zemin yaratan yeni medya uygulamalarından biri olarak podcastler de özellikle son yıllarda ulaştıkları kullanıcı sayılarıyla dikkat çekmektedir. Türkiye'de görece yeni bir akım olarak değerlendirilebilecek podcast yayıncılığının dünyadaki yaygınlığı özellikle dijital yerliler olan ergenler ve gençler arasında giderek artmaktadır (Reuters Institute Digital News Report, 2019; Karagül, 2009). Bu bağlamda yeni medya uygulamalarından biri olarak podcast teknolojisinin kitlesel-öz iletişim açısından önemli bir potansiyele sahip olduğunu söylemek mümkündür. Öyle ki podcast, hem medya tüketicilerinin/kullanıcılarının bireysel olarak içerik üretmesine olanak tanıyan yeni medya uygulamalarından biri olarak hem de içeriğin kitlesel tüketimi açısından sunduğu avantajlarla dikkat çekmektedir.

Bununla birlikte literatürde iletişim ve medya alanında Türkçe podcast yayınlarına ilişkin çalışma ise yok denecek kadar az sayıdadır. Bu nedenle öncelikle bu çalışmada medya ve yayıncılık alanındaki Türkçe podcast yayınları tespit edilerek Türkçe podcast evrenine ilişkin bir durum saptaması yapılmıştır. Daha sonra da medya profesyonellerinden amatör içerik üreticilerine farklı düzeylerdeki sosyal medya kullanıcıları tarafından hazırlanan ve en fazla dinlenen/indirilen podcast içerikleri üzerinden Türkiye'deki podcast yayıncılığının potansiyeli saptanmaya çalışılmıştır.

Podcast Nedir?

Podcast teknolojisi, dijital medya dosyalarının taşınabilir medya oynatıcılarda veya bilgisayarlarda oynatılmak üzere İnternet üzerinden dağıtılma tekniğidir. Podcast yayınlarında genellikle ses dosyaları kullanılmakla birlikte video gibi içeriklerle hazırlanan görüntülü yayınların (vidcast veya vodcasts) yapılması da mümkündür. Podcastler RSS (Really Simple Syndication) teknolojileri kullanılarak bilgisayar ve mobil cihazlara uygun teknolojiler yardımıyla indirilebilen, çevrimiçi veya çevrimdışı ulaşılması mümkün olan görsel ve işitsel materyallerdir (Faramarzi ve Bagheri, 2015).

Kullanım pratikliği ile dikkat çeken bir çevrimiçi iletişim ve yayıncılık ortamı olan podcastler yayın aboneliği (RSS) sistemi üzerinden çalışmaktadır. Podcastlerin takip edilmesini kolaylaştıran RSS teknolojisini dijital abonelik veya bildirim sistemine benzetmek mümkündür. RSS, yeni eklenen içeriğin kolaylıkla takip edilmesini sağlayan bir XML dosya formatıdır. Açık standart bir dil olan XML ile verilerin İnternet üzerinden kolay bir şekilde aktarımı ve ortak kullanımı sağlanmaktadır. Böylece kullanıcılar dinlemek ya da izlemek istedikleri yayınlara abone olarak takip ettikleri podcast içeriklerine kolaylıkla ulaşabilmektedir.

Ayrıca podcast içerikleri sesle birlikte video, resim, müzik gibi yardımcı materyaller de içerebilmektedir (Rosell-Aguilar, 2007). Ses dosyasına resim ve ekran görüntüleri gibi yardımcı materyaller eklenerek oluşturulan içerikler *zenginleştirilmiş podcast* (enhanced podcasts) olarak ifade edilmektedir (Almeida-Aguiar ve Carvalho, 2016).

Podcast terimi, bilgisayar üreticisi Apple firmasının ürettiği taşınabilir müzikçalar "iPod" ile İngilizcede "yayın" anlamına gelen "broadcast" sözcüklerinin birleşiminden türetilmiştir (Giordano, 2017, s.430). Türkçe karşılığı olarak "oynatıcı yayın aboneliği" ifadesini kullanabileceğimiz podcast terimi, teknolojik olarak yeni bir yayın dağıtım sistemidir. Bu durumda podcast, hem içerik hem de bu içeriğin yayınlanma şekline verilen isimdir. Bu işi yapan kişiler de podcaster olarak adlandırılır.

Özlüce podcast kavramı, hem sesli ve/veya görüntülü dijital medya dosyalarının bizzat içeriğini; hem de bu içeriklerin tabletler, akıllı telefonlar, yeni teknoloji müzikçalarlar (mp3, Ipod gibi)

gibi taşınabilir medya oynatıcılarda veya bilgisayarlarda oynatılmak üzere İnternet aracılığıyla dağıtılması tekniğini anlatmaktadır. Ayrıca podcast yayınları, radyo ve televizyon yayının İnternetten erişebilir ve kişisel ses veya görüntü cihazlarından takip edilebilmesini sağlayan dijital kayıtlar şeklinde de tanımlanabilir.

Podcast kavramı ilk kez 2004 yılında kullanılmadan önce İnternette dolaşıma sokulan çevrimiçi sesli içerikleri tarif etmek için Türkçesi "sesli blog" anlamına gelen "audioblogs"[1] kavramı kullanılmıştır. "Podcasting" teriminin kullanıma sokulması ise Şubat 2004'te İngiliz gazeteci Ben Hammersley'in The Guardian için yazdığı makalesinden sonra olmuştur (Bonini, 2015, s.21). Ağustos 2004'te Adam Curry'nin "Daily Source Code" isimli gösterisi isteyen herkesin ulaşabileceği şekilde çevrimiçi yayınlanarak bilinen ilk "podcasting" örneklerinden olmuştur. Ancak kavramın asıl yaygınlaşması Eylül 2004'te Dave Slusher'ın "Evil Genius Chronicles"da podcasting hakkında yazdığı yazının ardından olduğu belirtilmektedir (Geoghegan ve Klass. 2007, s.3-4).

Günümüzde podcast yayınlarını Apple Podcasts, Google Podcasts, Spotify, Youtube, Spreaker ve Soundcloud gibi birçok yeni medya platformu üzerinden takip etmek mümkündür. Özellikle çevrimiçi (online) müzik dinleme platformu olarak bilinen Spotify'ın, 2019 Şubat ayında podcast ağı ve üreticisi olan Gimlet Medya ile podcast kaydetme/yayınlama uygulaması Anchor'u satın alarak sesli içerik yayıncılığında lider konuma yükselmesi de bu alandaki rekabetin önümüzdeki yıllarda artacağının bir işareti olarak görülmektedir (İbrişim, 2019a).

Diğer yandan dünyanın önde gelen konvansiyonel medya şirketlerinin de bu teknolojiye kayıtsız kalmadıklarını söylemek

---

[1] Bilinen ilk audioblog'un 2001 yılında San Francisco'da yaşayan Jish adında Kanadalı bir bloger tarafından yayınlanmış olduğu ve bazı kaynaklarda bunun podcast yayıncılığının ilk örneği olarak kabul edildiği belirtilmektedir (Geoghegan ve Klass, 2007, s.1).

mümkündür. Bu kapsamda podcast yayınlarıyla dikkat çeken belli başlı medya kuruluşları ve yayınları şunlardır:

- **Wall Street Journal'ın** teknoloji alanındaki gelişmelere odaklandığı podcast'i *The Future of Everything*.
- **New York Times'in** *The Daily* isimli podcasti 20 dakikada günlük gelişmeleri dinleyicileri için özetliyor. *The Caliphate* isimli podcast serisinde ise IŞİD'e katılmış ve ardından Kanada'ya geri dönmüş bir adamın peşine düşen iki gazetecinin günlüklerini dinlemek mümkün.
- **The Guardian'** da *Audio Long Read* olarak adlandırdığı uzun makalelerini seslendirerek oluşturduğu podcastleriyle özellikle sabahları işe gitmeden önce birşeyler okuma ya da izleme fırsatı bulamayanlar için önemli bir ihtiyacı gideriyor.
- **BCC's** *Global News* sadece İngiltere'de değil dünyanın da en çok dinlenen podcastleri arasında yer alıyor.

Benzer şekilde Türkiye'deki bazı geleneksel medya kuruluşlarının da internet sitelerindeki haber içeriklerini ya da televizyon programlarını ses dosyalarına dönüştürerek podcast dinleyicilerine ulaşmayı hedeflediği görülmektedir. Sabah gazetesi, Evrensel, Birgün, TRT (radyo ve Tv içerikleri), Tele 1, FOX Haber, NTV Radyo, Anadolu Ajansı gibi birtakım kamusal ve özel medya organizasyonları okur ve izleyicilerine podcastler üzerinden de içerik sağlamaktadır.

Bununla birlikte herhangi bir medya organizasyonun içinde bulunmayan ancak profesyonel gazetecilik geçmişi bulunan bağımsız gazeteciler tarafından yayınlanan podcast içerikleri de bulunmaktadır. Bu anlamda Ünsal Ünlü, Çağlar Cilara, Yavuz Oğhan, Cüneyt Özdemir[2] gibi gazetecileri örnek gösterebiliriz. Ayrıca gazeteci Ruşen Çakır'ın kurduğu ve geleneksel medya

---

[2] Cüneyt Özdemir'in CNNTürk için hazırlamış olduğu 5N1K isimli programı bulunmakla birlikte, yaptığı yayınlarda editöryel ve finansal olarak bağımsız bir gazeteci olduğunun altını çizmektedir.

organizasyonlarıyla karşılaştırıldığında yeni ve alternatif medya platformu olarak dikkat çeken Medyascope.tv[3] bünyesindeki yayınlar ile gazeteci Kemal Göktaş'ın kurucularından biri olduğu haber podcast platformu Kısa Dalga[4] da podcast yayıncılığının farklı örnekleri arasında yer almaktadır.

Podcast İle İlgili Çalışmalar

Literatürdeki podcast çalışmaları incelendiğinde ağırlıklı olarak pedagoji merkezli bir yaklaşımın olduğu görülmektedir. Özellikle sözkonusu çalışmalarda podcastlerin eğitim alanında kullanımına ve öğrenmeyi destekleyici/kolaylaştırıcı bir teknolojik yenilik olarak sunduğu avantajlarına işaret edilmektedir. Pedagojik podcastlerle ilgili olarak bir sınıflandırma önerisinde bulunan Carvalho, Aguiar ve Maciel (2009, s.134) altı boyutlu bir taksonomi önermektedir. Bu sınıflandırmaya göre podcastler; tür, ortam, uzunluk, yaratıcı, stil ve amaca göre altı boyutu içerecek şekilde tasarlanabilir (Yakın, 2018):

1. **Tür (type):**

    a. **Bilgilendirici:** Kavramlar, analiz, sentez, araç-gereç açıklamaları, yazarlardan, kitaplardan alıntılar, şiir okumaları vb.

    b. **Geribildirim/Yorumlar:** Öğrenci ödevlerine ve grup çalışmalarına verilen dönütler, yapılan yorumlar.

    c. **Yönergeler:** Alan araştırması ve uygulamalar için kılavuzlar, akademik çalışma, grup dinamikleri hakkında tavsiyeler.

    d. **Özgün Materyal:** Özel bir öğrenci grubu ya da ders/kurs için yaratılmayan, röportajlar, haberler, radyo programları gibi kamu için yaratılan materyaller gibi.

---

[3] https://medyascope.tv/
[4] https://www.kisadalga.net/

2. Ortam (Meidum)

a. **Ses:** Sesten oluşan (audio) işitsel podcast

b. **Video:** Vodcast ya da screencast olarak da adlandırılan video podcast

3. Uzunluk (Length)

a. **Kısa** (1-5 dakika arası)

b. **Orta** (6-15 dakika arası)

c. **Uzun** (15 dk ve üzeri)

4. Yaratıcı (Author): İçeriğin yaratıcısı/sahibi. Öğretmenler, öğrenciler, uzmanlar vb.

5. Stil (Style)

a. **Resmi (formal):** Resmi kurum ve kuruluşlar ile tüzel kimliklerin yayınları.

b. **Resmi olmayan (informal):** İnsanların deneyimleri, fikirleri gibi "resmi bir bilgi" niteliği taşımayan içerikler. Ayrıca konuşmacının arkadaşca bir ses tonuyla konuşması gibi informalliği artıran unsurların varlığı.

6. Amaç (Purpose): Bir konuyla ilgili olarak bilgilendirmek, analiz etmek, geliştirmek, motive etmek, aracılık etmek vb.

Carvalho, Aguiar ve Maciel (2009) tarafından podcastlerin özellikle yüksek öğretimde ve pedagojide kullanımına yönelik geliştirilen bu sınıflandırmada; öğretmen-öğrenci ilişkisinin geliştirilmesi, öğrencilerin motivasyonlarının yükseltilmesi ve ders materyallerine ulaşımın kolaylaştırılarak tekrara dayalı öğrenme düzeylerinin artırılması hedeflenmektedir. Podcastlerle ilgili olarak pedagoji literatüründe yer alan birçok çalışmada da benzer şekilde, öğrenme sürecinin okul/sınıf dışında da devam ettirilmesi, öğrenen motivasyonlarının desteklenmesi, öğrenme materyallerine erişimin önündeki sınırlılıkların kaldırılması, öğrenenlerin hem kendi hem de öğretenlerle aralarındaki etkileşimin geliştirilmesi, öğrenmeyi kolaylaştıracak şekilde podcastlerin teknik özelliklerinin iyileştirilmesi gibi başlıca konulara odaklanan birçok çalışma yer almaktadır (Rosell-Aguiar, 2007; Kelly ve Klein, 2016; Şendağ vd., 2019).

Dolayısıyla alanyazında yer alan benzer sınıflandırmalarla birlikte özellikle yaygın olarak kabul gören Carvalho, Aguiar ve Maciel (2009) tarafından geliştirilen sözkonusu sınıflandırmayı, bu çalışmanın kapsamı ve amacı gereği iletişim ve medya alanyazını çerçevesinden ele almak gerekmektedir. Bu doğrultuda iletişim-medya çalışmalarında podcast kullanımına ilişkin alanyazından hareketle (Llinares vd., 2018; Bonini, 2015) ve bu çalışmanın araştırma evrenini oluşturan podcast yayınlarından yol çıkılarak geliştirilen sınıflandırma önerisi ise şu şekildedir:

1. **Tür (type):**

   a. **Bilgilendirici:** Kavramlar, kuramlar, analiz, sentez, araç-gereç açıklamaları, yazarlardan, kitaplardan alıntılar vb.

   b. **Eleştiri/Yorum:** Dizi, film analizi, kitap, müzik eleştirisi vd.

   c. **Yönergeler:** Öğretici içerikler, DIY (do it yourself: kendin yap) rehberleri, tarifler (yemek, örgü, bitki bakımı, bisiklet tamiri vb.)

   d. **Gündem:** Siyaset, ekonomi, spor, uluslararası ilişkiler vb. konularda ülke ve dünya gündemi hakkında haberler, röportajlar, radyo programları vb. kamusal yayınlar.

   e. **Destekleyici:** Kişisel gelişim, psikoloji, sağlıklı yaşam, spor, meditasyon gibi temalarda destekleyici, ilham verici yayınlar.

2. **Ortam (Meidum)**

   a. **Ses:** Sesten oluşan (audio) işitsel podcast

b. **Video:** Vodcast ya da screencast olarak da adlandırılan video podcast
3. **Uzunluk (Length)**
   a. **Kısa:** Süresi15-30 dakika arası.
   b. **Orta:** Süresi 30-45 dakika arası.
   c. **Uzun:** Süresi 45 dk ve üzeri.
4. **İçerik üreticisi:** İçeriğin yaratıcısı/sahibi. İletişim ve medya alanında amatör veya profesyonel olarak içerik üreticileri. Örneğin gazeteciler, yazarlar, akademisyenler, sosyal medya ünlüleri, yurttaşlar vb.
   a. **Bireysel** (Tek kişi)
   b. **Grup** (2-5 kişi)
   c. **Topluluk** (5'ten fazla)
5. **Stil (Style)**
   a. **Kurumsal:** Resmi kurum ve kuruluşlar ile tüzel kimliklerin yayınları. Örneğin; TRT, BCC gibi kamusal yayıncıların içerikleri.
   b. **Bireysel:** İnsanların deneyimleri, fikirleri gibi "resmi bir bilgi" niteliği taşımayan içerikler. Ayrıca podcasterın arkadaşca bir ses tonuyla konuşması gibi samimiliği artıran unsurların varlığı.
6. **Amaç (Purpose):** Bir konuyla ilgili olarak bilgilendirmek, haberdar etmek, bir konuyu/olayı analiz etmek, bireysel ifade özgürlüğünü geliştirmek, harekete geçirmek, motive etmek, aracılık etmek, kamuoyu oluşturmak, eğlendirmek vb.

Podcast Yayıncılığının Avantajları ve Dezavantajları

Medya tüketicilerinin içerik üretmesine olanak tanıyan yeni medya uygulamalarından podcast teknolojisi, içerik üretimi ve tüketimi açısından sunduğu avantajlarla ön plana çıkmaktadır.

Podcastlerin kullanıcılarına sunduğu belli başlı avantajlar şunlardır (Geoghegan ve Klass. 2007, s.5-6; Akar, 2010, s.109-110):

- *Otomatik erişim*: RSS sistemi sayesinde kolayca abonelik.
- *Kolay kontrol:* İçerik üzerinde seçme ve dinleme kontrolü.
- *Kullanıcı denetimi*: Zahmetsizce ve güvenli bir şekilde abonelikten çıkma.
- *Taşınabilir olma:* Mobil telefonlar aracılığıyla hemen her yerde dinleme/izleme fırsatı.
- *Zamansız erişim*: 7/24 erişim şansı.
- *Ücretsiz erişim*: Birçok podcast içeriği ücretsizdir. Son yıllarda gönüllülük esasına dayalı olarak abonelerinden maddi destek talep eden yayınlar da bulunmaktadır.
- *Kullanıcı dostu tasarım*: Basit ve karmaşık olmayan arayüzle içeriğe tek tıkla ulaşma.

Podcastlerin taşınabilirlik, kullanım ve erişim kolaylığı gibi avantajlarının yanı sıra kullanıcılarının kendi dinleme-anlama hızına göre dinleme yapmalarına olanak tanıması, öğrenmeye teşvik etmesi ve dinleme etkinliklerini bireyselleştirmesi gibi işlevleri bu teknolojinin özellikle yabancı dil öğretiminde kullanımının yaygınlaşmasına neden olmuştur (Şendağ vd., 2019). Podcastlerin kullanıcılarına dinleme sırasında durdurma, ileri-geri alma ve tekrar dinleme olanağı sunması yabancı dil öğrenimi açısından önemli bir fırsat ve kolaylık olarak değerlendirilmektedir (Rosell-Aguilar, 2013).

Özellikle içeriği tüketen kullanıcılar açısından sözü edilen bu avantajların yanı sıra podcastlerin içerik üreticileri için de benzer kolaylıkları sunduğu söylenebilir. Amatör içerik üreticilerine kitlesel düzeyde yayıncılık yapabilme fırsatı sunan podcastler çok düşük maliyetlerle, ileri düzeyde bir teknoloji bilgisi ve altyapısı gerektirmeden bireylere kendi medyalarını oluşturma fırsatını yaratmıştır. Aynı zamanda bilhassa çeşitli nedenlerle kamusal iletişim kanalları aracılığıyla toplumda kendi sesini duyurmakta zorlanan kesimler ile anaakım medyadan çeşitli nedenlerle uzaklaşan ya da uzaklaştırılan gazeteciler için de podcast kamuoyuna ulaşabilmelerinin pratik bir aracı olmuştur.

Bununla birlikte, podcastlerin birtakım sınırlılıklara da sahip olduğunu söylemek mümkündür. Podcastlere genellikle akıllı cep telefonları aracılığıyla erişilmesi mobil cihazlarda depolama sıkıntılarına yol açabilmekte veya kullanıcılarda mobil internet tüketimlerini artırma endişesi yaratabilmektedir. Bazı coğrafik alanlarda teknik altyapı yetersizliği gibi çeşitli nedenlerle internete erişimden kaynaklanabilecek sıkıntılara ek olarak podcastlere erişimde kullanılan cihazların pil/batarya kullanım sürelerinin ömrü de bir kısıtlılık olarak değerlendirilebilir. Son olarak podcastlerin kullanım alanları, içerikleri veya potansiyeli hakkında toplumdaki geniş kesimlerce çok da fazla bilgi sahibi olunmaması birtakım önyargıları veya bu yayınları ciddiye almama gibi bir yaklaşımı da gündeme getirebilmektedir.

Dünyada Podcast Bilinirliği ve Dinleme Oranları

Podcast teriminin 2004 yılında kamusal dolaşıma girmesiyle 2005 yılından sonra hızlı bir şekilde yaygınlaştığını söylemek mümkündür. Arama motoru Google'da "podcast" terimine ilişkin yapılan arama trendlerini gösteren aşağıdaki Grafik 1'de de görüldüğü üzere 46 arama puanı ile Temmuz 2005, 65 arama puan ile Ocak 2006 ve 60 arama puanı ile Ocak 2007 podcast teriminin zirve yaptığı tarihler olarak belirlenmiştir. 53 arama puanı ile Ocak 2008 ile 60 arama puanı ile Aralık 2014'e kadar olan süreçte ise podcast aramalarıyla ilgili trendlerin belirli bir puan aralığında (en düşük 35 en yüksek 52 olmak üzere) devam ettiği görülmektedir. 60 arama puanı ile Aralık 2014'deki zirve ile 86 puan ile Aralık 2019 yılları arasındaki süreçte ise arama puanının 45'in altına hiç düşmediği, giderek yükselen bir grafik izlediği ve özellikle Ocak 2018-Ocak 2020 aralığında birçok defa zirve yaptığı dikkat çekmektedir.

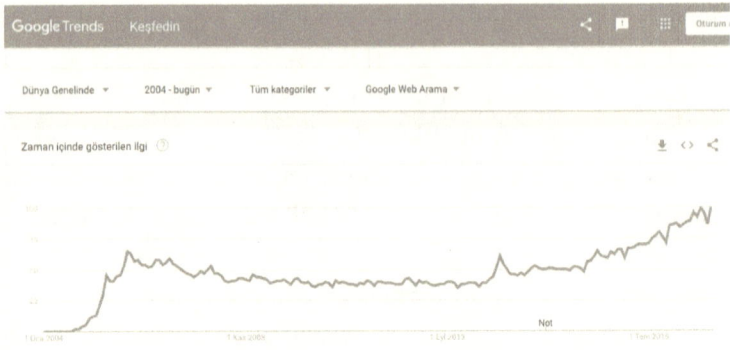

Grafik 1: Google Trends, (2014-2019)
Kaynak: https://trends.google.co.uk/trends/explore?date=all&q=podcast

Reuters Enstitü'nün her yıl yayınladığı dijital medya raporları da son yıllardaki podcast dinleme oranlarındaki artışı ortaya koymaktadır. Aşağıda yer verilen 2018 ve 2019 yıllarına ait verilere göre sadece son iki yılda dünya genelinde podcast dinleme oranı %34'ten %36'ya yükselmiştir.

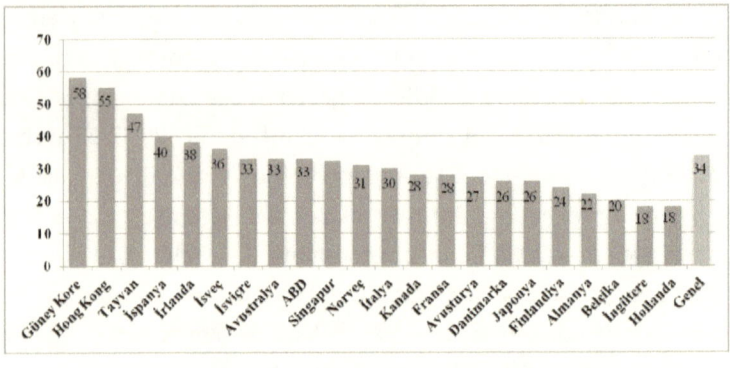

Tablo 1: Ülkelere göre 2018 yılı podcast dinleme oranları
Kaynak: Reuters Institute Digital News Report 2018

Disiplinlerarası Yaklaşımla Sosyal Medya

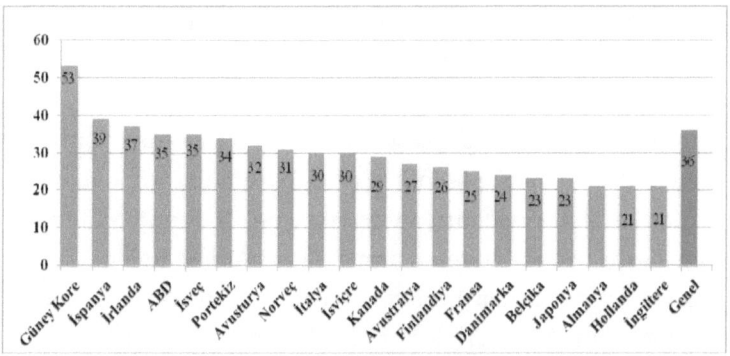

Tablo 2: Ülkelere göre 2019 yılı podcast dinleme oranları
Kaynak: Reuters Institute Digital News Report 2019

Yine Reuters Enstitü'nün 2018 ve 2019 yılı dijital medya raporlarına göre podcast dinleyicilerinin son 1 ay içinde takip ettikleri podcast içerikleri arasında ilk sırada haber, politika ve gündeme dair konular yer almaktadır. En çok dinlenen diğer podcast içerikleri ve dinlenme oranları da Tablo 3'te gösterilmektedir:

	2018 (%)	2019 (%)
Herhangi bir podcast	34	36
Haber, politika, gündem	14	15
Uzmanlık konuları (bilim, teknoloji, sağlık vb.)	14	14
Yaşam tarzı temaları (moda, yemek sanat vb.)	13	15
Gündelik yaşam (toplumsal sorunlar, cinayet, suç vb.)	10	12
Spor	8	9

Tablo 3: Son 1 ay içinde dinlenen Podcast türü /2018-2019
Kaynak: Reuters Institute Digital News Report 2018-2019

Bununla birlikte Amerika'da Edison Research[5] ve Triton Digital'in (2019) yaptığı araştırmaya göre, ABD'de her ay 90 milyon, her hafta 62 milyon kişi podcast dinlemektedir. Kişi başına düşen ortalama podcast sayısı ise 7'dir. Aynı araştırmaya göre podcast dinleyicilerinin %90'ı takip ettiği içeriğin neredeyse %90'ını dinlemektedir. Ayrıca podcast kavramının bilinirliği de yıllar içerisinde giderek artmaktadır. Araştırmanın kapsamı sadece ABD olmakla birlikte sonuçlar podcaste ilişkin global Google arama trendleriyle paralellik göstermektedir[6].

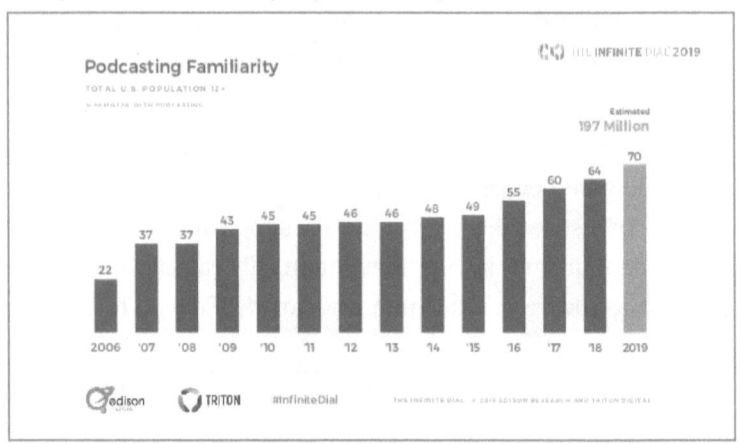

Grafik 2: Podcast kavramının yıllara göre bilinirliği (2006-2019)
Kaynak: Edison Research (2019)

Diğer yandan Apple'ın kendi podcast yayınlama platformu olan iTunes'la ilgili açıkladığı 2018 yılı verilerine göre de, platformda toplam 525 bin podcast ve 18.5 milyon bölüm içeriği yer almıştır. iTunes'ta 155 ülkeden 100 farklı dilde podcast yayınlanmaktadır. 2014 yılında indirilen podcast sayısı 7 milyar iken, 2016'da bu rakam 10.5 milyar olmuştur. 2017 yılında ise indirilen podcast sayısı 13.7 milyara ulaşmış ve henüz 2018 Mart

---

[5] https://www.edisonresearch.com/infinite-dial-2019/
[6] https://www.edisonresearch.com/infinite-dial-2019/

ayında Apple Podcast 50 milyar indirme rakamına ulaştığını duyurmuştur[7].

Ayrıca IAB'nin (The Interactive Advertising Bureau) hazırladığı IAB/PWC Podcast Reklam Gelirleri Araştırması'na[8] göre de, podcast reklam gelirleri 2017'de 314 milyon dolar iken, 2018 yılında 650 milyon dolar olarak tespit edilmiştir. PWC'nin Global Entertainment&Media Outlook 2018-2022 öngörüsüne göre ise, podcast sektörü reklam gelirlerinin önümüzdeki üç sene içinde katlanarak artacağı ve 2022 yılında 1.6 milyar dolarlık bir hacme ulaşması beklenilmektedir (İbrişim, 2019a).

Dolayısıyla podcast yayıncılığına ilginin önümüzdeki yıllarda daha da artacağı düşünülmekte, bu yeni mecranın gerek içerik üreticileri gerek içerik tüketicileri gerekse de medya sektörü açısından önemli bir potansiyel barındırdığına işaret edilmektedir.

Türkiye'de Podcast Bilinirliği ve Dinleme Oranları

Arama motoru Google'da "podcast" terimine ilişkin Türkiye'deki arama trendleri incelendiğinde dünyadaki arama trendlerine paralel bir tablo ile karşılaşılmaktadır. Globaldekine benzer şekilde 2005 yılından itibaren büyük bir ivme kazanan arama trendi 54 arama puanı ile 2006 yılında ilk defa zirve yapıp, 2014 yılına kadar da nispeten sabit bir seyir izlemiştir. 2014 yılında ise 44 puan ile yükselme seyrine geçmesine rağmen 2015-2016 yıllarında bu yükselişin devam etmediği görülmektedir.[9] Ancak 2017 yılının ikinci yarısından itibaren tekrar arama puanlarının yükselmeye devam ettiği ve hatta 100 arama puanı ile Aralık 2019'da zirve yaptığı görülmektedir. 2004-2020 yılları

---

[7] http://podiolab.com/2019/04/11/podcast-yayinciligina-giris-rehberi/
[8] https://www.iab.com/insights/the-second-annual-podcast-revenue-study-by-iab-and-pwc-an-analysis-of-the-largest-players-in-the-podcasting-industry/
[9] Bu düşüş trendinin belkide en önemli nedenlerinden biri olarak 2015 yılındaki darbe girişimi ve sonrasında Türkiye'nin siyasi ve toplumsal atmosferinde yaşanan gerginlikleri göstermek mümkün.

arasındaki (Grafik 3) ve arama puanının zirveye ulaştığı 2019 yılına ait (Grafik 4) arama trendlerini gösteren grafikler aşağıda gösterilmiştir.

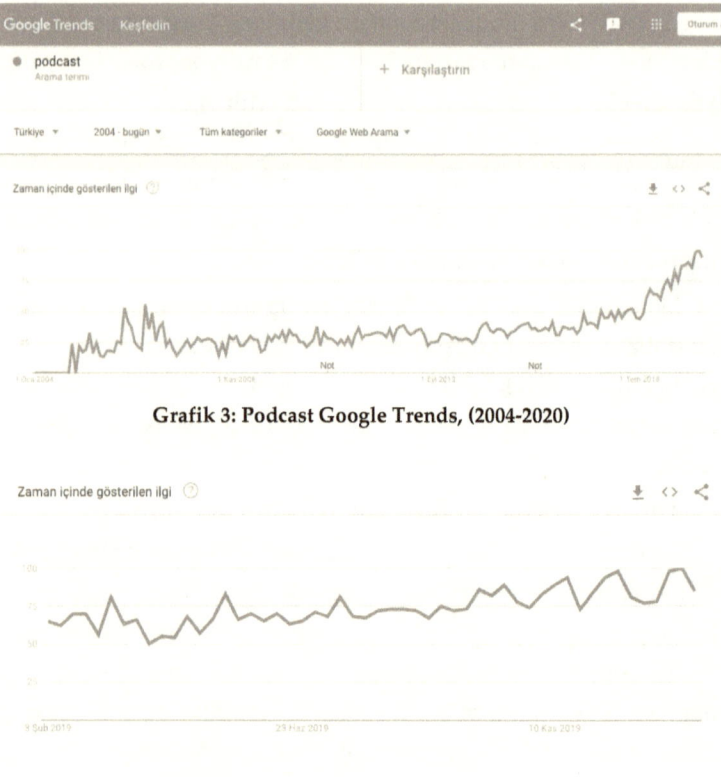

Grafik 3: Podcast Google Trends, (2004-2020)

Grafik 4: Podcast Google Trends, 2019

Ayrıca Google trends puanlarına göre Türkiye'de 2004-2019 yılları arasında "podcast" aramalarıyla ilişkili olarak en çok aranan diğer sorgular arasında birinci sırada "podcast nedir" sorusu yer almaktadır. Grafik 5'te bu iki aramanın yıllar içerisindeki karşılaştırılması gösterilmektedir[10].

---

[10] https://trends.google.com/trends/explore?date=all&geo=TR&q=podcast,-podcast%20nedir

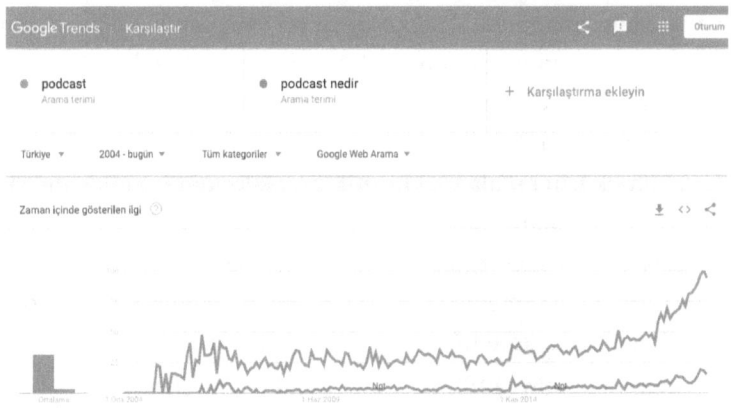

Grafik 5: 2004-2019 yılları arasında Podcast ve Podcast nedir aramalarının karşılaştırılması, Google Trends Türkiye

Google'da podcast terimiyle ilgili aramalarda "podcast nedir" sorgusunun, tek başına "podcast" sorgusuna göre bariz şekilde daha düşük arama puanına sahip olmasının nedenlerini kesin olarak tespit etmek imkansız olsa da birkaç "iddia" öne sürülebilir. Örneğin, "podcast nedir" şeklinde iki ayrı sözcük yazmak yerine kısaca podcast yazmanın insanlara daha kolay gelmesi ya da podcastin ne olduğuna dair bir araştırma yapmaktansa dinlemek amacıyla podcast arayışının bir sonucu olarak yorumlanabilir. Ancak sadece eldeki bu verilerden hareketle sözkonusu yorumların doğruluğunu ve güvenirliğini kanıtlamak çok güçtür. Diğer yandan yukarıda yer verilen tüm Google trends verilerini söz konusu zaman aralığı içerisinde Türkiye'de podcaste gösterilen toplumsal ilginin gelişim sürecine ilişkin birer ipucu olarak değerlendirmek mümkündür.

Akademisyen ve aynı zamanda kendisi de bir podcaster olan Sarphan Uzunoğlu (2019) ise bugün için Türkiye'nin podcast yayıncılığında henüz bir giriş evresinde olduğunu ve ancak bu "giriş seviyesindeki birikim"in ardından bir "yükseliş"ten söz edebilmenin mümkün olabileceğini belirtmektedir. Podcast yayıncılığı anlamında Türkçe içerikteki kapsamlı ve mecranın formatlarına uygun ilk örneklerden olan Medyapod'un kurucularından Uzunoğlu'na göre, önümüzdeki yıllarda podcastin daha yerleşik ve kaliteli bir alan olarak potansiyelini ortaya çıkarabilmek için bu alandaki içerik üreticilerinin özellikle de gazetecilik mecralarının inisiyatif almaları gerekmektedir. Ancak podcastin kendine özgü doğasını anlayamadan mecraya uymayan içerikler üretmenin de podcast yayıncılığının sürdürülebilirliğine hizmet etmediğinin altı çizilmektedir.

Uzunoğlu'nun (2019) da işaret ettiği üzere Türkiye'de henüz dinleme alışkanlığı olgunlaşmamış bir mecraya içerik üretmenin en temel zorluklarından biri "her dem taze" kalabilecek nitelikte içerikler oluşturabilmektir. Bu anlamda "doğru" içerikler için de, içerik üretiminde belirleyici olabilecek, dinleyicilerin podcast yayıncılığından beklentileri, podcast dinleme alışkanlıkları gibi konulardaki araştırma verilerine ihtiyaç vardır. Ancak Türkiye'de henüz "yeşerme" evresinde olarak tarif edebileceğimiz (Karagül, 2019) podcast yayıncılığına ilişkin dinleyici, üretici ve sektörel iş modellerine yönelik araştırmalar çok kısıtlıdır.

Bu kapsamda yeni kurulan bir araştırma şirketi Podiolab'in Türkiye'deki 12 yaş üzerindeki kullanıcıların katılımıyla gerçekleştirdiği "Podcast Dinleme Alışkanlıkları Anketi" verilerine göre, katılımcıların yüzde 34,2'si son 1-3 sene aralığında düzenli olarak podcast dinlediğini belirtmektedir. Katılımcıların yüzde 49,1'i yeni bir bilgi edinmek, yüzde 28,7'si kişisel gelişim/eğitim (yeni bir dil öğrenmek gibi), yüzde 17,9'u ise günlük haber ve gelişmeleri takip etmek amacıyla podcast dinlediğini belirtmektedir. Dinleyicilerin yaş dağılımına bakıldığında yüzde 41,9'unun 25-34 yaş, yüzde 29,5'unun 18-24 yaş ve yüzde 19,5'unun 35-44 yaş aralığında olduğu görülmektedir (İbrişim, 2019b[11]).

---

[11] https://digitalage.com.tr/turkiyede-podcast-sektorunun-gelecegi/

Türkçe Podcast Ekosistemi

Türkiye'de podcast yayıncılığının ilk denemelerinin özellikle radyoculuk ve gazetecilik gibi mesleki deneyimlere sahip kişiler tarafından ortaya konulduğu söylenebilir. Bu kapsamdaki ilk örnekler arasında Ayça ve Toni ile Ev Hali başta olmak üzere Radyo Karavan ailesi yayınlarını, TRT Radyo Tiyatrosu, Açık Radyo ve Medyascope.tv yayınlarını sıralamak mümkün.[12]

Bununla birlikte araştırmada Türkiye'deki var olan podcast ekosistemini anlayabilmek amacıyla Türkçe içerikli yayın yapan ve Apple Podcast, Spotify, Anchor, Spreaker ve Soundcloud gibi podcast takip edebilmeyi sağlayan çeşitli platformlar üzerinden erişilen podcast yayınları tespit edilerek kategorilere göre sınıflandırılmıştır. Kategorilere göre podcast içeriklerinin dağılımı şu şekildedir:

- **TEKNOLOJİ-GİRİŞİM-OYUN-KODLAMA**
  - Girişimci Muhabbeti
  - Tekno-Seyir
  - Paraşüt'le Üretim Bandı
  - Ha Geldi Ha Gelecek
  - 64 Bits
  - Codefictio
  - Mesut Çevik ile Podcast
  - Hakkı Alkan
- **BİLGİ-BİLİM-FELSEFE**
  - Açık Bilinç
  - Teknoloji ve Bilim Notları
  - Bahri Karaçay ile Bilim

---

[12] Uzunoğlu'nun (2019) da işaret ettiği üzere "Türkiye'de podcast şemşiyesi altında yapılanların çoğu neden aslında podcast değil" şeklinde dile getirilen bir soruyu da hatırlatarak bu tartışmaya çalışmanın amacı ve kapsamı gereği değinilmemiştir.

- GayriSafi Fikirler
- Nobelcast
- Açık Bilim
- Yalansavar

• **GÜNDEM-HABER-SİYASET**
- Ünsal Ünlü[13]
- Cüneyt Özdemir
- Çağlar Cilara
- Yavuz Oğhan'dan BideBunuİzle /Radyo Kara Kutu
- Evrensel Podcast
- Fox Haber
- TR724
- FÖŞ: Atilla Yeşilada ile Ekonomi Turu /*AhvalPod*
- *Medyascope Tv*[14]
- *Açık Radyo*
- *MedyaPod*

• **KÜLTÜR-SANAT-EDEBİYAT**
- İlk Sayfası/ Storytel
- Yaşasın Bağzı Fimler/Farklı Kaydet
- Gerisi Hikaye
- Satır Arası
- Anlatsam Roman Olur/Meydapod
- Yetersiz Bakiye

---

[13] Gazeteci Ünsal Ünlü'nün yayını, Türkiye'nin gündem-haber-siyaset kategorisinde en çok dinlenen podcastlerinden. Ünlü, tüm dijital platformlardan yaklaşık 45bin kişiye ulaştığını belirtiyor.

[14] Medyascope Tv., MedyaPod, Açık Radyo, Ahval Pod gibi bünyesinde birçok farklı konuda (ekonomi, çevre, uluslararası ilişkiler, yeni medya, sanat vd.) içerik üreten bu platformları bir kategoride sınıflandırmak güç olmakla birlikte gündemdeki konuları ele alan içeriklerinin yoğunluğu nedeniyle Gündem-Haber kategorisi içerisinde yer verilmiştir

- Lafın Gelişi
- Kafeinsiz
- Sosyal Eleştiri
- Karavandaki Adam
- 2 Hafta 1Gün /Burak Tatari
- **İŞ YAŞAMI- KARİYER-PROFESYONEL DENEYİM PAYLAŞIMI**
  - 5 kişi
  - Kendi Sesiyle Konuşan İnsanlar
  - Caps Lock
  - Ve Tam Zamanı
  - Hayat Sohbeti
  - Görkem'in Mikrofonu
  - Nasıl Olunur? /Storytel
  - Hayatlar Hikayeler
- **KİŞİSEL GELİŞİM- PSİKOLOJİ-PEDAGOJİ**
  - Yoldayız. Geliyor musun?
  - Yıldız Tozu
  - Ruhsal Özgürlüğün Yolcusu
  - Prof. Dr. Nevzat Tarhan ile Psikoloji Sohbetleri
  - Psikolog Beyhan Budak
  - Bizim Ufaklık
  - Kaçık Prens
  - İlhamVerici Konuşmalar
- **GÜNDELİK HAYAT-SOHBET**
  - Havadan Sudan
  - Kayıt Başladı
  - We Talk
  - Kalt'ın Podcast'i

- Filtresiz
- Midas'ın Kulakları
- Dünya Nereye Gidiyor?
- BiDünya Podcast
- Organik Beyinler
- Oksijen 2 (O2)
- Sade ve Basit Yaşam
- **SPOR**
  - Potacast/ Yazıhane
  - Socrates
  - Saat Farkı /Farklı Kaydet
  - Sarı Oda
  - Dip Çizgi
  - Ada Sahilleri
  - İkili Oyun
  - Alman Usulü
  - Boş Yapma Enstitüsü
  - Bir Oyundan Fazlası
- **EĞLENCE-KOMEDİ**
  - Podcastia Maceraları /O Tarz mı?
  - Geekstra
  - Tahminatörler/ Storytel
  - Ceyhun Yılmaz Show
  - Bunu Ben de Yaparım /İbrahim Selim

Türkçe içerikli podcast yayınlarının kategorilere göre dağılımına bakıldığında, özellikle uzun süredir yayınlarına devam eden içeriklerin gündem-haber-siyaset, teknoloji-girişim-oyun kategorisi ve kültür-sanat- edebiyat kategorilerinde yoğunlaştığı görülmektedir. Bununla birlikte genel olarak podcast yayınlarındaki içerik zenginliği açısından var olan tabloyu anaakım medyayla karşılaştırdığımızda önemli bir farklılık göze çarpmaktadır. Özellikle de spor kategorisindeki alt spor dallarındaki içerik çeşitliliği dikkat çekmektedir. Anaakım spor medyasında futbol ve süper lig odaklı bir yayıncılık anlayışı hakim iken, podcast yayınlarında alt küme ligleriyle ilgili yayınlarla birlikte, güreş, basketbol, tenis gibi hemen her alt spor dalında içeriklere rastlamak mümkün.

Genel anlamda Türkçe içerikli podcast yayınları süre ortalaması olarak 30 ila 45 dakika arasındaki "orta" uzunluktaki yayınlardan oluşmaktadır. Birçok kategorideki yayınların içerik üreticisi sayısı olarak 2-5 kişi ararsında değişen "grup" yayıncılığı sınıfında yer aldığını da söylemek mümkündür. Ekonomi, psikoloji gibi uzmanlık gerektiren konularda alan uzmanı kişiler tarafından yapılan tek kişilik yayınlar da bulunmaktadır.

Haber-gündem-siyaset kategorisindeki podcastlerin bireysel (Ünsal Ünlü gibi tek kişi) veya yayına konuk olarak alınan kişiyle karşılıklı soru-cevap şeklinde ilerleyen yayıncı-konuk yayınları (Çağlara Cilara gibi) olarak ikiye ayrıldığı görülmektedir. Bu podcast yayınlarının içerikleri ortalama 30 dakika ile 1 saat arasında değişiklik göstermektedir. Bunların dışında Fox Haber, TRT, Evrensel gibi kurumsal içeriklerini yayınlayan podcast yayınları da bulunmaktadır.

Ayrıca Ceyhun Yılmaz, Mesut Süre, Kadir Çöpdemir gibi radyo programcılarının çalıştıkları radyo kanallarındaki yayınlarını podcast platformlarından da paylaştıkları görülmektedir. Bu şekilde aslında başka bir mecra için (radyo, tv, youtube vd.) üretilen içeriklerin podcast platformlarından da paylaşılması çok yaygın bir durum olarak karşımıza çıkmaktadır. Bu durum, içerik üreticilerinin daha çok kişiye ulaşma çabasıyla açıklanabileceği gibi, podcastin sadece bir yayın dağıtım sistemi olarak görülmesi ve bu mecranın sunduğu avantajların henüz yayıncılar tarafından fark edilememiş olması şeklinde yorumlanabilir.

Sonuç ve Değerlendirme

Dünyadaki popüler podcast içerikleriyle paralel olarak Türkiye'deki podcast ekosisteminde yer alan yayınların da tematik olarak benzerlikler taşıdığını söylemek mümkündür. Bu bağlamda;

- Haber, ekonomi ve gündem karışımı politik eleştiri yapan sınırlı sayıda ama çok fazla dinleyiciye ulaşabilen podcast yayınlarının yanı sıra,

- Yaşam tarzı, teknoloji, bilim, kültür-sanat ve sporun başlıca kategoriler olarak ön plana çıktığı,

- Dinleyici tercihlerinde konvansiyonel yayıncılığın bazı katı kurallarıyla oluşturulmuş yayıncılık/habercilik anlayışı yerine kişisel anı ve deneyimlerle hikayeleştirilmiş, "espiri, hiciv, kinaye" odaklı bir içerik tüketimine doğru eğilim olduğu,

- Bilim ve teknoloji gibi uzmanlık alanlarına dayalı ancak didaktik bir öğreticilikten ziyade samimi bir karşılıklı sohbet havasında geçen etkileşimli yayıncılık türünün benimsendiği görülmektedir.

Bunun yanısıra, Türkiye'deki podcast yayıncılarının kendi ekonomik modellerini yaratıp sürdürülebilir bir yayıncılık faaliyetine dönüştürebilmeleri gerekmektedir. Şimdilik birçok yayıncı Youtube üzerinden Katıl seçeneği ve Patreon gibi kitlesel fonlama sistemleri üzerinden abonelerinin destek ve bağışlarıyla işlerini sürdürmeye çalışmaktadır. Ancak uzun vadede reklam ve sponsorluk gibi gelir sağlayıcı faaliyetlerin de podcast ekosistemine entegre olması halinde yaşanabilecek gelişmeler podcast sektörünün gelişiminde belirleyici olacaktır.

Kısaca özetlemek gerekirse; podcast yayıncılığı,

- **dinleyici boyutu açısından;**
  - maliyetsiz veya düşük maliyet, farklı ve kaliteli içerik, kolay depolama ve erişim olanakları nedeniyle gittikçe yaygınlaşma potansiyeli taşıyor.
- **üretici boyutu açısından;**
  - içerik üreticilerine geleneksel yayıncılığın limitli ve kurallara dayalı, fazlasıyla sansüre/otosansüre açık mantığına karşı karşılıklı sohbet samimiyetinde işlevsel bir alan yaratma fırsatı sunuyor.
- **piyasa boyutu açısından;**
  - Hedeflenebilirliği (niş içerik) ve ölçülebilirliği sayesinde hedef kitlesini iyi tanıyan reklamverenler için de oldukça etkili bir mecra.

Bu doğrultuda podcast, Castells'in (2009, s.55) de günümüzün başlıca üç iletişim formu olarak işaret ettiği *bireylerarası iletişim, kitle iletişimi* ve *kitlesel öz-iletişim*in aynı anda gerçekleştiği mecralardan biri olarak karşımıza çıkmaktadır. Castells, bu üç iletişim formunu bir arada (aynı anda) bulunan, birbirini etkileyen (karşılıklı etkileşimli) ve birbirini tamamlayan nitelikte yapılar olarak tanımlamaktadır. İletişim biçimlerinin/formlarının yöndeşmesi (yakınsaması) olarak açıklanan bu durumun en somut örneklerini yeni medya platformlarından biri olan podcastlerde görmek mümkündür. Bu durumun en önemli sonuçlarından biri ise, buradaki iletişim alışverişinin "bireysel kullanıcıların/tüketicilerin beyinlerinin içinde ve diğerleri ile sosyal etkileşim yoluyla gerçekleşmesidir" (Jenkins, 2006, s.3; Castells, 2009, s.55). Podcast yayınlarına yapılan dinleyici yorumları, indirilme ya da abone sayıları gibi bazı göstergeler bu sosyal etkileşimin yansımalarıdır. Jenkins'in (2006) yöndeşme kültürü olarak ifade ettiği bu durumun işaretlerini podcast ekosisteminin içerisinde keşfetmek olasıdır.

Llinares vd. (2018) ise dijital medya bağlamında podcastin teknolojik, endüstriyel, kültürel ve sosyal dinamiklerle boğuşan bir dizi başlangıç noktası sunduğunu söyleyerek onu "yeni işitsel kültür"ün (new aural culture) merkezine koymaktadır. Ayrıca podcastin disiplinlerarası yaklaşımlar gerektiren etkileri nedeniyle "podcast çalışmaları" (podcast studies) olarak radyo ve geleneksel kitle iletişimi çalışmaları ekseninde sıkışmayan yeni bir perspektifle ele alınması gerektiği savunulmaktadır.

Diğer yandan Türkiye'de podcaste yönelik böylesi bir akademik ilginin de henüz oluşmadığı ortadadır. Ancak Türkiye podcast yayıncılığındaki gelişmeleri dünyanın ve Avrupa'nın birçok ülkesine göre geriden takip etmesine rağmen, önümüzdeki sadece birkaç yıl içerisinde podcastin ekonomik, teknolojik, kültürel ve toplumsal potansiyelinin kamusal ve özel yayıncılık organizasyonları tarafından fark edilmesi öngörülmektedir. Böylelikle podcastle ilgili akademik çalışmaların da artması sürpriz olmayacaktır.

Kaynakça

Akar, E. (2011). *Sosyal Medya Pazarlaması: Sosyal Webde Pazarlama Stratejileri.* Ankara: Efil Yayınları.

Almeida-Aguiar, C & Carvalho, A.A. (2016). Exploring Podcasting in Heredity and Evolution Teaching. *Biochemistry and Molecular Biology Education,* 44(5), pp. 429-432.

Bonini, T. (2015). The 'Second Age' of Podcasting: Reframing Podcasting As A New Digital Mass Medium. Quaderns del CAC 41 18(July), pp. 21–30.

Castells, M. (2009). *Communication Power.* USA: Oxford University Press.

Carvalho, A., Aguiar, C., & Maciel, R. (2009). A Taxonomy of Podcasts and Its Application to Higher Education. The ALT-C 2009'da sunulmuş bildiri, Manchester, UK. Erişim adresi: http://repository.alt.ac.uk/638/1/ALT-C_09_proceedings_090806_web_0161.pdf

Faramarzi, S. & Bagheri, A. (2015). Podcasting: Past issues and future directions in instructional technology and language learning. *Journal of Applied Linguistics and Language Research,* 2(4), pp. 207-221.

Giordano, M. J. (2017). Extensive Listening Using Student-generated Podcasts. P. Clements, A. Krause, & H. Brown (Eds.), *Transformation in language education.* Tokyo: JALT.

Geoghegan, M W. ve Klass, D. (2007). *Podcast Solutions: The Complete Guide to Audio and Video Podcasting*. USA: Springer.

Hammersley, H. (2004). Audible Revolution. (Çevrimiçi) Erişim adresi: https://www.theguardian.com/media/2004/feb/12/broadcasting.digitalmedia. (Erişim tarihi 15.12.2019).

İbrişim, A. (2019a). Spotify'ın hamleleri ve podcast sektörünün geleceği. (Çevrimiçi) https://www.newslabturkey.org/spotify-podcast/ (Erişim tarihi 10.12.2019).

İbrişim, A. (2019b). Türkiye'de podcast sektörünün geleceği. (Çevrimiçi)https://digitalage.com.tr/turkiyede-podcast-sektorunun-gelecegi/ (Erişim tarihi 10.12.2019).

Jenkins, H. (2006). *Convergence Culture: Where Old And New Media Collide*. New York: New York University Press.

Karagül, C. (2019). 2019 Podcast'in yılı olacak! (Çevrimiçi) https://medium.com/t%C3%BCrkiye/2019-podcastin-y%C4%B1l%C4%B1-olacak-39ffa114f97d (Erişim tarihi 15.12.2019).

Kelly, W. Q. & Klein, J. D. (2016). The effect of type of podcasts and learning styles on language proficiency and confidence. *Journal of Educational Technology Systems*, 44(4), pp. 421-429.

Llinares, D., Fox, N. & Berry, R. (2018). *Podcasting: New Aural Cultures and Digital Media*. UK: Palgrave Macmillan.

Rahimi, M. ve Katal, M. (2012). The role of metacognitive listening strategies awareness and podcast-use readiness in using podcasting for learning English as a foreign language. *Computers in Human Behavior*, 28(4), pp. 1153-1161.

Rosell-Aguilar, F. (2013). Delivering unprecedented access to learning through podcasting as OER, but who's listening? A profile of the external iTunes U user. *Computers & Education*, 67, 121-129. DOI:10.1016/j.compedu.2013.03.008

Rosell-Aguilar, F. (2007). Top of Pods – In Search of a Podcasting "Pedagogy" For Language Learning, *Computer Assisted Language Learning*, 20(5), pp. 471-492.

Şendağ S., Gedik N., Caner, M. ve Toker, S. (2019), Mobil Destekli Dil Öğrenmede Podcast Kullanımı: Öğretici Merkezli Yoğun Dinleme ve Mobil Kapsamlı Dinleme. *Mersin Üniversitesi Eğitim Fakültesi Dergisi*, 15(1), ss. 1-27. DOI: 10.17860/mersinefd.455649

Uzunoğlu, S. (2019). 2019 Türkiye'de podcast yılı olabilir mi? (Çevrimiçi) http://platform24.org/yazarlar/3541/2019-turkiye-de-podcast-yili-olabilir-mi. (Erişim tarihi 15.12.2019).

Yakın, İ. (2018). Yabacı Diller Eğitimi Öğretmen Adaylarının Podcast Tasarımında ARCS-V Modeli Kullanımı: Motivasyonel Taktik Seçimleri. *Avrasya Uluslararası Araştırmalar Dergisi*, 6. (15). ss520-541.

Kısa Film Atölyelerinin Çocuklarda ve Gençlerde Sosyal Medya Bağımlılığının Azaltılmasındaki Rolü

*Menderes Akdağ**

Giriş

Çocuk ve gençler bir ulusun hatta insanlığın geleceğidir. Çocuğa ve gençliğe yapılan bir yatırım aslında geleceğe yapılan yatırımdır. Çocuk ve gençlerin geleceğe hazırlanmasındaki en önemli etken eğitimdir. İyi bir eğitim, çocuk ve gençlerin fiziki ve psikolojik alt yapısına uygun olmalıdır. Onların insani vasıflarını geliştirecek şekilde düzenlenmelidir. İlk ve ortaöğretimde akademik bilgi yanında çocukların ve gençlerin yeteneklerini açığa çıkaracak çalışmalara mutlaka yer verilmelidir. Bu durum çocuklarda ve gençlerde gelişebilecek her türlü bağımlılığın engellenmesinde etkili faktörlerden birisi olacaktır. Söz konusu bağımlılıklardan bir tanesi sosyal medya, internet veya cep telefonu bağımlılığıdır. Bağımlılığın pek çok nedeni vardır. Bağımlılığı önleyecek tedbirler de mevcuttur. Kimi çalışmaların ise bağımlı kişilerin tedavisinde destek nitelikte olduğu bilinmektedir.

Çocuklara ve gençlere dönük kısa film atölye çalışmalarına dünya ölçeğinde önemli örnekler bulunmaktadır. Bu bakımdan Fransa'nın "Yüzyılın Gençlik Projesi" adıyla yürüttüğü küresel boyuttaki çalışmayı burada anımsatmakta fayda bulunmaktadır. Almanya, Brezilya, Bulgaristan, Birleşik Krallık, Hindistan,

---

* Doktor Öğretim Üyesi, Aydın Adnan Menderes Üniversitesi İletişim Fakültesi Sinema Televizyon Bölümü, menderes.akdag@adu.edu.tr

Japonya vb. ülkelerin katılımcı olduğu projede Türkiye yer almamaktadır (La Cinémathèque française , 2020). Söz konusu proje kapsamında üye ülkelerde sivil toplum kuruluşları eliyle her yıl çocuklara tematik kısa filmlerin ürettirilmesi amaçlanmaktadır. Proje yarışma anlayışından uzak, paylaşımcı tabanda ilerlemektedir. Proje kapsamında film üretiminde bulunan çocuklar Paris'te buluşturulmaktadır. Çocuklar birbirleriyle tanışmakta ve birlerinin filmlerini izlemektedir.

Türkiye'de çocuklara ve gençlere yönelik oldukça fazla sayıda kısa film yarışmaları düzenlenmesine rağmen kısa filmin nasıl yapılacağı konusunda eğitim çalışmalarının eksik olduğu görülmektedir. Milli Eğitim Bakanlığı ise kuruma ait ders içeriklerinin paylaşıldığı EBA adlı internet portalına ya da sistemine öğretmenlerin içerik oluşturması için onları üretecekleri kısa filmler konusunda teşvik edici bir rol üslenmektedir. Burada öğrenci yoktur (Yiğit ve vd., 2017). EBA'ya yüklenmek üzere kısa film üretme konusunda öğretmenlerin genelinin de isteksiz davrandıkları bilinmektedir.

Bu çalışmamızda 2015-2016 Eğitim-Öğretim yılında Aydın Bahçeşehir Kolejleri Lise kısmı ile 2019-2020 eğitim-öğretim yılında Aydın Final Okulları Lise kısmı ve aynı eğitim öğretim yılında Aydın Adnan Menderes Proje Lisesi'nde tarafımdan yürütülen kısa film atölyelerinin sonuçları değerlendirilecektir. Devlet okulunda yürütülen kısa film atölye çalışmamız Milli Eğitim Bakanlığı Halk Eğitim Merkezleri işbirliğiyle onların yayınladıkları Kısa Film Yapımı Modülüne dayandırılarak uygulanmıştır. Kısa film atölye eğitim ve uygulama süresi oldukça uzun tutulmuştur. Bir eğitim-öğretim yılı içinde söz konusu uygulamaya azami 560, asgari ise 344 ders saati ayrılmıştır. (Milli Eğitim Bakanlığı Çıraklık ve Yaygın Eğitim Genel Müdürlüğü, 2020). Söz konusu modülde kısa film yapım eğitiminin amacı *"kısa film yapımı programında, son yıllarda gelişen ve de-*

Disiplinlerarası Yaklaşımla Sosyal Medya

şişen medya düzeninde doğan yaratıcı fikir açığının giderilmesi ve kısa filmciliğinin öneminin kavranması ile birlikte kendini görsel yöntemlerle maksimum seviyede anlatabilecek nitelikli kısa filmciler yetiştirilmesi amaçlanmaktadır." şeklinde ifade edilmiştir. Bu amaç tanımlamasında kısa film atölyelerinin bağımlılığı engelleyici bir yanı olduğu veya amacı olabileceğine dair herhangi bir gönderme yapılmamıştır. Ancak söz konusu tanımlamada kısa film yoluyla bireyin kendisini en iyi anlatabilecek şekilde yeteneklerinin geliştirilmesine vurgu yapılması burada oldukça önemlidir. Kimi kuruluşların her türlü bağımlılığı önleme adına kısa film atölyelerini uyguladıkları görülmektedir (Yeşilay, 2020). Yine tarafımızca İstanbul Milli Eğitim Müdürlüğü'nce yürütülen "Veli Akademileri Projesi" kapsamında Yeşilay işbirliğiyle İstanbul'un Maltepe ilçesinde kimi okullarda velilere ve öğrencilere seminerler yapılmıştır. Günübirlik kısa film uygulamaları gerçekleştirilmiştir (Akdağ, www.youtube.com, 2020). Bu çalışmamamızda gözlem, vaka analizi, literatür taraması, anket, röportaj gibi yöntemler uygulanmıştır. Çalışmamızın sonucunda atölye çalışmasına katılan çocuklarda medya bağımlılığının azaltılması konusunda olumlu izlenimler elde edilmiştir. Kimi çocuklarının iletişim becerilerinin geliştiği görülmüştür.

Yapılan Kısa Film Atölyelerinin Kapsamı ve Engelleri

Bir eğitim-öğretim yılı içine alacak şekilde kısa film programına ilkokullar dâhil edilmeye çalışılmıştır. Ancak Aydın ilinde okul yöneticilerinin bu konuda isteksiz oldukları görülmüştür. İstanbul'da günü-birlik kısa film atölye çalışmalarına çocuklardan ve velilerden yoğun ilgi olduğu müşahede edilmiştir. Okul yöneticileri ve öğretmenlerinin ise bu konuda teşvik edici rol aldıklarına tanık olunmuştur. Bunda orada bulunan Yeşilay örgütünün çalışmaları da etkili olduğu düşünülmektedir. Yine aynı örgütün çocuklar arasında daha lokal, ödüllü kısa-film yarışmaları düzenlemesi teşvik edici mahiyettedir.

Aydın ilinde özel okullarda okul yöneticileri ve sahiplerinin kısa film yapımı atölyelerini sanatsal faaliyetten çok reklam vasıtası olarak görmeleri çalışmaların önünde önemli bir engel teşkil etmiştir. Herhangi bir yerel bir medya organizasyonunun yaptığı tanıtım filmlerini kendilerine ölçü almaları kısa film çalışmalarının başlanabilmesinde bariyer olmuştur. Cep telefonuyla dahi video üretilebilmesi bu işin herkes tarafından yapılabileceği algısını yöneticilerde oluşturmaktadır. Dolayısıyla konu herhangi bir öğretmene havale edilmektedir. Dışarıdan ise profesyonel yardım almayı kurumlar reddetmektedir. Sonuç sosyal medya cenderesinde izlenme sayısını ön-plana alan videolar ortaya çıkmaktadır. Dolayısıyla çalışmalar, çocuğun görsel zekâsı ve algısının geliştirilmesine hizmet etmemektedir denebilir. Bu açıdan bakıldığında sosyal medyada daha çok izlenme kaygısı okullarda kısa-film atölyelerinin yapılmasına ket vurmaktadır. Sosyal medya bağımlılığın engellenmesine katkı sunacağı düşünülen bir çalışma yine sosyal medyadan kaynaklanan bir anlayışa kurban gitmektedir. İzlenme sayısı, sosyal medya bağımlılığı ile popüler kültüre dair bir işaret kabul edilecek olursa aslında bağımlılıkla mücadele, bağımlılığa ve popüler kültüre yenik düşmektedir.

Okul yöneticileri veya sahipleri kısa-film konusunda daha çok ekonominin temel verileri ile hareket etmektedir. Film ekipmanlarının maliyetinin yüksekliği karşısında okul yöneticileri bu maliyetin kısa sürede amorti edilemeyeceğini düşünmektedir. Aslında burada amorti kavramının muğlaklığı da önemlidir. Çünkü burada asıl olan eğitimdir ve meşgaledir. Bunu ölçmenin tam bir yöntemi yoktur. Özellikle Türk eğitim sisteminde özel okulların varlığı daha çok sınav kaygısına dayalıdır. Böylesine bir eğitim anlayışında zaten kısa film atölyelerine yer açmak oldukça güç durmaktadır. Devlete bağlı ilk ve orta dereceli okullarda ise bütçe sıkıntısı söz konusudur. Halk

Eğitim Merkezleri ise sadece bir okuldaki çalışmanın usta-öğretici ders ücretini karşılamakta herhangi bir teknik destek sunmamaktadır.

Aydın ilinde liselerde ise sınav kaygıyı kısa-film çalışmalarının yönünü belirlemektedir. Atölye çalışmamıza katılan öğrenciler, 9. ve 10. sınıf öğrencileridir. 11. ve 12. sınıf öğrencilerinin atölye çalışmalarına katılması okul yöneticileri tarafından pek sıcak bakılmamıştır. Öğrencilerin kendilerinde de böyle bir hevesin yokluğu göze çarpmıştır. Bu durumun sadece kısa film atölyeleri için değil tüm kulüp ve ders dışı etkinlikler için geçerli olduğu burada dile getirilmelidir. Sınav kaygısı nedeniyle gençlerin psikolojik ve sosyal gelişimlerine katkı koyacak her türlü faaliyetin askıya alındığı söylenebilir. Burada eğitim değil öğretim faaliyetlerinin baskın geldiği gözlenmektedir. Kısa film atölyelerine katılan 9. ve 10. sınıf öğrencilerinin ise müfredatta ders saati oldukça fazla olan matematik gibi dersler için konan etüt çalışmaları karşısında kimi zaman içsel çatışmaya düştükleri görülmektedir. Kimi öğrencilerin ise bu nedenle kısa film atölye çalışmalarını terk ettiği gözlenmektedir. Kimi öğrenciler, kendi yeteneklerine uygun bir alan buldukları için oldukça mutlu ve kısa film atölye çalışmalarına katılmaları için istekli olmalarına rağmen veli ya da ebeveyn baskısı nedeniyle atölye çalışmalarına devam etmekten vaz geçtikleri görülmüştür. Veli, çocuğunun aralıksız bir biçimde matematik, fizik vb. derslere çalışmasından yanadır. Özel okul, özel ders, etüt bir türlü sınavlara hazırlanma iştiyakını köreltmemektedir.

Kısa film atölye çalışmalarında öğrenci ve okul yöneticileri ile veliler birden bire sonuç beklemektedir. Üniversite sınavı için tüm öğrencilik boyunca matematik dersi gören, son iki sene de ise etüt-ders sarmalında çalışan öğrenciler ya da bunun farkında olan veliler ve okul yöneticileri iş kısa film atölye çalışmalarına gelince ise birden sonuç beklemektedir. Bunun bir süreç olduğunu anlamakta güçlük çekmektedirler. Kısa film çalışmalarının önce bir hikâye tasarlama süreci olduğu, bu sürece paralel çocukların kamera ve ekipmanlarının kullanılabilmesi için gerekli teknik donatı ve bilginin kazandırılması gerektiği defalarca tekrar edilse de bu tekrarların pek işe yaramadığı söylenebilir. 2019 yılı 10 Kasım Atatürk'ün anma etkinlikleri kapsamında ilkokul ve liseler arasında Aydın Efeler Belediyesi tarafından düzenlenen kompozisyon-şiir yazma, resim yapma ve kısa film yarışması kapsamında kompozisyon, şiir ve resim yarışmasına onlarca eser başvurusu yapıldığı halde kısa film yarışmasına il genelinden hiçbir başvurunun olmadığı görülmüştür (Ergünoğlu, 2019). Aslında bu yukarıda anlatılan durumun bir yansımasıdır. Aslında kompozisyon yazmayı destekleyecek müfredatta yoğun bir program vardır. Yine resim dersleri zorunlu temel derslerden bir tanesidir. Ancak kısa film atölyelerini destekleyecek herhangi bir ders müfredatta olmadığı gibi ders dışı etkinlikler kapsamında da bu çalışma pek değerlendirilememektedir (Yetimova, 2019). Dolayısıyla kısa film yarışmasına katılım olmaması bu açıdan bir sürpriz olmamaktadır (Öğdüm, 2019).

Kısa film atölyesine katılan öğrencilerin sosyal medya etkisiyle popüler videolar üretme konusunda başlangıçta beklentileri ve ısrarları olduğu burada vurgulanmalıdır. Atölye çalışmaları süresince hem öğrencilerin hem okul yöneticilerinin bu beklenti ve ısrarlarına karşı boyun eğildiği tarafımdan ifade edilebilir (Akdağ, 2020). Yine okul yöneticilerinin reklama dönük film ürettirme çabalarının ağır bastığı, atölye çalışmaları boyunca hissedilmiştir (Bahçeşehir Koleji, 2016). Bu talep okul yöneticilerinden sıklıkla gelmektedir (Çünkü Sen Bahçeşehirli Değilsin, 2017). Özellikle okulların kayıt döneminde bu taleplerin arttığı söylenebilir (Zirve - kısa film - Bahçeşehir kolejleri, 2017). Devlet okullarında yürütülen kısa film atölyeleri ise bu açıdan daha rahat olduğu söylenebilir (Anne ile Alem (Kısa Film) - Mother & Universe (Short Film), 2020). Burada pek çok yaratıcı çalışma yapabilme imkânı bulunmuştur (DUA (Sığınılacak Liman) / Kısa Film, 2020). Özel günlere dönük video veya filmler ise okul yöneticilerinin talepleri doğrultusunda değil gönüllük esasına dayalı olarak yapılmıştır. Bu nedenle daha verimli sonuçlar elde edilmiştir (Cesaret Aşılayan Adam - Kısa Film, 2019).

İnternet Çağı (Yeni Bin Yıl veya Post-Modernizm) Yeni İnsan Tip

		İNTERNET ÇAĞI AÇISINDAN NESİLLER	
Neslin Doğduğu Yıl Aralığı	Neslin İnternet Bağlantısı	Neslin Tanımı	Neslin Durumu
1960 Öncesi doğanlar	Çok zayıf	Q kuşak	İnternet kullanımında güçlük çeker. Gelenekçi yöntemlere başvurur.
1960-1980	Orta	X kuşak	Nesil internet kullanımını başarabilir. Ancak gelenekçi yöntemlerden vazgeçmiş değildir.
1980-2000	İyi	Y kuşak	Dijital devrimin, post-modern veya internet çağının başlangıcında doğan kuşaktır. Kendi anne-babaları gelenekçi olduğu için onlardan kısmen iz taşımaları mümkündür.
2000- Günümüz	Aşırı	Z kuşak	Gelenekçi yapıdan tamamen kopmuş gibidirler. Cep telefonu ve dijital dünyayla vardırlar. Onlarsız dünya tahayyülleri yoktur.

İnternet, post modern çağın bir medya aracıdır. Ancak bu süreç halen geçiş aşamasındadır. Modern çağın nesli halen varlığını sürdürmektedir. Kimileri internet açısından nesli üçe ayırmaktadır (Çatalpınar, 2017, s. 30-40). Bana göre buna bir nesil daha eklemek gerekmektedir. O da tarafımdan Q kuşağı olarak adlandırılmıştır. X,Y,Z kuşaklarını sırasıyla "dijital göçmen", "dijital melez", "dijital yerli" şeklinde adlandıranlar da vardır (Palfrey & Gasser , 2008, s. 295-296). Q ve X kuşaklar için dijital dünya, sosyal medya bir illüzyondur. Z kuşağı ikinci bin yılın başlangıcınca doğdukları için bunlara "yeni bin yılın çocukları" veya "milenyum çocukları" da denmektedir. Bu neslin çocukları kısa mesajlardan görüntülerden hoşlandıkları için ve sıklıkla internet sayfalarını değiştirdiklerinden "zaplayan insan (homo zappiens)" şeklinde adlandıranlar da bulunmaktadır. Aynı gerekçe ile söz konusu nesle çekirge akıllılar şeklinde ad takanlar da vardır. Bu nesle "oyun nesli, siber nesil" diyenler dahi bulunmaktadır (Şahin, 2009). Z kuşağı aslında bağımlılık açısından en fazla risk altında olduğu söylenebilir. Dijital medya araçlarını veya akıllı telefonları kendi uzvuymuş gibi görmeye başlayan insanların pek çoğu bu guruptadır (Çetin ve Özgiden, 2013).

Kuşakların Genel Özellikleri (Fairlleigh Dickinson University, 2020)[1]				
	Q Kuşağı (1960 Öncesi Doğanlar)	X Kuşağı (1960-1980 Arasında Doğanlar	Y Kuşağı (1980-2000 Arasında Doğanlar)	Z Kuşağı (2000 Sonrası Doğanlar)
Değerler Bakımından	Otoriterdir, sistemden ve otoriteden yanadır. İtaate inanır. İtaat eder, kendisine itaat edilmesini ister. Biat kültürü egemendir.	Değerler konusunda ilgili oldukları söylenebilir.	Değerler konusunda şüpheleri vardır. Eğlenmeyi çok severler. Pek çok meseleyi de formalite olarak görürler. Bu formalite onlar için gereksizdir. Örneğin onlar için evlilik cinsel ihtiyaçlarının giderilmesi için bir formalitedir. Bu formaliteyi gerekli görmeyebilir.	Gösteri çağının çocuklarıdır. Değerlere önem vermezler ama bunları gösteriş için kullanabilirler. Eğlence bağımlısı haline gelmişlerdir. Kendilerini aşırı önemserler ve güvenirler (Akdağ, post modern çağın eleştirisi, 2017).
Aile Tipi	Geleneksel aile tipine sahiptir. Taşrada geniş kentte ise çekirdek aile tipi görülür.	Bu kuşakta köyden kente göç arttığı için ailelerde ilk kez parçalanmalar görülür.	Çocuk ailenin refahına ortaktır. Çalışmaz veya çoğu kez herhangi bir sorumluluk üslenmez.	Farklı etnik guruptan ve farklı kültürlerden evlilikler artmıştır. Meslek edinme yaşı gecikmiştir.

---

[1] Söz konusu kaynakçadaki bilgiler büyük çoğunlukla tarafımdan yeniden yorumlanmış, bu bilgilere yeni yorumlar ve bilgiler eklenmiştir.

Disiplinlerarası Yaklaşımla Sosyal Medya

Eğitim Durumu ve Algısı	Bu nesil için eğitim sorunlu bir alandır. Pek çok kişi okula gitmemiştir. Ya da okul bitirmemiştir. Eğitim onlar için daha çok hayaldi denebilir.	1968 kuşağının taleplerini gören bu kuşak eğitimi temel insan hakkı olarak görürüler.	Bu nesil, eğitimi içsel ve insani bir olgunlaşmanın gereği olarak düşünmezler. Eğitim onlar için hedefe ulaşmak için bir araçtır.	Eğitim gereksiz bir şeydir. Yarışmalara katılarak para kazanmak, ünlü olmak, internet üzerinden kolayca para kazanma yollarına başvururlar.
İletişim Araçları Açısından	Yüz yüze iletişimi tercih ederler. Kurmalı, çevirmeli telefonlar vardır.	Sabit fakat tuşlu telefonlar çıkar. Aslında bu cep telefonlarının dizaynının önünü açar.	Cep telefonları dönemi ve mobilizasyon süreci başlamıştır.	Akıllı telefonları kullanırlar.
Para ve mülkle ilişkisi	Borçlanmayı pek sevmezler. Parayı biriktirirler. Geleceği değil geçmişin birikimini harcarlar. Peşin öderler.	Para sıkıntısı nedeniyle taksitle alışveriş yapmaya tercih ederler.	Harcama konusunda tedbirli ve ölçülü oldukları görülür. Bu kendi anne-babalarının gelenekçi yapıdan gelme durumlarıyla daha çok ilgilidir.	Harcamak için kazanırlar. Biriktirme, yardım etme, sosyal sorumluluk duyguları zayıflamıştır.

Türkiye'de İnternet Kullanımı, Sosyal Medya ve Sosyal Medya Bağımlılığı

Türkiye'de her geçen gün internet erişim oranı artmıştır. Cep telefonu olan hane sayısı ise %96,9'dur. Cep telefonları internet ve sosyal medya aktivasyonları internet kullanım oranındaki istikrarlı artışın en önemli nedenlerinden birisidir. İnternet kullanıcıları, öncelikli olarak sosyal medya hesaplarına giriş için internete giriş yapmaktadır. Ülkemizde 2019 yılı itibariyle 52 milyon adet sosyal medya kullanıcısı vardır. Aslında bebeklik ve erken çocukluk dönemini çıkartırsak bu neredeyse ülke nüfusunun tamamına yakındır. Bu kullanıcıların 44 milyonu sosyal medya kullanımını tablet, cep telefonu gibi mobil araçlar üzerinden sağlamaktadır. Türkiye İstatistik Kurumu (TUİK)'ten alınan veriler aynen aşağıdaki gibidir (TUİK, 2019).

Menderes Akdağ

Bilgi Toplumu İstatistikleri, 2004-2019
Information Society Statistics, 2004-2019

(%)

	2004	2005	2006	2007	2008	2009	2010	2011	2012	2013	2014	2015	2016	2017	2018	2019
Girişimlerde Bilişim Teknolojileri Kullanımı / ICT Usage in Enterprises																
Bilgisayar Kullanımı - Computer Usage	-	87.8	-	88.7	90.6	90.7	92.3	94.0	93.5	92.0	94.4	95.2	95.9	97.2	97.0	96.7
İnternet Erişimi - Internet Access	-	80.4	-	85.4	89.2	88.8	90.9	92.4	92.5	90.8	89.9	92.5	93.7	95.9	95.3	94.9
Web Sitesi Sahipliği - Having Website	-	48.2	-	63.1	62.4	58.7	62.5	55.4	58.0	53.8	56.0	65.5	66.0	72.9	66.1	66.8
Hanelerde Bilişim Teknolojileri Kullanımı / ICT Usage in Households and Individuals																
Bilgisayar Kullanımı (Toplam) - Computer Usage (Total)	23.6	22.9	-	33.4	38.0	40.1	43.2	46.4	48.7	49.9	53.5	54.8	54.9	56.6	59.6	-
Erkek - Male	31.1	30.0	-	42.7	47.8	50.5	53.4	56.1	59.0	60.2	62.7	64.0	64.1	65.7	68.6	-
Kadın - Female	16.2	15.9	-	23.7	28.5	30.0	33.2	36.9	38.5	39.8	44.3	45.6	45.9	47.7	50.6	-
İnternet Kullanımı (Toplam) - Internet Usage (Total)	18.8	17.6	-	30.1	35.9	38.1	41.6	45.0	47.4	48.9	53.8	55.9	61.2	66.8	72.9	75.3
Erkek - Male	25.7	24.0	-	39.2	45.4	48.6	51.8	54.9	58.1	59.3	63.5	65.8	70.5	75.1	80.4	81.8
Kadın - Female	12.1	11.1	-	20.7	26.6	28.0	31.7	35.3	37.0	38.7	44.1	46.1	51.9	58.7	65.5	68.9
Hanelerde İnternet erişimi - Households with access to the Internet	7.0	8.7	-	19.7	25.4	30.0	41.6	42.9	47.2	49.1	60.2	69.5	76.3	80.7	83.8	88.3

TÜİK, Girişimlerde Bilişim Teknolojileri Kullanımı Araştırması, Hanelerde Bilişim Teknolojileri Kullanımı Araştırması
TurkStat, Use of Information and Communication Technology (ICT) in Enterprises, Survey on Information and Communication Technology (ICT) Usage Survey in Households and by Individuals

* Araştırma 2006 yılında yapılmamıştır
  The survey was not conducted in 2006.
** Sosyal medya uygulamaları kullanan girişimler dahildir
  Enterprises using social media applications are included.
- Bilgi yoktur
  Unless magnitude nil.

Sosyal medya, internet web 2.0 tabanlı çalışan birer sistemler bütünüdür denebilir. Bu sistemlere erişimin coğrafi sınır tanımaması, herhangi bir noktadan kolayca erişilebilmesi, sistemlerin herkes açık olması, herkese katılımcı olma fırsatı tanıması, yorum yapma, anlık mesajlaşma fırsatı vermesi, çoğunluğunun ücretsiz olması burada oldukça önemlidir (Lincoln, 2009, s. 9-12). Burada sözü geçen sosyal medya özellikleri "katılım, açıklık, topluluk, diyalog" kavramları ile açıklanabilir (Mayfield, 2008, s. 3-7). Yine sosyal medya sistemleri katılımcılarına kendi statülerini veya başkalarının statülerini doğrudan görme fırsatı vermektedir. Kişinin takipçi sayısı, beğeni alma durumu, izlenme sayısı bu bağlamda önemlidir. Yine pek-çok sosyal medya sistemi anahtar kelime tabanlı çalışmakta dolayısıyla kullanıcıya kendi ilgisi doğrultundaki içeriğe kolayca ulaşma imkânı sunmaktadır. Yine sosyal medya sistemleri belli bir arama sonucu içeriğe ulaşan kişilerin benzer içerikleri hemen yan bantlarda sıralar. Benzer içerikleri kişi gruplanmış halde kolayca ulaşır. Söz konusu sistemler, bir davranışın pekişmesinin en önemli pekiştirici olan geri dönüt mekanizmasıyla donatılmıştır. Kullanıcıların abone sayılarındaki değişimler ve kendi iletilerine yapılan yorumlar vb. anında kullanıcıya iletilmektedir.

Sosyal medya sistemleri zaman zaman bütün kullanıcıların ilgisine hitap edecek içerik üretebilirler veya bu tarzdaki içerikleri ön plana getirerek herkesi kapsayacak bir akım oluşturabilirler (Akdağ, 2016). Sosyal medya siteleri kişilerin partner bulma çabalarına da yardım etmektedir. Yine kişilere, guruplara sosyal medya sitelerinin kendilerini veya yaptıkları işi ya da ortaya koydukları ürünleri tanıtma bir bakıma reklam fırsatı da sunmaktadır. Hatta bu siteler üzerinden pazarlama faaliyetleri dahi mümkündür. Sosyal medya ağlarının söz konuşu özellikleri kolayca bağımlılığa dönüşmektedir. (Kim , Jeong, & Lee, 2010, s. 226-236). İnternette ve sosyal medyada durma işareti yoktur. İçerik sürekli yenilenmektedir. Örneğin Twitter'a bir dakikada 370 bin civarında mesaj(twit) atılmaktadır. Oysaki bir sinemada filmin bitişi aslında bir durmayı da beraberinde getirmektedir. Ancak sosyal medya ve internet için aynı şey söylenemez. Bu durum bağımlılığı etkilemektedir.

Sosyal Medya kültürü itibariyle genelde dijital medyayı, özelde haber sitelerini bile değiştirmektedir. Yeni nesil haber uygulamalarını inceleyen Yetimova (2017, s.38) *Associated Press* (AP) ve *Anadolu Ajansı* (AA) üzerine yaptığı karşılaştırmada zaman çizelgesi uygulamasının kullanıldığını tespit etmiştir. Dünyada uygulanan bu tip uygulamalar sosyal medya mecraları olarak ön plana çıkan Facebook ve Twitter gibi sitelerin öncülüğünde gelişme kaydetmiştir:

> "Her iki sitenin de zaman tüneli formatında haberleri kullandıkları görülmüştür. Associated Press haberin kendi içinde bu akışı vermişken Anadolu Ajansı haber başlığı seviyesinde bir akış biçimini tercih etmiştir. Associated Press haberin metin, video ve görsellerini zaman akışı şeklinde tasarlamış; tarihsel süreçte öne çıkan unsurları mantıksal bir sıralama ile okuyucuya sunmuştur. Anadolu Ajansı ise zaman tünelinde haberin kendisine referans göstermiş ve metin ağırlıklı haber paylaşımını yinelemiştir."

Bağımlılık Türk Dil Kurumu'nun elektronik sözlüğünde bağımlı olma durumu, tabiiyet şeklinde basitçe tanımlanmıştır. Bağımlılık sözcüğün ilk hali "bağ" sözcüğünden türetilmiştir. Bağımlılık, bir maddeye veya duruma karşı yoksunluk hissetmek onlardan vazgeçememe anlamına gelmektedir (Horzum, vd. 2008). Bağımlılık, patolojik bir durumu da ifade etmektedir. İnternet veya sosyal medya kişilerin yaşamlarını kolaylaştıracak bir etkiye sahip olabilir. Ancak internet veya sosyal medya kullanımı bir insanın normal yaşamını bozmaya başlamışsa burada patolojik bağımlılıktan söz edebiliriz. İnsan eğer biyopsikososyal bir varlık ise bağımlılığın sonuçları ve sebepleri tek bir düzlemde açıklanamaz. Mesela kendini aşırı beğenme durumu olan Narsisizm sosyal medya kullanımıyla birlikte kendine bağımlılık sathında yeni bir alan bulmuştur. Bu tip kişiler kendisi hakkında aşırı paylaşım yaparlar. Beğenilerini, yorumlarını yakinen takip ederler. Bu durum sosyal medya bağımlılığını tetikler. Diğer bir deyişle bir takım kişilik özellikleri veya kişilik bozuklukları sosyal medyayı da içine alacak şekilde her türlü bağımlılığa dönüşebileceğine dair bilgiler bulunmaktadır. Beğenilme tuşları, kişisel video ve fotoğrafların rahatlıkla paylaşılması Narsistik kişilik özelliğinde bulunan kişiler için bir alan oluşturduğu için bu durum aslında bağımlılık olarak karşımıza çıkmaktadır (Akdağ, 2018, s. 154-160). Bağımlılığın öncülleri yalnızlık, özgüven eksikliği, benlik kaygısı şeklinde sıralanabilir. Bağımlılığın negatif sonuçları ise fiziksel(tıbbi rahatsızlıklar), finansal zorluklar, meslek ve iş yitimi, kişiler arası iletişimin gerilemesi, asosyalleşme, ders veya akademik başarısızlık şeklinde sıralanabilir (Douglas vd. 2008). Özetle bağımlılık sebepleri ve yol açtığı sonuçları bakımından tam bir interdisipliner çalışma alanı teşkil etmektedir. Örneğin, yoğun bir biçimde akıllı telefon kullanmak boyun ağrılarına yol açabilir (Şafak, 2019, s. 6). Bugün internetin ve sosyal medyanın gereksiz yere kullanımı ve bunların insan sağlığına tehdit eder duruma gelmesi pek çok otorite tarafından bağımlılık olarak tanımlanmıştır (Çam ve İşbulan, 2012).

Akşamleyin çocuğunun ödeviyle ilgilenmek varken herhangi bir sosyal medya mecrasına kişi takılmaktan kendini alamıyorsa veya ailesinden daha fazla buralarda vakit harcıyorsa bu durum patolojik bir bulguya işaret edebilir. Bağımlılık şeklinde tanımlanan kavram da budur. Bir öğrenci sosyal medyaya takılmaktan dolayı derslerine bakmaya fırsat bulamıyorsa bu nedenle başarısı sürekli düşüyorsa, bir kişi aynı nedenlerden dolayı işini kaybedecek duruma gelmişse burada sosyal medya bağımlılığından söz edebiliriz. (Akdağ, 2019). Çocuklar internet bağımlılığının riski altındadır. İşin ilginç yanı onlara model olacak öğretmenler ve aileler de ciddi bir kısmı bağımlılık kıskacı altındadır (Yılmaz, 2019, s. 1-18)

Sosyal Medya, Cep Telefonu ve İnternet Bağımlılığının Muhtemel Sonuçları

Gençlerin pek çoğu akıllı telefonlar üzerinden sosyal medya sitelerine bağlanmaktadır. Sosyal medyada çok fazla vakit geçirmeleri nedeniyle bu durum akıllı telefonunun aşırı kullanılmasının temel nedenlerinden birisini oluşturmaktadır. Bu bir bağımlılıktır. Bunun insan fizyolojisini olumsuz etkilediğine dair pek çok bulgu elde edilmiştir. Boyun, omuz, sırt kas sistemi üzerinde bozukluklara yol açtığı dillendirilmektedir. Bu bölgedeki iskelet sisteminin üzerinde de olumsuz etkilerinin yol açabileceği söylenmektedir. Uzun süre hareketsiz kalma sonucu diğer kas ve iskelet sisteminin üzerinde dolaylı olumsuz etkilerinin olabileceği de gözlenmiştir. Aynı zamanda gelişebilecek beyin tümörleriyle cep telefonu arasında bir ilgi bulunmuştur. Bu risk, yirmi yaş altı kullanıcılar için daha fazladır. Sosyal medya bağımlılığının beynin öğrenme merkezi hipocampusu olumsuz etkileyebileceği böylece bu tip bağımlıların ise siyasi, ideolojik veya ticari amaçla üretilen manipülasyonlara daha kolay kanabileceği iddia edilmektedir (Akdağ, Siyasetin Temelleri Siyaset Felsefesi ve Siyasi İletişim, 2019, s. 13-16). Sosyal Medya bağımlılığının hipocampusu destekleyen melatonin hormonun salgılanmasını azaltabileceği konusunda endişeler mevcuttur. Bu hormonun salgılanması yaşa bağlı olarak azalmaktadır. Dolayısıyla bağımlılarda beyin fonksiyonları açısından erken yaşlanma, öğrenme güçlüğü, unutkanlık gelişebilir (Turgut, 2017).

Bağımlılık daha çok haz ile ilgili bir durumdur. Dopamin hormonu genelde ödül mekanizması sonucu ortaya çıkan bir enzimdir. Ancak bağımlılık sonucu sıklıkla kolayca ödüllendirilen beyin fonksiyonları açısından çok fazla dopamin salgılanır. Bu hazzı tetikler, ortaya çıkan haz daha fazlasını ister. Oysaki bu hormonun dengesiz salınmasının beynin frontal kısmı ile öğrenme merkezlerini olumsuz etkilediği bilinmektedir. Dopamin hormonun fazlalığı anksiyeteye neden olur. İnsan davranışlarında ciddi değişikliklere sebebiyet verir. Uykusuzluk, aşırı kaygı, yüksek libido, stres, paranoyak semtoplar, hiperaktivite gelişebilecek diğer olumsuzluklar arasında sayılabilir (Üsküdar Üniversitesi Yazılım Planlama Birimi, 2020).

Cep telefonunun yaydığı sinyaller nedeniyle vücudun biyokimya dengesi bozulmakta, enzimlerde azalma veya artma olmakta, anormal salınımlar bir takım metabolizma hastalıklarına dolaylı yoldan etki etmektedir. Yine hareketsizliğe bağlı vücutta kas oranında azalma, yağ miktarında artış muhtemel sosyal medya bağımlılığının etkilerindendir. (Şafak, 2019, s. 1-6). Bu nedenle cep telefonu vb. araçlara ulaşma imkânı olmayan alt sınıf çocuklarda obezite riski daha azdır. Yine büyük şehirlerin yer aldığı; dış dünyanın pek güvenli olmadığı düşünülen bu nedenle çocukları içeride tutan veya onları içeride kontrol altında tutmak için internetin kurtarıcı gözüyle bakılan Türkiye'nin batı illerindeki çocuk obezitesinin daha yaygın olması buna örnek gösterilebilir. Mahalle kültürünün yaygın olduğu, çocuğun oyun oynayabildiği doğu illerinde çocuklarda obezite oranı oldukça düşüktür. Söz konusu iller arasında obezite oranı bazen iki katından daha fazladır. Elazığ, Hakkari, Malatya, Van, Bitlis vb. hatta obetize oranı %14.8 iken bu oran İstanbul'da %30,4'e çıkmaktadır (Milliyet, 19.01.2020). Yine hareketsizliğin kardiyovasküler sorunlara yol açabileceği söylenmektedir. Yağ kütlesindeki artışın kalp-damar rahatsızlıklarını tetikleyebileceğiyle ilgili tespitler literatürde yer almaktadır. Fiziksel aktivitenin azlığı nedeniyle kas yorgunluğu ortaya çıkar. Buna bağlı olarak olası fiziksel aktivite durumunda yoğun kas ağrıları çekilebileceği dillendirilmektedir.

Cep telefonu kullanımı ergenlik döneminde daha yaygındır. Bağımlı olan gençlerin bu nedenle üzerlerinde stres birikeceği, ergenlik sorunlarını atlatmakta güçlük çekeceği söylenmektedir. Uyku ve enerji seviyelerinde düşme de bunda etkilidir. (Şafak, 2019, s. 8). Sosyal medya bağımlılarının sürekli olumsuz veya kötü beslenme modellemeleriyle donatılmış medya içeriklerine maruz kaldığı düşünüldüğünde özellikle çocuklarda kötü beslenme alışkanlıklarının ortaya çıkması muhtemeldir. Bu konu sadece modellemeyle ilgili bir durum değildir çocukların daha fazla sosyal medyada vakit geçirmek için ekrana bakarken yemek yediği, yemeği hızlı yediği veya öğün atladığı, hızlı ve çabuk tüketilebilecek ürünler tercih ettiği gerçeği göz önünde bulundurulduğunda durum daha da ciddileşmektedir. Sadece beslenme değil boşaltım sistemiyle ilgili bağımlı çocukların sorun yaşayabileceği bildirilmektedir. Kimi çocukların cep telefonuyla veya internette daha fazla vakit geçirmek için son ana kadar dışkısını ve idrarını tuttukları gözlenmektedir. Dolayısıyla mesane ve bağırsak sorunlarını bu durum tetikleyebilir. Bu tip çocuklarda bevliyelik ve ürolojik semptomlar görülebilir.

İnternet, cep telefonu ve sosyal medya bağımlılığıyla ilgili "netlessfobi" gibi bir takım patolojik tanımlamalar literatüre girmiştir (Yılmaz, 2019, s.20-25). "Karpal tünel sendromu" bağımlılık sonrasında ortaya çıkabilecek rahatsızlıklardan birisidir. Bu el bileklerindeki sinir sıkışıklığını ifade eder. Nomofobi, ego sörfü, siberhondrik (Tekayak, Akpınar ve Kırdök, 2017, s. 95-97) şeklindeki psikolojik rahatsızlıklar da bağımlılık sonucu gelişmektedir.

Yetimova ve Öztürk (2019, s.137-141)'ün teknoloji bağımlılığını önlemede kısa film atölye çalışmalarının etkisi konulu çalışmalarında elde ettiği sonuçlar da bu bağlamda ön plana çıkmaktadır. Atölyeye katılım gösteren "öğrencilerin teorik bilgiden çok uygulamada daha başarılı oldukları, senaryolaştırılan kısa filmlerde daha keyifli ve başarılı, doğaçlamalarda ise daha durağan bir tutum sergiledikleri gözlenmiştir. Zaman ve maliyet baskısından dolayı hem eğitimcilerin hem de katılımcıların çoğu zaman istikrarsızlık yaşamaları da yine değişen sosyal koşulların etkisini göstermiştir. Aşağıdaki belirtilen sonuçlar sosyal medya ve teknoloji gerçeğinin veya bağımlılığının insanların sosyal gerçekliğini olumsuz anlamda dönüştürdüğünü de göstermektedir. Teknoloji kültürü ile birlikte toplumu dönüştürmektedir:

> "Sosyalleşme ve iletişim kültürü bağlamında bakıldığında çocuklar teknoloji çağının çocukları olduklarından hiperaktif bir görünüm içinde bulunmuştur. Buna bir de sosyo-ekonomik farklılıklar, gündelik alışkanlıklar, klasik okul düzenindeki disiplin anlayışı eklendiğinde atölye ortamında düzeni sağlamak oldukça zor olmuştur. Öğrencilerin diyalog ve anlayıştan daha çok çatışma düzeyinde iletişimde bulundukları gözlenmiştir."

Kısa Film Atölyelerinin Bağımlılığı Önleyici ve Bağımlılığı Azaltıcı Etkisi

Resim 1: Aydın Adnan Menderes Proje Lisesi Kısa Film Yapımı Atölye Çalışması-2019

İnternet bağımlılığı "yoksunluk", "kontrol güçlüğü", işlevsellikte bozulma" ve "sosyal izolasyon" şeklinde farklı katmanlarda veya boyutlarda değerlendirilebilir. Adıyaman'da 2808 ortaokul ve ilkokul son sınıf öğrencileri arasında yapılan bir araştırmada sosyal medya bağımlılığı açısından çocukların ailelerinin gelir durumuyla ciddi bir ilişki bulunmuştur. Herhangi bir çalgı aleti çalan bir öğrenci ile çalmayan arasında internet bağımlılığı anlamında gözle görülür bir fark göze çarpmaktadır. Herhangi bir çalgı aleti çalmayan öğrenciler arasında bağımlılık oranı yüksek çıkmıştır. Herhangi bir spor dalıyla ilgilenen öğrenciler ile ilgilenmeyen öğrenciler arasında da benzer bir ilişki söz konusudur (Gültekin, 2019, s. V). Aynı benzer korelasyon tarafımızdan yürütülen kısa film atölyesine katılan öğrenciler arasında görülmüştür. Yaptığımız çalışmada kısa film atölyesine katılan öğrencilerle katılmayan öğrenciler karşılaştırılmamış sadece kısa film atölyesine katılan öğrencilerin atölye çalışmalarının başlangıcındaki internet ve sosyal medya bağımlılık düzeyleri ile sekiz ay süren kısa film atölye çalışmalarını sonundaki bağımlılık düzeyleri ölçülmüştür. Bu konuda kısa film atölyesi çalışmalarının bağımlılığın engellenmesi doğrultusunda olumlu katkı sağladığı söylenebilir. Gelir durumu, bağımlılığı etkilemektedir. Devlet okullarında bu nedenle kısa film atölyelerinin yaygınlaştırılması ve maliyetinin karşılanması gerekmektedir.

Resim 2: Aydın Adnan Menderes Proje Lisesi Kısa Film Yapımı Atölye Çalışması-2019

Sosyal medya kullanımı açısından kişiler, katılımcı, üretici ve tüketici şeklinde kısımlara ayrılmaktadır. Üreticiler, ciddi içerik üretirler, bunlar kendini gerçekleştirme ve kendini ifade etme amacındadırlar. Para kazanma da burada bir amaç olabilir. Katılımcılar, sosyal etkileşim ve toplum gelişimi adına sosyal medyayı kullanmaktadırlar. Bunlar herhangi bir etkinliğin duyurulması ve organize edilmesi anlamında bunu yaparlar. Tüketiciler ise eğlence ve bilgi edinme tabanlı sosyal medyayı kullanmaktadır (Shao, 2020). Sosyal medya bağımlılığı açısından en fazla riskli gurubun tüketiciler olduğu söylenebilir. Bu açıdan bakıldığında kısa film atölyeleri oldukça önemli durmaktadır. Atölye çalışmaları sonucunda ortaya çıkan filmler daha çok sosyal medya mecralarında yayımlanabilmektedir. Aslında kısa film atölyesi çalışmasına katılanlar sosyal medya için içerik sağlayıcısı durumuna yükselmektedir. Diğer bir ifadeyle üretici durumdadırlar.

Kısa film çalışması çalışmalarına katılan öğrencilerin pek çoğunun eğitim süreci sonucunda kameranın bir çerçeveleme işi olduğunun farkına vardıkları görülmüştür. İnsanı yanıltmaya yönelik "manipülasyonun" ne olduğunu kısa film yapımı atölye çalışmalarına katılan öğrencilerin kendiliğinden farkına vardıkları görülmüştür. Internet ve sosyal medya içeriklerinin doğruluğu konusunda kafaları özgürleşen çocuk ve gençlerin bağımlılık riskiyle karşılaşma ihtimalleri düşmektedir. Medya bağımlılığını önlemek için teknoloji kullanımı konusunda gençlerin eğitimden geçirilmesi elzemdir (Yetimova, Yeşilay, Başıbüyük, 2019). Buna göre kısa film yapımı atölyeleri gençler için sosyal medya ve internet kullanımı açısından bir eğitim çalışması şeklindedir.

Bağımlılığın önlenmesi veya tedavisi için çocuklarla klasik oyunlar oynaması gibi fiziksel aktiviteler ilaçsız tedavi yöntemi olarak önerilmektedir (Ünal, 2019 , s. 29). Bu açıdan bakıldığında oyunculuk, film donanımlarının kurulması, kullanılması ve sökülmesi de birer fiziki aktivite olarak değerlendirilebilir (Arda, 2019). Kısa film çekimi sırasında çocuklar sürekli hareket halinde kalmaktadır. Bu durum bağımlılığa müteakip çıkabilecek kalp-damar hastalıkları, obezite, kas ve iskelet sistemi rahatsızlıklarının önlenmesi adına da önemlidir. Çocuklar ve gençler rol yapmakta, arkadaşlarıyla koordineli çalışmaktadır (Günaydın, 2019). Bu açıdan bakıldığında kısa film yapımı atölye çalışmalarımızın çocuk ve gençlerin psikolojik ve sosyolojik gelişimine katkı sağladığı; onların iletişim becerilerinin daha da iyileştirdiği söylenebilir (Asal, 2019). Yine çekimler esnasında kamera açıları, sahne tasarımları birer sanat tasarımı olarak değerlendirilebilir. Zihinsel bir emek gerektirir. Kısa film atölye çalışmalarımızın çocukların ve gençlerin zihinsel gelişimine katkı koyduğu katılımcı gençler ve çocuklar tarafından ifade edilmektedir (Sinekli, 2020)

Dijital oyun, medya, sosyal medya, teknoloji bağımlılarının duygusal zekâlarının bu durumdan kolay etkilendiğine dair güçlü bulgular vardır. Bu bağlamda anne-babasıyla daha çok vakit geçiren çocukların duyusal zekâlarının daha çok geliştiği görülmüştür (Ünal, 2019 , s. 35). Kısa film atölyeleri aslında bu pencereden bakıldığında ebeveyn ve çocukların ortak uğraşı alanı haline de gelebilir. Çocuklar ve ebeveynler kendileri yan yana gelerek kısa film üretebilirler. Kısa film atölyelerimize zaman okul öğretmenleri ve öğrenci velilerinin katılması bu bakımdan anlamlı durmaktadır. Veliler veya öğretmenler çocuklarının yazdıkları ve çektikleri filmlerde kimi zaman oyuncu olarak rol almaktadır. Anne babalar, katılımcı oldukları sürece de kısa film atölyelerine daha fazla destekçi oldukları buradan ifade edilebilir. (Geyik, 2019).

Sonuç

Sonuç olarak kısa film atölyesine katılan öğrencilerin akıllı telefonlarıyla daha az vakit geçirdikleri bu anlamda gelişebilecek bağımlılığa karşı kısa film çalışmalarının önleyici bir görev üslendiği söylenebilir. Dijital medya okuryazarlığı derslerinin amaçlarından bir tanesi de içerik üretmek olmalıdır. Kısa film atölyelerine bu ders kapsamında pay ayırmak gerekmektedir. Bu dersi alanında uzman kişiler okutmalıdır. Kısa film atölye çalışmaları ister kamu ister özel okulların tamamında yaygınlaştırılmalıdır. Bunun için gerekli bütçeler oluşturulmalıdır. Bütçeler, doğru kanala aktarılmalıdır. Kısa film yapımı atölye çalışmalarının insanın biyopsikososyal sağlığına olumlu katkısı olduğu araştırma ve uygulamalarımızın sonucunda anlaşılmıştır.

Kaynakça

Fairlleigh Dickinson University. (2020, 02 09). *FDU Magazine Online*. www.fdu.edu: https://portal.fdu.edu/newspubs/magazine/05ws/generations.htm.

Akdağ, M. (2017, 03 16). *post modern çağın eleştirisi*. www.youtube.com: https://www.youtube.com/watch?v=3f2sVbUpXg8&t=240s adresinden alındı

Akdağ, M. (2018). *Tüm Yönleriyle Siyasi Algı ve Propaganda* . Aydın: Başkar.

Akdağ, M. (2019). *Siyasetin Temelleri Siyaset Felsefesi ve Siyasi İletişim*. Ankara: Dorlion Yayınları.

Akdağ, M. (2019). *Yeşilay Başıbüyük - Menderes Akdağ Yeşilay'da - Bölüm 2*. www.youtube.com: https://www.youtube.com/watch?v=gPW_YXpaPRg&t=245s

Akdağ, M. (2020). *www.youtube.com*. Film Yapmasını Öğreniyorum - Çocuklara ve Ailelere Özel Kurs (Cep Telefonunu Doğru Kullan): https://www.youtube.com/watch?v=0uKW-XPqGCg&t=1321s

Akdağ, M. (2020). *youtube*. mannequin challenge - mankenler birbirine meydan okuyor: https://www.youtube.com/watch?v=pqUNkt1uYH4

Anne ile Alem (Kısa Film) - Mother & Universe (Short Film). (2020, 01 05). Youtube: https://www.youtube.com/watch?v=mtuOIe4c_VM&t=111s

Arda, E. (2019). Kısa Film Yapımı Atölye Çalışmalarının Katılımcılara Katkısı. (M. Akdağ, Röportaj Yapan)

Asal, Ö. (2019, 01 13). Kısa Film Atölye Çalışmalarına Katılmanın Faydaları. (M. Akdağ, Röportaj Yapan)

Bahçeşehir Koleji. (2016). Youtube: https://www.youtube.com/watch?v=PIrzkVIiYYU

Cesaret Aşılayan Adam - Kısa Film. (2019, 11 10). Youtube: https://www.youtube.com/watch?v=IsmStW3igEE&t=69s

Çam, E. ve İşbulan, O. (2012). A New Addiction For Teacher Candidates: Social Network. *The Turkish Online Journal Of Educational Technology*, ss.14-19.

Çatalpınar, P. (2017). *İnternet Bağımlılığı, Yeni Bir Tanım Gerekli mi?* İstanbul: Beykent Üniversitesi, Sosyal Bilimler Ens. Y. Lisans Tezi.

Çetin, M. ve Özgiden, H. (2013). Dijital Kültür Sürecinde Dijital Yerliler ve Göçmenlerin Twitter Kullanım Davranışları Üzerine Bir Araştırma. *Gümüşhane Üniversitesi İletişim Fakültesi Elektronik Dergisi (E-GİFDER)2.1*, ss.172-189.

Çünkü Sen Bahçeşehirli Değilsin. (2017). youtube: https://www.youtube.com/watch?v=QsMQDahFu9Q

Douglas, A., Mills, J., Niang, M., Stepchenkova, S., Byun, S., Ruffini, C., . . . Blanton, M. (2008). Internet addiction: Meta-synthesis of qualitative research for the decade 1996–2006. *Computers in Human Behavior*, 3027-3044.

DUA (Sığınılacak Liman) / Kısa Film. (2020, 12 8). Youtube: https://www.youtube.com/watch?v=B1oB5XC_tOY&t=2s

Ergünoğlu, G. G. (2019, 10 08). Kısa Film Jüriliği. (M. Akdağ, Röportaj Yapan)

Geyik, B. (2019, 12 03). Kısa Filmlerde Oyuncu Olmak. (M. Akdağ, Röportaj Yapan)

Gültekin, M. (2019). *İlkokul ve Ortaokul Son Sınıf Öğrencilerinin İnternet Bağımlılık Düzeylerinin İncelenmesi (Adıyaman Örneği)*. Adıyaman: İnönü Üniversitesi Eğitim Bilimleri E. Y. Lisans Tezi.

Günaydın, M. İ. (2019, 01 15). Kısa Film Atölye Çalışmalarının Kişiye Katkısı. (M. Akdağ, Röportaj Yapan)

Horzum, M., Ayas, T. ve Çakır Balta, Ö. (2008). Çocuklar için bilgisayar oyun bağımlılığı ölçeği. *Türk PDR (Psikolojik Danışma ve Rehberlik) Dergisi,*, 76-88.

Kim , W., Jeong, O., & Lee, S. W. (2010). On Social Web Sites. Information Systems . *Elsevier*, pp. 215–236.

La Cinémathèque française. (2020). *cinema100ansdejeunesse*. https://www.cinematheque.fr/: https://www.cinematheque.fr/cinema100ansdejeunesse/ adresinden alındı

Lincoln, S. R. (2009). *Mastering Web 2.0Transform Your Business UsingKey Website and Social Media Tools*. Philadelphia: Kogan.

Mayfield, A. (2008). *What Is Social Media.* . London, https://www.icrossing.com /uk/sites/default/files_uk/insight_pdf_files/What%20is%20Social%20 Media_iCrossing_ebook.pdf: iCrossing e-book .

Milli Eğitim Bakanlığı Çıraklık ve Yaygın Eğitim Genel Müdürlüğü. (2020, 02 03). *Radyo Televizyon Kısa Film Yapımı Modüler Programı (Yeterliliğe Dayalı)*. www.meb.gov.tr: http://hbogm.meb.gov.tr/modulerprogramlar/programlar/radyotv/KisaFilmYapimi.pdf adresinden alındı

Milliyet Gazetesi. (19.01.2020).

Öğdüm, H. (2019). Kısa Film Juriliği. (M. Akdağ, Röportaj Yapan)

Palfrey, J., & Gasser , U. (2008). Born Digital, Understanding The First Of Dijital Native. *The Journal Of Education and Values* , 256-260.

Shao, G. (2020, 2 6). *Understanding The Appeal Of User-Generated Media: A Uses And.* www.emerald.com: https://www.emerald.com/insight/content/doi/10.1108/10662240910927795/full/pdf?title=understanding-the-appeal-of-usergenerated-media-a-uses-and-gratification-perspective adresinden alındı

Sinekli, M. E. (2020, 2 8). Kısa Film Çalışmalarına Katılım. (M. Akdağ, Röportaj Yapan)

Şafak, M. (2019). Akıllı Telefon Bağımlılık Düzeyinin Boyun Ağrısı, Fonksiyonel Durum ve Kas Aktivasyonuna Etkisi. *Süleymen Demirel Üniversitesi, Sağlık Bilimleri Ent. Fizyoterap ve Rehabilitasyon Ananbilim Dalı Yüksek Lisans Tezi.* Isparta.

Şahin, M. C. (2009). Yeni Binyılın Öğrencilerinin Özellikleri . *Anadolu University Journal Of Social Science* , 155-172.

Tekayak, H., Akpınar, E., & Kırdök, O. (2017). Fear of Missing Out: The Big Problem With Social Media in Medicine. *WONCA East Mediterranean Family Medicine Congress Abstract Book,* (s. 93-110). Abu Dhabi, United Arab Emirates.

TUİK. (2019, 08 28). *Hanehalkı Bilişim Teknolojileri (BT) Kullanım Araştırması 2019.* http://tuik.gov.tr/: http://www.tuik.gov.tr/PreTabloArama.do adresinden alındı

Turgut, M. (2017, 01 14). Melatonin, Beyin, Öğrenme ve Medya. (M. Akdağ, Röportaj Yapan)

Ünal, A. (2019). *Okul Öncesi Dönem Çocuklarının Duygusal Zekâsı ve Dijital Oyun Bağımlılıklarının İncelenmesi.* Ankara: Gazi Üniversitesi, Yayımlanmamış Yüksek Lisans Tezi.

Üsküdar Üniversitesi Yazılım Planlama Birimi. (2020, 02 04). *Psikiyatri Nöropsikiyatri Portalı.* www.e-psikiyatri.com: https://www.e-psikiyatri.com/dopamin-nedir adresinden alındı

Yeşilay. (2020, 02 03). *www.youtube.com.* Yeşilay Başıbüyük: https:// www.youtube.com/channel/UCV8Nlb0syPcql5bFvLvxk7A adresinden alındı

Yetimova, S. (2019, 10 08). Jüri Üyeliği. (M. Akdağ, Röportaj Yapan)

Yetimova, S. (2019, 10 15). *Yeşilay, Başıbüyük.* www.youtube.com: https://www.youtube.com/watch?v=C1vhtmjCXg4 adresinden alındı

Yetimova, S. ve Öztürk, S. (2019) Kısa Film Atölyesi Çalışmalarının Teknoloji Bağımlılığını Önlemedeki Etkisi Üzerine Etnografik Bir Alan Çalışması, Tarih Okulu Dergisi (TOD), 12, ss.114-144. DOI: http://dx.doi.org/10.14225/Joh1659

Yetimova, S. (2017) Haber Ajanslarının Yenil Nesil Habercilik Uygulamaları Üzerine Yaklaşımları: Associated Press (AP) ve Anadolu Ajansı (AA) Üzerine Bir Karşılaştırma. Tüm Boyutlarıyla İnternet Haberciliği içinde (Ed. Berrin Kalsın) Ankara: Gece Kitaplığı, ss.205-243

Yiğit, N., Nedim, A., Yurt, Ö, ve Mazlum, E. (2017). Kısa Film Tasarımlarında Teknolojik ve Pedagojik Özelliklerin İncelenmesi. *Turkish Online Journal of Qualitative Inquiry (TOJQI)*, 8(1). ss 122-140.

Yılmaz, B. (2019). *Ortaöğretim Kurumlarında Öğretmen ve Yöneticilerin Dijital Bağımlılık Düzeylerinin İncelenmesi: Ankara İli Çankaya İlçesi.* Ankara: Gazi Üniversitesi, Fen Bilimleri E. Y. Lisans Tezi.

Yılmaz, B. (2019). *Ortaöğretim Kurumlarındaki Öğretmen ve Yöneticilerin Dijital Bağımlılık Düzeylerinin İncelenmesi: Ankara İli Çankaya İlçesi Örneği.* Ankara: Gazi Üniversitesi, Eğitim Bilimleri Ent. Y. Lisans Tezi.

Zirve - kısa film - Bahçeşehir kolejleri - (ağaç yaşken zirveyi öğrenir). (2017, 02 09). Youtube: https://www.youtube.com/watch?v=3vuQXsFrMW8 adresinden alındı.

Yazarlar Hakkında

Ali Emre DİNGİN

Ali Emre Dingin, ilk ve orta öğrenimini Ankara'da tamamlamıştır. 2009 yılında Eskişehir Anadolu Üniversitesi İletişim Bilimleri Fakültesi Basın ve Yayın Bölümünden mezun olmuştur. Yüksek Lisansı 2014 yılında Anadolu Üniversitesi Sosyal Bilimler Enstitüsü Basın ve Yayın Anabilim Dalı'nda tamamlamıştır. Doktorasını ise 2018 yılında Sosyal Bilimler Enstitüsü Basın ve Yayın Anabilim Dalı'nda tamamlamıştır. Lisans sonrası özel firmalarda basın danışmanlığı yapan Dingin, 2012-2015 Yılları arasında Trakya Üniversitesi Basın ve Halkla İlişkiler Biriminde uzman olarak görev yapmıştır. 2015 Yılında Aydın Adnan Menderes Üniversitesi İletişim Fakültesine araştırma görevlisi olarak atanan Dingin, 4 yıl aynı üniversitenin Rektörlük Basın ve Halkla İlişkiler Müdürlüğünü yürütmüştür. Dingin, halen araştırma görevlisi doktor ünvanlıyla fakültedeki görevine devam etmektedir. Araştırma alanları gündem belirleme, sosyal medya, etki araştırmaları ve görsel iletişimdir.

Aslıhan TOPAL

Aslıhan Topal, Ankara doğumludur. İlk, orta ve lise öğrenimini Aydın'da tamamlamıştır. Lisans eğitimini 2000 yılında Ankara Üniversitesi İletişim Fakültesi Gazetecilik Bölümü'nde, Yüksek Lisans eğitimini de Gazi Üniversitesi Sosyal Bilimler Enstitüsü Gazetecilik Ana Bilim Dalı'nda 2005 yılında tamamlayan yazar, Aydın Adnan Menderes Üniversitesi Aydın Meslek Yüksek Okulun'da Öğretim Görevlisi olarak görev yapmaktadır. Çalıştığı başlıca alanlar sosyal medya, gazetecilik, medyada kadın ve çocuk temsilidir. Yazar Efe Sefa ve Gökçe Seher adında ikiz çocuk annesidir.

Yazarlar Hakkında

Dilan ÇİFTÇİ

Dilan Çiftçi, Orta Doğu Teknik Üniversitesi Siyaset Bilimi ve Uluslararası İlişkiler bölümünde üniversite eğitimine başlamıştır ve 2010 yılında yüksek onur derecesiyle mezun olmuştur. 2011 yılında Avrupa Birliği'nin 'Kıbrıs Türk Toplumuna Yönelik AB Mali Yardım Programı' kapsamındaki burs programına başvurarak yüksek lisans eğitim bursu almaya hak kazanmıştır. 2012 yılında Amsterdam Üniversitesi'nde İletişim Bilimleri: Siyasal İletişim alanında yüksek lisansını tamamlamıştır. Yüksek Lisans Tez Konusu: 'Peace Journalism and News Coverage on the Annan Plan Referendum: The Role of Framing the Conflict Issues and Negotiation Process'dir. 2017 yılında doktora eğitimini Yakın Doğu Üniversitesi, Sosyal Bilimler Enstitüsü, Medya ve İletişim Çalışmaları Anabilim dalında tamamlayan Çiftçi'nin doktora tez konusu şu şekildedir: Collective Memory and Media: The Ca-se of the Missing Persons Issues in Cyprus. 2012 yılından bu yana Yakın Doğu Üniversitesi'nde çalışan Çiftçi, 2018 yılında Medya ve İletişim Çalışmaları alanında Yardımcı Doçent ünvanını almaya hak kazanmıştır. Çiftçi'nin uzmanlık alanı siyasal iletişim ve barış Araştırmaları olup bu alanda yayınları bulunmaktadır.

Emel DEMİR ASKEROĞLU

Emel Demir Askeroğlu, İlk ve orta öğretimini İstanbul'da tamamlamıştır. Marmara Üniversitesi İletişim Fakültesi Halkla İlişkiler ve Tanıtım Bölümü'nden 2007 yılında mezun olmuştur. 2009 yılında Marmara Üniversitesi Sosyal Bilimler Enstitüsü'nde Halkla İlişkiler Yüksek Lisans derecesi aldı. 2017 yılında Maltepe Üniversitesi Sosyal Bilimler Enstitüsü Halkla İlişkiler Doktora Programını "Dijitalleşme sürecinde dönüşen kültür ve yaşam tarzları: Kuşaklar üzerine bir tipoloji araştırması" adlı tez çalışması ile tamamlamıştır. Askeroğlu, 2010 yılından beri Tekirdağ Namık Kemal Üniversitesi Çerkezköy Meslek Yüksekokulu'nda Öğretim Görevlisi olarak çalışmaktadır. Çalışmalarını ağırlıklı olarak, Dijitalleşme ve Yeni Medya, Dijital Halkla İlişkiler, Pazarlama İletişimi ve Kurumsal Sosyal Sorumluluk çevresinde yürütmektedir.

Yazarlar Hakkında

Gizem GÜREL DÖNÜK

Gizem Gürel Dönük, Aydın Adnan Menderes Üniversitesi Aydın Meslek Yüksek Okulunda öğretim görevlisi olarak çalışmaktadır. 1980 yılında Söke'de doğmuştur. 2003 yılında Uludağ Üniversitesi Bilgisayar ve Öğretim Teknolojileri Eğitimi bölümünden lisans derecesini almıştır. Milli Eğitim Bakanlığı'nda bilgisayar öğretmeni ve ODTÜ Eğitim Fakültesi Bilgisayar ve Öğretim Teknolojileri Eğitimi bölümünde araştırma görevlisi olarak çalışmıştır. İyi derecede İngilizce bilen (YDS:90 YökDil:97,5) yazar evli ve Defne adında bir kız çocuk annesidir.

Hicabi ARSLAN

Hicabi Aslan, 1967 yılında Erzurum'da doğmuştur. İlköğrenimi Erzurum'da orta öğrenimimi ise Aydın'da tamamlamıştır. 1985-1989 arasında İstanbul Üniversitesi İletişim Fakültesi'nde Radyo-Tv ve Sinema bölümünde okumuş, 1993 yılında İstanbul Üniversitesi Sosyal Bilimler Enstitüsü Radyo TV yüksek lisans programından mezun olmuştur. Aynı enstitünün Gazetecilik Doktora programından "Basının Türk Dış Politikası Üzerindeki Yönlendirici Etkisi" konulu tezimi savunarak mezun olmuştur. İstanbul Radyosu Haberler Servisi, Anadolu Ajansı İstanbul Bölge Müdürlüğü'nde kısa sürelerle istisna akdi ile muhabir olarak çalışmıştır. 1990 yılında kamu bankacılığına ilk adımı Denizcilik Bankası İnsan Kaynakları Başkanlığında Uzman Yardımcısı olarak attıktan sonra sırasıyla, T. Emlak Bankası ve T.C. Ziraat Bankası gibi Türkiye'nin önde gelen ve marka değeri olan kurumlarında yaklaşık 23 yıl gibi uzunca bir süre değişik bölümlerde ara kademe yönetici olarak görev yapmıştır. 2013 yılından ise Aydın Adnan Menderes Üniversitesi'nde Gazetecilik Bölümü öğretim üyesi olarak göreve başlamış ve halen bu bölümde genel gazetecilik ve medya çalışmaları konusunda çalışmaktadır.

Menderes AKDAĞ

Menderes Akdağ, Aydın'da doğmuştur. Bu ilde ilk ve orta öğretimi tamamlamıştır. 1998 yılında Dokuz Eylül Üniversitesi Buca Eğitim Fakültesi Tarih Öğretmenliği Bölümünden mezun olmuştur. Akdağ, Türkiye'deki çok partili siyasete geçiş konusundaki lisansüstü çalışma-

Yazarlar Hakkında

larını Adnan Menderes Üniversitesi'nde tamamlamıştır. 2018 yılında Yaşar Üniversitesi İletişim Fakültesi Radyo, Televizyon ve Sinema Bölümü'nden (İngilizce) tam burslu olarak mezun olmuştur. Aynı yıl Dokuz Eylül Üniversitesi'nde Siyasi Algı ve Propaganda üzerine doktora eğitimini tamamlamıştır. Alanında 28 kitap yazmıştır. 5 belgesel ve 9 kısa film çekmiştir. Liselerde uzun süre tarih öğretmeni olarak hizmet vermiştir. Turizmde eğlence direktörü olarak çalışmıştır. Halen Adnan Menderes Üniversitesi, İletişim Fakültesi, Radyo Televizyon Sinema Bölümü öğretim üyesidir.

Mustafa ASLAN

Mustafa Aslan, ilköğretim ve lise eğitimini İstanbul'da tamamladı. Üniversite eğitimi için 2001 yılında Kuzey Kıbrıs Türk Cumhuriyeti'ne giden Aslan, Uluslararası Kıbrıs Üniversitesi İletişim Fakültesinden mezun oldu. 2015 yılında Selçuk Üniversitesi Sosyal Bilimler Enstitüsü Radyo TV Sinema Anabilim Dalında "Sinemada Milliyetçilik ve Estetik: Türk Sinemasındaki Milliyetçi Filmlerin Analizi" başlıklı teziyle doktora derecesi almıştır. 2014-2019 yılları arasında Aydın Adnan Menderes Üniversitesinde Rektör Danışmanlığı, Genel Sekreter Vekilliği görevlerinin yanında üniversite birçok akademik/idari kurul ve komisyonlarda görevler almıştır. Sinema üzerine çeşitli dergilerde yayınlanan makaleleri, yurt içinde ve yurt dışında bilimsel toplantılarda sunulmuş bildirileri bulunan Aslan, 2019 yılında Üniversitelerarası Kurul tarafından Doçent unvanı almıştır. Sinema alanında akademik çalışmalarına devam eden Aslan, halen Aydın Adnan Menderes Üniversitesi İletişim Fakültesinde öğretim üyesi olarak görev yapmaktadır.

Pelin AGOCUK

Pelin Agocuk, 2008 yılında Yakın Doğu Üniversitesi İletişim Fakültesi Radyo Televizyon ve Sinema Bölümü'nden mezun olmuştur. Aynı yıl, Yakın Doğu Üniversitesi İletişim Fakültesi'nde Araştırma Görevlisi olarak çalışmaya başlamıştır. Üniversitenin ulusal ve uluslararası birçok etkinliğinde aktif görev almıştır. 2012 yılında Yakın Doğu Üniversitesi Medya ve İletişim Çalışmaları Anabilim Dalı yüksek lisans programını tamamladı. Yüksek lisans tezinde, "Türk Sinemasında Melodram: 1960-1975 Dönemi Üzerine Bir İnceleme" konusunu araştırmıştır. 2016-2017 Akademik yılında Yakın Doğu Üniversitesi Medya ve İletişim Çalışmaları Programı'nda "Türk Sinemasında Politikacı Temsili (1960-2015)" konulu tezi ile doktorasını tamamlamıştır. Alanı ile ilgili birçok konferansa katılmış ve yayınlar yapmıştır, 2013 yılından beri YDÜ İletişim Fakültesi'nde Yardımcı Doçent ünvanı ile görev yapmata ve dersler vermektedir. Sinema, Türk sineması, melodram, sinema ve politika, sinema ve ideoloji gibi konular genel araştırma alanlarını oluşturmaktadır.

Seçil UTMA

Seçil Utma, ilk,orta ve lise öğrenimini İzmir'de tamamlamıştır. 1993 yılında Ege Üniversitesi İletişim Fakültesi Gazetecilik Bölümünden mezun olmuştur. Yüksek lisansı 2010 yılında Ege Üniversitesi Sosyal Bilimler Enstitüsü Gazetecilik Anabilim Dal'nda tamamlamıştır. Doktorasını ise 2015 yılında aynı üniversitede Sosyal Bilimler Enstitüsü Gazetecilik Anabilim Dalı'nda tamamlamıştır. Lisans sonra İzmir'de birçok basın yayın kuruluşunda gazetecilik ve Ege Üniversitesi Rektörlüğü Basın ve Halkla İlişkiler Şube Müdürlüğü'nde görev yapmıştır. 2009 yılında Aydın Adnan Menderes Üniversitesi Atça Meslek Yüksekokulu'na öğretim görevlisi olan atanan Utma, halen aynı kurumda öğretim görevlisi doktor ünvanıyla göreve devam etmektedir. Araştırma alanları iletişim çalışmaları, medya, gazeteciliktir.

Serhat YETİMOVA

Serhat Yetimova, üniversite eğitimini 2000-2005 yılları arasında Kırgızistan Türkiye Manas Üniversitesi Tarih bölümünde yaptı. Mimar Sinan Güzel Sanatlar Üniversitesi'nde "Osmanlılarda Halk Eğitim Çalışmaları" adlı teziyle 2010 yılında yüksek lisansını tamamlamıştır. Bu kapsamda 2010 yılında Paris'te bulunan INALCO (Institut National des Languages et Orientales)'da 1 yarıyıl dil ve kültür alanlarında araştırmalarda bulunmuştur. "Sinema Dergilerinde Ulusötesi Tartışmalarına Fransa ve Türkiye'den Bir Örnek: Positif ve Altyazı Dergileri Arasında Bir Karşılaştırma" adlı tez çalışması ile 2016 Haziran'ında doktor unvanını almıştır. 2018 yılından itibaren de Aydın Adnan Menderes

Yazarlar Hakkında

Üniversitesi gazetecilik bölümünde öğretim üyesi olarak akademik kariyerine devam etmektedir. Kültürlerarası İletişim bağlamında sinema ve medya alanlarında çok sayıda kitap ve makale çalışması bulunmaktadır. 2019 yılında Fransız hükümeti bursu Fransa'da bulunan Sorbonne Nouvelle III Üniversitesi'nde doktora sonrası araştırmasında bulunmuştur. Fransızca, İngilizce, Rusça ve Kırgızca bilmektedir.

Sevilay ULAŞ

Sevilay Ulaş, ilk, orta ve lise öğrenimini İstanbul'da tamamlamıştır. Lisans eğitimine başladığı Doğu Akdeniz Üniversitesi Halkla İlişkiler ve Reklamcılık bölümünde eğitim alan arkadaşları ile birlikte katıldığı Aydın Doğan Genç İletişimciler yarışmasında "en iyi basın reklamı" dalında ikincilik ödülünü almıştır. Mezun olduktan sonra İstanbul'da bulunan reklam ajanslarında, medya sektöründe basın danışmanlığı, halkla ilişkiler koordinatörlüğü görevlerinde bulunmuştur. Aynı yıllarda Yeditepe Üniversitesi Halkla İlişkiler ve Tanıtım bölümünde tezli yüksek lisans eğitimine başladı. Sonrasında Harran Üniversitesi Şanlıurfa Sosyal Bilimler Meslek Yüksekokulu Halkla İlişkiler ve Tanıtım programında öğretim görevlisi olarak çalışmıştır. Akademik kariyerine Ege Üniversitesi Halkla ilişkiler ve Tanıtım bölümünde doktor ünvanı alarak devam etmiştir. 2018 yılında Yakın Doğu Üniversitesi İletişim fakültesinde göreve başlayan Ulaş halen aynı fakültede yardımcı doçent olarak görev yapmaktadır. Araştırma alanları, kurumsal iletişim, sosyal medya, lüks marka iletişimidir.

Simge AKSU

Simge Aksu ilk ve orta öğrenimini Muğla'nın Marmaris ilçesinde tamamlamıştır. 2011 yılında Eskişehir Anadolu Üniversitesi İletişim Bilimleri Fakültesi Basın ve Yayın Bölümünden mezun olmuştur. Yüksek Lisansını 2013 yılında Anadolu Üniversitesi Sosyal Bilimler Enstitüsü Halkla İlişkiler ve Reklamcılık Anabilim Dalı'nda tamamlamıştır. Doktorasını ise 2018 yılında Sosyal Bilimler Enstitüsü Halkla İlişkiler ve Reklamcılık Anabilim Dalı'nda tamamlamıştır. Özel sektörde ihracat alanında 2014-2019 yılları arasında görev yapan Simge Aksu, 2019 yılında Yozgat Bozok Üniversitesi Halkla İlişkiler ve Reklamcılık Bölümü'nde Dr. Öğr. Üyesi olarak görev yapmaya başlamıştır. Simge Aksu, Halkla İlişkiler ve Reklamcılık Bölümü'nde bölüm başkanı olarak görev yapmaya devam etmektedir. Araştırma alanları tüketici davranışları, halkla ilişkiler, sağlık iletişimi, bilinçaltı reklamcılığı, reklamcılık üzerinedir.

Tezcan ÖZKAN KUTLU

Tezcan Özkan Kutlu, ilk, orta ve lise eğitimini Eskişehir'de tamamlamıştır. 1998-2003 yılları arasında Anadolu Üniversitesi İletişim Bilimleri Fakültesi Basın ve Yayın Bölümü'ndeki lisans eğitiminin ardından, 2003-2006 yılları arasında Anadolu Üniversitesi Sosyal Bilimler Enstitüsü Basın ve Yayın Ana Bilim Dalı'nda yüksek lisansını tamamlamıştır. Özkan Kutlu, 2006 yılında aynı ana bilim dalında doktora programına başlamıştır. Doktora eğitimini "Yeni İletişim Teknolojileri Bağlamında Yeni Gazeteci Kimliği" başlıklı teziyle 2014 yılında tamamlayarak doktor unvanı almaya hak kazanmıştır. Doktor Öğretim Üyesi Tezcan Özkan Kutlu, 2005 yılından itibaren Anadolu Üniversitesi İletişim Bilimleri Fakültesi Basın ve Yayın Bölümü'nde görev yapmaktadır. Akademik ilgi alanları arasında; yeni iletişim teknolojileri, yeni medya çalışmaları, İnternet ve dijital gazetecilik, sosyal medya ve haber doğrulama ile yeni medya sosyolojisi yer almaktadır.

www.ingramcontent.com/pod-product-compliance
Lightning Source LLC
LaVergne TN
LVHW040043080526
838202LV00045B/3474